2018中国区块链
产业指数研究报告

2018 China Block Chain Industry Index Report

何五星　谭粤飞/著

经济管理出版社

ECONOMY & MANAGEMENT PUBLISHING HOUSE

图书在版编目（CIP）数据

2018 中国区块链产业指数研究报告/ 何五星，谭粤飞著 .—北京：经济管理出版社，2019.7
ISBN 978-7-5096-6764-4

Ⅰ．①2…　Ⅱ．①何…②谭…　Ⅲ．①电子商务—支付方式—研究报告—中国—2018
Ⅳ．①F713.361.3

中国版本图书馆 CIP 数据核字（2019）第 149114 号

组稿编辑：杨　雪
责任编辑：杨　雪　詹　静
责任印制：黄章平
责任校对：张晓燕

出版发行：经济管理出版社
　　　　　（北京市海淀区北蜂窝 8 号中雅大厦 A 座 11 层　100038）
网　　址：www.E-mp.com.cn
电　　话：（010）51915602
印　　刷：北京晨旭印刷厂
经　　销：新华书店
开　　本：720mm×1000mm/16
印　　张：15.25
字　　数：291 千字
版　　次：2019 年 10 月第 1 版　　2019 年 10 月第 1 次印刷
书　　号：ISBN 978-7-5096-6764-4
定　　价：68.00 元

黄连金：美国分布式商业应用公司 CEO/中国电子学会区块链分会专委

袁煜明：火币中国 CEO 兼火币区块链研究院院长

委 员

陈　跃：工信部软件与集成电路促进中心云计算研究中心副主任/博士

苗晋平：北京大学商业经济与管理研究所副所长/研究员

王宣喻：清华大学社会科学学院新经济与新产业研究中心副主任

司徒惠：香港企业促进会会长/博士/粤港投资与上市集团总裁

郁　方：广东省人民政府参事/博士/广东省社科院研究员

任志宏：广东省社科院财政金融研究所所长/博士/研究员

高　战：格莱珉中国首席执行官/亚洲金融合作协会经委会成员

刘少波：暨南大学经济学院院长/博士/教授/博士生导师

万俊毅：华南农业大学经济管理学院院长/教授/博士生导师

易行健：广东外语外贸大学金融学院院长/教授/博士生导师

段军山：广东财经大学金融学院院长/博士/教授

王燕鸣：中山大学教授/博士后/博士生导师

黎德化：华南农业大学教授/博士/博士生导师

宋建军：广东财经大学教授/广州市政府参事

陈庆秋：华南理工大学副教授/博士

邓国顺：华南师范大学教授/博士

谭粤飞：广东省金融创新研究会常务理事

文丹枫：广东现代经济服务业研究院执行院长/博士

李易洲：广州三易品牌管理咨询公司总经理/高级营销师

许　旭：广东东莞市经济产业研究院院长/博士/高级会计师

黄　华：武汉大学发展研究院研究员/博士

叶曼玲：建设银行广东省分行原部门总经理/高级经济师

吴向能：广东能迪资本管理有限公司董事长/高级会计师

杨叶林：南方报业 LED 联播网总编辑

书 评

当前全球金融科技发展迅猛，在中国大地的发展也是方兴未艾，广东省金融创新研究会会长何五星同志领衔撰写的《2018中国区块链产业指数研究报告》恰逢其时，该著作以深厚的理论积淀深入分析区块链的成因、发展方向、内核、技术、运营等，综合运用社会科学和自然科学的理论视角剖析区块链发展中的思维困境，让人脑洞大开；不仅仅拘泥于理论的拓展，该书以很大篇幅分析了中国区块链的产业实践，以比较翔实的数据来分析中国区块链生态、区域运行、投融资、园区发展、专利人才及产业政策情况，让读者对中国区块链技术与应用状况有着深入直观的透视；该书的重点在于运用统计学的方法编制中国区块链产业指数，通过不同类型的产业指数测度来分析挖掘省级中心城市区块链规模、资金实力、创新能力、生态环境、社会贡献等情况，并对中国省级中心城市区块链产业指数分梯队排名及评价，该书的出版有助于政府对区块链产业的发展进行宏观把握，也有助于专业的区块链研发人员了解行业发展的层次和问题所在。

——于海峰

广东财经大学校长/教授/博士生导师

区块链产业究竟怎样定位和引导，如何创新和发展，这是摆在各级政府和业界人士面前亟待解决的问题。本指数报告第一次较为全面、系统地给业界描绘了产业现状并给出了严谨、清晰的发展思路，是相关部门及产业人士值得重视和研读的一本力作。

——李 德

中国人民银行研究局原副局长/央行参事/研究员

近年来，随着数字经济的快速发展，区块链技术受到越来越多的关注，国内互联网四大巨头BATJ也开始进军区块链领域。2016年，区块链被写入《"十三五"国家信息化规划》，2017年国务院在4个发布文件中都提到区块链，浙江、江苏、福建、山东、重庆等十几个省区市先后发布区块链指导意见，不少地方还列入"十三五"战略发展规划。《2018 中国区块链产业指数研究报告》，在业内率先系统探索了我国 28 个省和 32 座中心城市区块链产业的现实状况，并通过指数全方位测算，进行排名、评价，对推进我国区块链产业的发展和占领科技制高点有着重要的现实指导意义。

——聂林海

商务部电子商务和信息化司原巡视员、中国电子商会
专家委员会委员、中国移动通信联合会全球区块链产业研究院特聘专家

当前备受争议的区块链该如何定位、如何规划、如何引导、如何发展等是亟待解决的现实问题。本报告作者基于多年相关领域研究和实践，对区块链产业指数开展了大量有意义的探索和总结，是学术界及产业界人士值得研读的一部专著。

——杨东日

中国电子信息产业发展研究院中小企业研究所所长/高级工程师

发展是硬道理，也是一门大学问。特别是针对当今全球普遍特别关注的重大科技事件，且是全新的新生事物区块链产业，其发展更有硬道理，更有大学问。本书领衔作者何五星先生站在时代的节点和战略的高度，率先较为深刻探索和系统描述了区块链产业指数研究的基础理论和基本原理，在分析和总结区块链产业实务发展的基础上，着重对 2018 年中国区块链产业指数的发展情况，进行了较为深刻的探索和系统的描述，特别是从省级和中心城市两个方面，进行了较为科学的测算和理性的评价，并分三个梯队排名进行分析，逐一提供了系列政策建议和对策方略，不失为一本不可多得的关于区块链产业发展的好书。

——陈东升

国家发展和改革委中国战略性新兴产业联盟秘书长/
中国战略新兴产业杂志执行社长

大数据、物联网、人工智能和区块链无疑是当今最热的新一代信息技术的核心。区块链技术的发展时间较短，但是发展速度却非常迅速，底层技术的基础架构正在不断完善，各项应用在不断的探索和发展之中。如何判断和评判各地区块链的发展状态是一个较为复杂的工作，关键在于如何建立一套能够全面准确评价各地技术发展和应用状态的评价体系。本研究报告在业内率先系统探索了我国 28 个省和32 个中心城市区块链产业的现实状况和进行了指数全方位的测算、评价、排名，

对推进我国区块链产业的发展和占领科技制高点有着重要的现实指导意义。

——刘世平

中国科学院大学教授/国科大金融科技中心主任/博士生导师/
国家"千人计划"人才/5 家银行独立董事/吉贝克公司董事长

区块链技术的应用会逐渐走向成熟，从在数字货币、智能合约等方面的实践来看，相对传统中心化的应用来讲，去中心化的应用有其自身的特点，如点对点、无须第三方、自治。当前各大互联网巨头公司纷纷关注、研究并应用区块链技术，各国政府也纷纷出台相关政策支持区块链技术的产业应用，这一切都充分说明了区块链技术被各国、各行业所关注，正是在这一背景下，由何五星先生牵头著述的《2018 中国区块链产业指数研究报告》，可谓"好雨知时节"，本书可供关注区块链产业发展的各界朋友参考，相信本书一定会"润物细无声"。

——陈　跃

工信部软件与集成电路促进中心云计算研究中心副主任/
中国计算机学会区块链专业委员会委员/博士/研究员

区块链是一个时代，并必将形成一个全新的产业群，但作为一个新生的产业，现状如何，未来走向如何，需要严肃、认真地刻画，以便于政府、企业和社会各界参考。何五星先生的《2018 区块链产业指数研究报告》思路清晰，自成体系，值得研读。

——周永章

中山大学教授、博士生导师，广东省金融
创新研究会常务副会长，低碳生活区块链发起人

科学研究是需要探索精神的，尤其是对新生事物而言，总是需要很多的探索者为我们打开神秘的大门。区块链研究在中国迅速得到全社会的关注，但事实上真正懂得区块链技术的人并不多。《2018 中国区块链产业指数研究报告》做出了自己的探索和尝试，开启了区块链产业指数研究的新思路，提出了规范的研究框架和模型，比较系统地考察了中国区块链产业和技术发展的全景。相信无论是政府、政策研究者还是区块链技术人员，都可以从本书中获益良多。

——王宣喻

清华大学社会科学学院新经济与新产业研究中心副主任，
清华大学理论经济学博士后、副教授

《2018中国区块链产业指数研究报告》为一本研究著作，不仅对我国省区和城市的区块链产业现状进行了探索和排名，更重要的是对所涉及的主要省区和城市在区块链产业发展方向和实务上，都总结了经验教训，提出了发展方向和提供了指导意见，不失为一部学术上和应用上都极具价值的专著，相信其对于区块链行业的总体发展提供很多参考意见和方向。

——黄连金

美国分布式商业应用公司CEO兼发起人/
中国电子学会区块链分会专家委员

"疾风知劲草"。关于区块链技术和应用的书籍已经汗牛充栋，但关于区块链产业指数研究的著作在市面上却乏善可陈。《2018中国区块链产业指数研究报告》的问世，在区块链产业探索领域方面，可以说书写了浓浓的一笔。

——袁煜明

火币中国CEO兼火币区块链研究院院长

广东省金融创新研究会在全国率先出版《互联网金融模式与实战》的基础上，又率先出版《2018中国区块链产业指数研究报告》。作为一家省级社团组织，值得可喜可贺、可赞可誉！不能说本指数研究报告完美无缺，比如说在理论和实务探讨上还可以进一步扩展充实。作为"连年体"研究报告，但愿下一年度内容更充实和研究更深厚！

——苗晋平

北京大学商业经济与管理研究所副所长/研究员

《2018中国区块链产业指数研究报告》的书名时间界定为2018，可见还会有2019，2020……n年，是一部连年体研究中国区块链产业极具高重量级的专著。"连年体"坚持下去，我坚信：绳剧木断，水滴石穿；坚持数年，必成大器。

——周林生

中国经济体制改革研究会副会长/广东省体制改革研究会会长

注：上面书评13人，分别是来自工业和信息化部、国家发展和改革委、商务部、中国人民银行等政府职能管理部门；北京大学、清华大学、中国科学院大学、中山大学、广东财经大学等高校；中国经济体制改革研究会、中国电子学会、中国计算机学会、中国电子商会等社团；社会名流、区块链企业及平台五个方面的专家学者。

张开双臂，迎接第四次科技革命的到来

　　人类近两百多年文明进步史经过了三次重大的工业革命：18 世纪 60 年代从英国发起的第一次工业革命，它以工作机的诞生开始，以蒸汽机作为动力机被广泛使用为标志，使工厂制代替了手工工场，用机器代替了手工劳动，从而大大地提高了社会生产力；19 世纪 70 年代开始的第二次工业革命，使人类进入了“电气时代”，不仅对人类社会的经济、政治、文化、军事、科技和生产力产生了深远的影响，更重要的是为改变人们的生活方式提供了根本性的便利；20 世纪 40 年代第三次科技革命以原子能、电子计算机、空间技术、生物工程的发明和应用为主要标志的诸多领域的一场信息控制技术革命，其中以互联网信息技术为核心；而 21 世纪近几年出现的区块链技术，可以说是继蒸汽机、电力、互联网之后重要的颠覆性创新，甚至有人称之为第四次科技革命。如果说蒸汽机释放了人们的生产力，电力解决了人们基本的生活需求，互联网彻底改变了信息传递的方式，那么，区块链作为构造信任的机器，将可能彻底改变整个人类社会价值传递的方式。

　　进入 21 世纪，全球的经济和科技格局不断发生变化，尤其是 2016 年以来，区块链在世界各地尤其是中华大地上掀起了一股股创新热潮。可以毫不夸张地说，区块链是当今世界上最重要的热点话题之一，是当今全球最火爆、最有潜力的科技竞争高地之一。发展区块链技术，是我国抢占国际技术竞争高地的重要突破口和“科技兴国”战略的具体内容。2018 年 5 月，习近平总书记在中国科学院第十九次院士大会、中国工程院第十四次院士大会上发表讲话，将区块链与人工智能、量子信息、移动通信、物联网等并列为新一代信息技术代表，对区块链技术的前景寄予厚望。据不完全统计，截至 2018 年 11 月，中国有 24 个省区共发布区块链相关扶持政策 112 条，其中 2018 年发布 35 条；区块链创业企业 703 家，其中 2018 年新增 229 家；区块链企业融资总额 75 亿美元，超过 2012～2017 年融资总和；发布区块链项目 263 个，远超亚洲第二的新加坡 58 个和美国发布 27 个项目；新增加区块链专利公开数量 1518 件，远超 2017 年的 860 件，占比世界主要国家区块链专利数量的 77%；全球历年共有 33 所高校开设区块链培训班，中国高校为 14 所，其中 2018 年开设有 9 所。在 2018 年中国十大流行语中，与区块链及数字货币相关联的就占据了4条，形成了令人不可思议的景象。

区块链本质上是一个去中心化的账本系统，具备去中心化、开放性、信息不可篡改、可编程等特点，可作为价值互联网的底层存储与传输协议。区块链有望带领我们从个人信任、制度信任进入到机器信任的时代，共识机制是区块链建设的核心。数字货币只是开始，区块链可以改变更多，可以重塑世界的信任体系，解决过去很多信任成本太高的问题。在互联网时代，信息和服务的主要基调是免费的。如果说互联网是打破了信息传递的障碍，那么区块链就是打破了价值传递的障碍，解决了服务变现的问题。

现实摆在眼前，不管你是否认同，区块链产业如同旭日东升，正在中国大地开始崛起，正在逐步催促中国各行各业和各个方面发生翻天覆地的巨变。犹如互联网一样，几乎每个行业、每家企业、每个家庭，都能在区块链领域找到自己的位置。

然而，尽管区块链具有颠覆和重建中国科技革命的能量和使命，其前景无量，其发展势不可当，其未来是一片蓝海，但是，它毕竟是个新生事物，不可避免存在着这样或那样的不足，尤其是产业风险。比如，从区块链技术在中国诞生和延伸，首先是以炒作比特币等虚拟货币开始，并且愈演愈烈，一度使区块链名声给社会带来不良现象和给部分炒币居民带来灾祸，造成至今不少人认为区块链就是数字货币，甚至错误地把区块链产业与炒币等同起来。同时，区块链本身在技术尤其是在场景应用等方面，还有许多新情况、新问题、新"处女地"，需要我们去发现、去探索、去开垦、去完善。

正是基于这种理念和思路，以广东省金融创新研究会牵头，由从事金融科研工作38年之久且撰写出版专著高达30多本的何五星会长带队，组织一个由企业派、社团派、院校派、科研派、官方派组成的"五位一体"的编委会，联合撰写这套《2018中国区块链产业系列报告》丛书。

此丛书首批"三部曲"：第一部为《2018中国区块链产业指数研究报告》（综合研究）；第二部为《"十三五中期"中国区块链产业发展报告》（动态分析）；第三部为《中国区块链产业统计报告》（静态阐述），其中《2018中国区块链产业指数研究报告》之所以书前有"2018"，是因为2019年、2020年……以后每年都将出版此研究报告，是一个"连年体"。《"十三五中期"中国区块链产业发展报告》，指的2016~2018年区块链产业发展情况。本丛书的本质是汇集和融合多种声音，即本丛书具有：国家政策的指导声音、区块链产业的主旋律声音、企业成长的呐喊声音、专家学者的讨论声音、广大民众的呼唤声音和作者的见解声音，这多种声音的汇集和融合，奏出了一首划时代的区块链产业创新发展交响曲。

本丛书力求站在历史的高点上，以大思路、大眼光、大视角，深入探讨和解读关于中国区块链产业的热点、重点、难点问题；坚持以真实、客观、准确、务实为根基；以正面宣扬"中国特色区块链产业"为蓝本；以国家制定的区块链方针政策及发展规划为指导；以最大限度地为国家提供区块链产业政策决策服务和为广大读者提供区块链产业知识食粮为宗旨；以最大力度支持推进中国区块链产业创新发展为出发点和落脚点。同时，本丛书力求做到：提供真实性和创新性统一的、既能宏观指导又能适时实用的、经得起时间考验并且与国际对接的区块链产业高品质全方位的读本。

可以预见，本丛书将会为推进中国区块链产业持续、稳健、长足发展推波助澜，为增强中国区块链产业在全球区块链产业体系中的话语权和国际影响力增添辉煌。可以断言，本丛书对于区块链产业的创新发展，不仅有深远的历史意义和深刻的现实指导意义，同时还具有深厚的学术价值和较高的收藏价值。

丛书编委会

2019 年 1 月 10 日

前 言

本书是《中国区块链产业系列报告丛书》首席本。本书坚持以国家有关区块链产业的法律政策和工作方针为指导，紧紧围绕 2018 年中国区块链产业发展形势和运营实情，严格按照"指数报告"这一文体的基本要求，以严谨的文风学风，认真收集、整理、归纳全国有关区块链产业各方面的统计数据和文献资料，通过大量图表和数据对比分析，总结和展示 2018 年中国区块链产业的运行情况和数据信息，介绍和传播全国相关区域及主要行业区块链产业的经验做法以及落地应用情况。全书通过对 2018 年中国 28 个省份和 32 个中心城市区块链产业指数进行系统建模、测算、评估和排名及评价，力求使本书成为：

◆ 全面系统介绍 2018 中国区块链产业做法、展示整体全貌、了解具体细节的工具书。

◆ 服务于各级政府领导决策和相关管理部门，制定区块链产业政策法规，做好区块链指导工作的参考书。

◆ 服务于区块链产业尤其是从业区块链实体经济和公司企业，帮助提高办事效率的指导书。

◆ 服务于各社会团体、大专院校和科研单位，开展区块链产业研究的借鉴书。

◆ 服务于有志于参与区块链学习和应用的机关团体和企事业单位，尤其是准备进入区块链实操的个人，开展区块链学习的教科书。

◆ 服务于国内外区块链合作，推进中国区块链产业"走出去"和"走进来"的指南书。

◆ 服务于全社会各界人士，尤其是广大城乡居民，提高区块链知识、提升办理区块链业务能力的百科全书。

本书其特色是力求三个"融合"与"突破"：一是视野和时空的融合与突破。在视野上以大气派、大眼光、大视野、大思路展现；在时空上以 2018 年中国 28 个省份和 32 个中心城市为中心展开。二是整体和重点的融合与突破。本书运用大量的图表及比较分析方式，通过精选样本、进行指数测算评估和排名，既全面系统又突出重点探讨论述 2018 年中国区块链产业所作出的重大决策、所发生的重要事件和整体推进实况。三是真实和创新的融合与突破。本书始终注重真实性，坚持论从史出，用数据和事实说话；力求所有内容和资料都贯穿真实性和准确性，有可靠出处，有据可查。同时，全书突出创新，在素材取舍上、在表达形式上、在写作手法上，较之传统的指数报告，力求有所突破。

为了实现上述目标，本书笔者特邀中国人民银行、国家工业和信息化部、发改委、商务部及广州市政府金融工作局等国家职能管理部门的相关人员，北京大学、清华大学、中国科学院大学、中山大学、广东财经大学等高校的教授学者，中国体制改革研究会、中国计算机学会、广东省金融创新研究会等社团组织负责人，中国人民银行金融研究局、广东省政府参事室等研究机构研究人员；美国分布式商业应用公司、火币中国等区块链企业及平台的专家，联合组成《2018 区块链产业指数研究报告》编委会，作为编纂工作的指导和协调机构；央行参事、中国人民银行研究局原副局长李德研究员、中科院大学金融科技中心主任刘世平教授、广东财经大学校长于海峰教授、广东省政协常委中山大学周永章教授等为本书的顾问和领衔；另有 30 多名专家学者作为编纂和工作人员，本书由集体编写而成。

本书在写作过程中，参阅了大量的文献资料，借鉴了不少专家学者和有识之士的最新观点和研究成果。同时得到了多地政府、高校、研究机构、产业园区以及区块链、互联网、金融等领域众多机构、专家的指导与帮助，在此一并致以最衷心的感谢！由于区块链在中国是一项全新的产业，对于区块链指数的研究更是一项全新的事情，尤其是当前发展水平总体上还处于起步阶段，相关数据资料稀缺；加之时间仓促，书中错误和疏漏在所难免，敬请读者不吝赐教、批评指正。

谨以本书献给所有为推进区块链产业直接辛勤耕耘的人们！以及关心、支持的所有人们！

目　录

第一章　区块链指数与区块产业指数研究报告综述 ················· 001

第一节　区块链指数的概念、分类与特征 ················· 001

一、区块链产业指数的概念与产生 ················· 001

二、区块链指数的分类与特征 ················· 002

第二节　国内主要区块链研究机构和区块链指数研究情况 ····· 004

一、国内区块链主要研究机构 ················· 004

二、国内区块链指数研究情况概述 ················· 010

第三节　国外区块链研究情况与区块链研究主题 ············· 013

一、国外区块链研究情况 ················· 013

二、国外区块链研究主题及展望 ················· 017

第四节　本书的意义及主旨、目的 ················· 020

一、意义 ················· 020

二、主旨 ················· 022

三、目的 ················· 023

第二章　2018 中国区块链产业指数的编制与测评 ················· 024

第一节　2018 区块链产业指数指标体系的编制思路、原则、方法 ····· 024

一、编制的主要思路 ················· 024

二、编制的基本原则及要求 ················· 026

三、编制的方法及流程 ················· 027

第二节　2018 中国省（区、直辖市）区块链指数指标体系的

构成与测评 ················· 033

一、2018 测算中国省区、直辖市的选择 ················· 034

二、2018 中国省级区块链指数指标体系的构成 ················· 034

三、2018 中国省级区块链指数指标评估体系的设置架构 ····· 039

四、2018 中国省级区块链指数指标体系测评的原则与方法 ······· 048

第三节　2018 中国中心城市区块链指数指标体系的构成与测算 ····· 052

一、2018 测算中国中心城市的选择 ················· 052

二、2018 中国中心城市区块链指数指标体系的构成、测评及
比较 ……………………………………………………………… 055

第三章　2018 中国省级区块链产业指数的测算与评价 ……… 065
　第一节　2018 中国省级区块链产业整体指数的测算结果及评价 ……… 065
　　一、2018 中国省级区块链产业整体指数测算结果排名 ………… 066
　　二、2018 中国省级区块链产业指数的评价 ……………… 071
　第二节　2018 中国省级区块链规模基础指数的测算结果及评价 ……… 079
　　一、2018 中国省级区块链规模基础指数测算结果排名 ………… 079
　　二、2018 中国省级区块链规模基础指数的评价 ……………… 083
　第三节　2018 中国省级区块链资金实力指数的测算结果及评价 ……… 089
　　一、2018 中国省级区块链资金实力指数测算结果排名 ………… 089
　　二、2018 中国省级区块链资金实力指数的评价 ……………… 094
　第四节　2018 中国省级区块链创新能力指数的测算结果及评价 ……… 098
　　一、2018 中国省级区块链创新能力指数测算结果排名 ………… 098
　　二、2018 中国省级区块链创新能力指数的评价 …………… 102
　第五节　2018 中国省级区块链生态环境指数的测算结果及评价 ……… 107
　　一、2018 中国省级区块链生态环境指数测算结果排名 ………… 107
　　二、2018 中国省级区块链生态环境指数的评价 …………… 112
　第六节　2018 中国省级区块链社会贡献指数的测算结果及评价 ……… 116
　　一、2018 中国省级区块链社会贡献指数测算结果排名 ………… 116
　　二、2018 中国省级区块链社会贡献指数的评价 …………… 120

第四章　2018 中国中心城市区块链产业指数排名与评价 ……… 123
　第一节　2018 中国中心城市区块链产业整体指数的测算结果及评价 … 123
　　一、2018 中国中心城市区块链产业整体指数测算结果排名 ……… 124
　　二、2018 中国中心城市区块链产业整体指数的评价 …………… 129
　第二节　2018 中国中心城市区块链规模基础指数的测算结果及
评价 ……………………………………………………… 133
　　一、2018 中国中心城市区块链规模基础指数测算结果排名 ……… 133
　　二、2018 中国中心城市区块链规模基础指数的评价 …………… 138
　第三节　2018 中国中心城市区块链资本实力指数的测算结果及
评价 ……………………………………………………… 141
　　一、2018 中国中心城市区块链资金实力指数测算结果排名 ……… 142

　　二、2018 中国中心城市区块链资金实力指数的评价 ·············· 147

第四节　2018 中国中心城市区块链创新能力指数的测算结果及
　　　　评价 ·· 150

　　一、2018 中国中心城市区块链创新能力指数测算结果排名 ········ 150

　　二、2018 中国中心城市区块链创新能力指数的评价 ············· 154

第五节　2018 中国中心城市区块链产业生态环境指数的测算结果及
　　　　评价 ·· 160

　　一、2018 中国中心城市区块链产业生态环境指数测算结果排名 ···· 160

　　二、2018 中国中心城市区块链产业生态环境指数的评价 ·········· 164

第六节　2018 中国中心城市区块链产业社会贡献指数的测算结果及
　　　　评价 ·· 168

　　一、2018 中国中心城市区块链社会贡献指数测算结果排名 ········ 168

　　二、2018 中国中心城市区块链社会贡献指数的评价 ············· 173

第五章　**2018 中国区块链产业指数分梯队排名与评价** ··········· 175

第一节　2018 中国省级区块链产业指数分梯队的排名、评价及
　　　　建议 ·· 175

　　一、2018 中国省级区块链产业指数三个梯队划分的对象和依据 ····· 175

　　二、第一梯队省级区块链产业指数的排名、评价及建议 ········· 178

　　三、第二梯队省级区块链产业指数的排名、评价及建议 ········· 186

　　四、第三梯队省级区块链产业指数的排名、评价及建议 ········· 194

第二节　2018 中国中心城市区块链产业指数分梯队的排名、评价
　　　　及建议 ·· 201

　　一、2018 中国中心城市区块链产业指数三个梯队划分的对象和
　　　　依据 ·· 201

　　二、第一梯队（全球级）中心城市区块链产业指数的排名、
　　　　评价及建议 ·· 204

　　三、第二梯队（国家级）中心城市区块链产业指数的排名、
　　　　评价及建议 ·· 210

　　四、第三梯队（省级）中心城市区块链产业指数的排名、
　　　　评价及建议 ·· 216

参考文献 ·· 224

第一章

区块链指数与区块产业指数研究报告综述

对于中国区块链的产生和发展，尤其是对区块链产业指数的出现和研究，这些内容是最近几年才发生的事情。由于区块链产业刚刚兴起，对于区块链产业指数的概念、分类及其特征，目前全国乃至全球还没有统一界定，对于国内和国外区块链产业指数当前的发展概况、所取得的研究成果、更没有过多介绍和探讨。特别是对于区块链产业指数报告的研究意义、主旨、目的，需要有个比较正确的了解，而对区块链产业指数发展概况的总体综述和系统了解，则是研究区块链产业指数报告的前提基础。故本章以此展开，并为本书后续章节的研究作出引导。

第一节 区块链指数的概念、分类与特征

"高楼万丈平地起"，下面对区块链指数的概念与产生、分类与特征，作个简单介绍。

一、区块链产业指数的概念与产生

1. 区块链产业指数的概念

众所周知，区块链产业指数从属于区块链指数，区块链指数从属于科技指数，是科技指数中的一分子，而科技指数又从属于指数。也就是说，区块链产业指数的概念，它的根基和本质属性，还是指数的概念。

如果把科技指数看成一个独立体，那么，科技指数是广义上的指数，即反映科技现象总体数量变动的相对数都是科技指数。也就是说，凡是反映科技同类现象数量变动的相对数，都可以称为科技指数，包括反映单项事物变动程度的相对数和反映复杂现象综合变动的相对数；包括区块链指数也包括区块链的产业指数。

区块链产业指数，在区块链指数尤其是在科技这个体系里，它是狭义的，但对于区块链产业指数自身而言，却有广义和狭义之分。广义的区块链产业指数，是指反映区块链产业现象总体数量变动的相对数；狭义的区块链产业指数，是指反映复杂现象总体数量上的变动，是用来反映不能直接加总与对比的复杂区块链产业现象数量综合变动的相对数。它是一种特殊形式的相对数。

2. 区块链产业指数的产生

区块链产业指数的产生，包括外延与内涵，即形式和内容。

（1）从外延即形式上考察，区块链产业指数，最早产生的是股票指数。区块链指数以及区块链产业指数的产生，最早期来自股票的出现和股票交易所，进而发展成为股票市场指数。

（2）从内涵上考察，区块链产业指数的产生和发展，是随着科技创新和经济发展而产生和发展的。每一次科技创新推进了一次新技术革命，进而产生了一个新领域或新产业或项目的技术，出现了一项与之对应的新指数。比如，从科技金融产业方面来讲，有互联网金融、物联网金融、供应链金融、区块链金融、数字金融等众多单个的新金融产业出现，对应地也出现了相关指数。区块链产业指数也是如此，因科技创新和经济发展而产生了区块链，而随着区块链技术和区块链产业的发展，产生了区块链产业指数。任何单个区块链指数的产生，都是科技创新和经济发展的产物；进而是区块链的产生和发展壮大的产物。

同时，任何产业指数的产生，都有一个积蓄、演变的过程，其发展都经历了反复无常、波浪曲折式前进的过程。区块链产业和区块链产业指数的产生和发展，目前正处于这种波浪曲折式前进的风口浪尖上。

二、区块链指数的分类与特征

1. 区块链指数的分类

区块链指数是衡量区块链市场总体发展水平及变动趋势的尺度，也是衡量一个国家和地区科技、经济发展状态的灵敏信号。区块链指数也分很多种，但是目前区块链发展还处于初始阶段，区块链的指数刚刚开始出现，对于区块链指数的分类，还未曾有人进行过划分。下面是笔者用区块链发展观点抛砖引玉进行的尝试。

（1）按区块链的性质和时间不同，可以分为创新业务区块链指标指数和传统业务区块链指标指数。

（2）按区块链涉及内容和发挥作用不同，可以按照政治文明（如出台政策法规）、经济文明（如支持实体经济）、科技文明（如区块链技术）、生态文明

（如支持可持续发展）、社会文明（如关注民生）五大文明属性划分区块链指标指数。

（3）按区块链的产生地（国家或地区），可以划分为国内区块链指数和国外区块链指数。

（4）按区块链的创新程度，可以分为全新的区块链指标指数和部分创新的区块链指标指数。

（5）按区块链的表现属性，可以分为定量（数量）的区块链指标指数和定性（性质）的区块链指标指数。

（6）按区块链的社会影响力，可以分为宏观或中观或微观的区块链指标指数。

（7）按区块链的作为和应用范围，可以分为直接区块链系统的区块链指标指数和间接区块链系统的区块链指标指数。

2. 区块链指数的特征

区块链指数的特征分两大部分：一是指数共同的特征；二是区块链指数个性的特征。

（1）指数的基本特征。从指数的定义中可以看出，指数的最基本特征，是用来反映不能直接加总与对比的复杂社会经济现象总体数量上的变动，并且是以相对数的形式反映这种变化。然而指数的种类甚多，内容繁杂，普遍用得较多的是统计指数。相对而言，统计指数的特征很大程度上就是指数的特征。下面对统计指数特征进行描述。

1）数量性。所有的统计指标都是可以用数值来表现的，这是统计指标最基本的特点。统计指标所反映的就是客观现象的数量特征，这种数量特征是统计指标存在的形式，没有数量特征的统计指标是不存在的。

2）综合性。综合性是指统计指标既是同质总体大量个别单位的总计，又是大量个别单位标志差异的综合，是许多个体现象数量综合的结果。统计指标的形成必须经过从个体到总体的过程，它是通过个别单位数量差异的抽象化来体现总体综合数量的特点的。

3）具体性。统计指标的具体性有两方面的含义：一是统计指标不是抽象的概念和数字，而是一定的、具体的社会经济现象的量的反映，是在质的基础上量的集合。这一点使社会经济统计和数理统计、数学相区别。二是统计指标说明的是客观存在的、已经发生的事实，它反映了社会经济现象在具体地点、时间和条件下的数量变化，这点又和计划指标相区别。

（2）区块链指数的个性特征。较之区块链指数而言，其特征可以概括为"新兴、重大、前景看好、暂不成熟"四个方面12个字。

1）新兴。顾名思义，区块链是才兴起只有几年时间的新技术，有区块链才会有区块链指数，所以，区块链指数肯定更是新兴的。

2）重大。如果不是重要的单个科技产业创新或重大的产业产品，是形成不了指数的，而区块链的项目内容或创新项目指标，如果不是极为重大的，也形成不了区块链指数。

3）前景看好。区块链指数既是新兴的，又是重大和重要的，必然是科技指数的"潜力股"，前景必然看好。当然，其根基是区块链本身的前景看好，整个区块链产业前景无量，必然使区块链指数也看好。

4）暂不成熟。任何新生事物一开始不可能十全十美，必然经历从不成熟到成熟的发展过程，区块链指数发展更是如此。因为，区块链本身就是一个新生事物，区块链不仅是涉及科技和金融业的新生事物，并且是一个涉及社会经济生活各个方面的新生事物。同时，区块链产业指数是用来反映不能直接加总与对比的复杂金融及社会经济现象总体数量上的变动，并且是以相对数的形式反映这种变化。所以，区块链产业指数由一个从不成熟到成熟的过程表现得更为明显。

第二节　国内主要区块链研究机构和区块链指数研究情况

由于区块链本身就是一个新生事物，还处于发展的初始阶段。目前，国内外还没有多少专职的区块链研究机构。区块链指数更是"小荷才露尖尖角"，刚刚破土而出的小苗，没多少内容。同时，目前这些区块链指数内容也很不成熟和不一定准确，只能提供参考。之所以要做个简要的介绍，其用意是通过对其他区块链指数的介绍，以了解当前区块链指数研究现状，便于对本区块链产业指数研究知己知彼，从而达到"继往开来"和"更上一层楼"的目的。

一、国内区块链主要研究机构

对于 2018 年来说，上到商界大佬，下到平民百姓，都在为区块链疯狂。区块链研究机构，更是如雨后春笋般出现。下面以成立时间先后为序，对区块链研究机构进行简要介绍。

1. 中国区块链研究院排行榜

据中商情报网讯报道，截至 2018 年 4 月 20 日，中商产业研究院（BlockData）已经收录 18 个细分行业的 1242 个区块链项目，并且这个数字每天都在增长。目前，金融、企业服务、文化娱乐、研究院、区块链概念上市公司五个领域是区块链创业集中度最高、资本最集中、落地应用最多的领域。表1-1为中国区块链研究院排行榜。

表1-1　中商产业研究院提供的中国区块链研究院排行榜

排名	公司	创办者
1	中钞区块链研究院	中国印钞造币总公司
2	北大光华区块链实验室	北京大学
3	计算机科学与技术学院区块链研究中心	浙江大学
4	大数据区块链与监管科技实验室	中国人民大学
5	西安交通大学区块链技术与法律创新研究实验室	西安交通大学
6	蓝石区块链实验室	中国信息通信研究院 北京航空航天大学
7	信大区块链研究院	解放军信息工程大学
8	深圳大学区块链技术研究中心	深圳大学
9	百度金融区块链实验室	百度
10	天府区块链创新实验室	天府新区成都管委员 美国硅谷区块链技术团队
11	区块链研究院	南方科技大学大数据创新中心 招商证券 前海人寿 比银集团 华大基因 信元资本　共同发起
12	亚太区区块链技术实验室	德勤
13	苏宁金融区块链研究院	苏宁
14	区块链新金融实验室	中关村众筹联盟联合 ZRC 中关村大河资本 北京股权交易中心 北京股权登记管理中心 网录科技
15	重庆数资区块链研究院	重庆涪陵国有资产投资经营集团 重庆数资科技公司

资料来源：中商情报网。

2. 区块链新金融实验室

2017 年 6 月 9 日，区块链新金融实验室在中关村展示中心正式成立，区块链新金融实验室官网也同步上线。为积极推动区块链技术在金融创新领域的示范效用、推动区块链新金融在中关村地区的资源聚集，中关村众筹联盟联合 ZRC 中关村大河资本、北京股权交易中心、北京股权登记管理中心、网录科技等多家业内领先的相关企业和机构，共同发起成立了区块链新金融实验室。

区块链新金融实验室将重点跟踪研究国外先进的区块链技术在新金融领域的创新趋势，积极推动区块链技术在国内新金融领域的示范效用，吸引国内外优秀的区块链新金融相关创业公司到中关村聚集发展。同时，实验室将通过行业调研、专题研讨、应用培训、投融资对接、创业孵化、社群互动、示范应用展示等多种形式，营造区块链新金融生态在中关村创新引领发展的良好氛围。

3. 中金区块链研究院

随着互联网的发展，原来分工明确、相互独立的多环节产业链，开始出现全产业链的垂直整合以及推动跨产业链的横向融合，进而形成完整闭环、相互依存、密切相关的全新生态圈。2017 年 8 月 15 日，中金区块链研究院揭牌仪式在北京举行。

中国金融认证中心总经理、中金支付有限公司总经理季小杰表示，随着区块链技术的不断发展，各种场景应用的陆续落地，区块链技术将会影响现在金融行业布局，为金融行业带来更大的潜能。季小杰指出，未来中金支付将通过线上"智融在线平台"与线下供应链产品相结合，实现产业整合、金融支撑、科技创新三位一体的生态共建目标，帮助中小企业做强做大，促进行业稳健发展。

4. 中钞区块链研究院及中钞区块链技术研究院

在相继成立金融科技委员会及数字货币研究所后，央行系统加大了金融科技领域探索的脚步。2017 年 9 月 14 日，中国印钞造币总公司（下称中钞集团）在杭州成立了区块链研究院（下称中钞区块链研究院）。

据悉，中钞区块链研究院注册地在杭州，主要是跟踪研究区块链和数字货币的技术与应用。目前，该研究院隶属于中钞集团核心企业之一的中钞信用卡产业发展有限公司（下称中钞信用卡公司）。该研究院也成为央行系统中为数不多的以区块链为研究方向的机构。

中钞信用卡产业发展有限公司杭州区块链技术研究院（简称"中钞区块链技术研究院"）是中国印钞造币总公司下属单位的科研机构，其致力于成为国内金融科技创新领域的核心力量，为数字经济打造公共基础设施。

中钞区块链技术研究院团队是国内金融领域最早研究区块链技术的团队之一，对分布式账本、密码学、云计算和大数据等技术持续深入研究，积极追踪探索法定数字货币相关核心技术的研究、人民币数字化的建设，推动区块链技术在社会各领域的创新应用与市场推广。

5. 蓝石区块链实验室

2018 年 2 月 10 日，蓝石区块链实验室在北京举办成立仪式。蓝石区块链实验室是由中国科学院院士领衔，中国信息通信研究院以及北京航空航天大学等顶级科研机构、高校共同发起，致力于区块链科技产业生态的建设。实验室将以整合优势资源，展开标准研究、底层技术研发、产业应用开发、人才培养等开展工作，并计划于全球多个中心城市建设一批以区块链技术为核心，融生产、生态、生活于一体的国际区块链社区（科创小镇），构建区块链特色生活社区，从而构建完整的区块链产业生态体系。

据了解，实验室目前规划将在政务、教育、医疗、金融、珠宝、物流等领域展开研究，并且已经在硅谷、波士顿、纽约、迪拜、伦敦、新加坡以及北京、上海等地设立了研究中心和工作站。

6. 中国区块链应用研究中心

随着中国央行对于数字货币的模型研究越来越深入，从官方到民间，对于区块链应用的场景研究正在掀起新一轮的高潮。2018 年 2 月 26 日，中国区块链应用研究中心在上海正式挂牌成立。

据介绍，中国区块链应用研究中心是由互联网金融博物馆牵头发起成立的一个非官方公益机构，主要功能是以公益研究平台推动社会金融启蒙、建立公众认知标准。从全球区块链商业理事会的成立，到中国区块链应用研究中心北京、杭州、上海分中心的相继揭牌，体现了中国对区块链的应用和研究工作的重视及大力推广的决心。

7. 大数据区块链与监管科技实验室

2018 年 3 月 15 日，中国人民大学启动大数据区块链与监管科技实验室，帮助政府加强风险管控。人民大学金融科技与互联网安全研究中心主任、法学院副院长杨东认为，区块链作为新技术风险巨大，新的标准和新的科技应用于新的产品当中，对于传统的规则和法律会造成挑战，需要尽快确立标准。

2018 年 7 月 14 日，大数据区块链与监管科技首届创新应用峰会，由阿里云融资租赁（深圳）有限公司主办，在深圳市宝安区宝立方中心四楼多功能会议厅举行，共有来自社会各界精英人士 500 余人到场参加。

8. 信大区块链研究院

据中国通信标准化协会 2018 年 3 月 12 日发布消息，信大区块链研究院已于2018 年 2 月在深圳揭牌。该研究院是国内首家以"军民融合发展战略"为政策平台支撑，是国内首家以核心密码技术和可信原理为核心技术的区块链应用研究机构。

据雷锋网（公众号：雷锋网）·AI金融评论了解，信大区块链研究院的学术支撑来源于解放军信息工程大学和中国人民公安大学，在可信计算理论指导下，主要从事区块链底层核心技术研发及场景应用研究。

目前，信大区块链研究院已经取得区块链行业技术软件著作等知识产权21项。接下来，该研究院将从以下四个方面做重点布局：一是专注于区块链底层技术和核心技术，为区块链相关企业提供底层技术支撑和服务；二是着眼于某一特定领域，以"区块链+行业"，努力打造行业标杆，树立行业标准；三是加大金融货币领域的区块链理论和技术研究，为国家虚拟货币理论发展和技术突破，做出企业自身的贡献；四是通过校企合作等形式，加强区块链人才培养，为整个行业的发展提供人才支撑和智力支持。

9. 北大光华区块链实验室

2018年4月8日，在"2018金融科技与区块链创新论坛暨北大光华区块链实验室成立仪式"上，北大光华区块链实验室正式成立。北京大学光华管理学院刘俏院长揭牌。实验室旨在为区块链行业提供理论指引和实践指导，做好区块链行业的深入研究，推动区块链行业的发展、区块链技术在金融领域的应用、区块链技术与监管科技的结合等。

北大光华区块链实验室由北京大学光华管理学院和北京博晨技术有限公司共同发起成立，是国内顶级高校中首批以区块链作为主攻方向的研究中心。今后实验室将重点开展区块链领域的行业研究、政策研究，以北大光华区块链实验室创新研究成果为纽带，以高层人才为依托，通过体制和机制创新，促进区块链行业的创新成果产业化。同时，培养区块链行业领先人才，努力建设成为国内一流的区块链金融产学研示范基地。

10. 国内第一家物联网区块链实验室

2018年4月19日，中关村物联网区块链实验室于北京中关村正式成立并举行揭牌仪式。这是目前国内首家物联网行业的区块链实验室，也是第一家对区块链应用场景进行行业细分的实验室。

实验室由中关村物联网产业联盟、中关村物联网产业创新中心发起，意在推动物联网产业与区块链技术的结合，促进新技术的发展和应用，探索物联网+区块链新模式和新路径；定位在物联网领域的区块链技术应用，为企业发展提供系统性的解决方案，通过区块链+的模式为企业进行赋能，增强企业竞争力。

实验室将为企业提供区块链应用的全方位输出，包含咨询服务、通证体系设计、白皮书设计、技术应用实施及相关对接服务，同时携手数十家资本为企业发展提供助力。

11. 浙江财经大学与中钞区块链实验室

2018 年 5 月 17 日，浙江财经大学与中钞区块链技术研究院举办共同构建区块链实验室的签约仪式。

本次合作，将旨在研究基于中钞络普平台的区块链行业应用的开发，在"科学研究、人才培养、成果转化"等多方面进行深度合作，想要创建一支区块链领域中的教学科研及创新创业团队、发展探索区块链技术以及与之相对应的可实施落地的商业模式，从而推动区块链技术的学科研究与应用拓展。

2017 年以来，区块链技术成为互联网时代的风口，也是"信息互联网"向"信任互联网"过渡的关键技术，目前还处于不成熟阶段，但是应用领域前景广泛，中钞区块链技术研究院是我国最早研究区块链技术的团队之一，浙江财经大学区块链实验室也是国内高校中第一个与该研究院合作的区块链实验室，在人才培养、技术研究、成果转化、政策支持等方面具有优势。

12. 人民创投区块链研究院

2018 年 6 月 23 日，由人民网人民创投等主办的 2018 全球链界科技发展大会今天在京召开。会议期间，人民网举行了人民创投区块链研究院成立仪式。

人民网副总编罗华就研究院成立情况进行了介绍。他说，当前区块链技术仍然处于早期阶段，围绕技术发展与应用的诸多问题，仍有进一步探索解决的途径。人民创投发起成立区块链研究院，通过开展研究工作，既可以为人民网提高技术水平积累实力，又能夯实投资业务的专业基础，有效整合行业资源，培育优质项目，孕育投资机会，降低投资风险。

谈到研究院的前期工作，罗华表示：人民创投区块链研究院将扎实开展行业调研，深入走访一线企业，详细了解技术创新与产业应用的难点痛点，总结行业的经验教训，结合数字中国战略各项部署为领导决策提供参考；广泛搜集行业舆情，针对社会重点关注的话题领域事件等进行分析研判，为新闻报道和舆论引导提供支持；积极与相关机构开展应用性实验，共同建设区块链细分领域的实验室，有针对性地开展行业研究，为广大从业者提供权威专业的咨询服务。

13. 国内首家区块链职业培训研究中心

2018 年 7 月 7 日，广东省金融创新研究会在深圳欢乐谷举办了区块链培养工程专业委员会和区块链职业培训研究中心成立大会。有高校、社团、企业、研究机构、培训机构等 600 多人参加。广东省金融创新研究会会长、区块链职业培训研究中心主任何五星致辞，对举办本次区块链专业委员会和区块链职业培训研究中心成立的背景、原因、意义、作用等，作了简要说明；对区块链职业培训研究中心下一步的工作，作了初步计划和安排。

据介绍，区块链职业培训研究中心成立后，近年内将力争做五件事情：一是编写出版区块链职业培训教材，初步确定将出版三本有关区块链职业培训教材：
《区块链基础知识》《区块链专业技术》《区块链产业应用》。二是招聘和培养区
块链专职教师（100 人）；三是举办区块链职业培训班（100 场 5000 人次）；四
是召开区块链职业培训论坛和研讨会；五是开展区块链知识下基层（市、县、乡
镇）、入校园（高校）、进社区和园区。

14. 国内首家区块链法律研究所

2018 年 8 月 11 日，亚洲数字科技有限公司数字经济法律研究所在深圳成立。
同时，研究人员聘任仪式暨研究工作座谈会在深圳召开。

亚洲数字经济法律研究所所长漆多俊教授，就亚洲数字经济法律研究所的宗
旨和研究工作规划以及区块链法律风险等问题进行了阐述。他指出，本书所需要
讨论和确定数字经济和区块链领域的各种研究课题，制订研究计划，积极开展深
入研究。我们要敢为人先，尽快拿出一批高质量的研究成果，包括论文和编著，
研究所的研究课题和规划等，进行了深入探讨。

二、国内区块链指数研究情况概述

由于区块链是近几年才出现的一个新生事物，国内外有关区块链的研究机
构，从 2017 年才开始出现。因此，有关对区块链指数的研究，目前少之又少，
几乎是个空白。网上有关区块链指数的介绍，多数也主要是站在股票市场上，以
投资者角度进行介绍和分析的。下面简要介绍一些有关区块链指数研究情况。

1. 赛迪研究院发布全球公有链技术评估指数

据中国证券网报道，工信部赛迪研究院 2018 年 5 月 17 日正式向社会发布首
期全球公有链技术评估指数及排名。结果显示，第二代区块链技术的典型代表，
具有智能合约功能的公有链平台以太坊的技术评估指数为 129.4，位列评估榜单
第一位，评估指数位于第 2 位至第 5 位的公有链分别为斯蒂姆链、应用链、NEO
和科莫多。备受业界关注的比特币仅位列第 13 位。

全球公有链技术评估工作主要从公有链的基础技术水平、应用层级和创新能
力三个方面进行考察和评估。从分项指标来看，利用区块链石墨烯架构的斯蒂姆
链在基础技术指标中得分最高，目标是利用智能合约对数字资产进行自动化管理
的 NEO 在应用性评估中位列首位，创新力指数的第一名则是开创区块链技术应
用先河的比特币。

2. 赛迪区块链研究院将发布区块链系列指数

据电子产业信息网报道，赛迪区块链研究院刘权院长 2018 年 10 月 11 日在由
青岛市崂山区人民政府主办的区块链团体标准及许可链质量发展研讨会上表示：赛

迪区块链研究院下一步将要发布有关区块链指数的系列研究，包括区块链安全指数、百强企业指数、城市区块链竞争力指数，以及区块链在工业、医疗、车联网等行业应用白皮书。工信部赛迪研究院将继续和政府、产业和学术界合作，规范区块链技术正本清源地发展，并使其更多地和实体经济应用场景相融合。

3. A 股上市公司区块链指数发布

2017 年末，比特币作为首款基于区块链技术的成功应用，其价格暴涨成为全球焦点话题，相应地，资本市场凭借其敏锐的嗅觉纷纷布局了区块链这一新兴产业。作为我国资本市场重要组成部分的 A 股市场是如何参与到这一场"区块链盛宴"呢？挖链网以媒体视角，对参与区块链项目的 A 股上市公司进行了剖析和排名。

挖链网 2018 年发布的《区块链行业研究报告——A 股上市公司区块链指数》中的指数从公司层面、战略层面、实施层面展开，以各公司涉及区块链业务的公开披露程度为参考，发散出数十个分支维度，赋予其对应权重，并根据各项得分加权平均后得到各公司相应指数，最后进行排名。

具体来讲，挖链网对 2018 年全国 89 家有关区块链的 A 股上市公司，分实施层面（70%），包括项目进展、团队建设、外联合作、资本投入四个方面，公司自身（10%）和战略层面（20%），进行了指数测算和排行。得分最高的 90.2 分，是东华软件上市公司；得分最低的 15.4 分，是天海投资上市公司。

同时，挖链网对行业指数与 A 股上市公司区块链指数进行了深度分析。

对 2018 年 A 股市场区块链行业进行了归纳总结：①2018 年上半年区块链爆发猛烈，下半年收敛；②国家相关管理部门出击，区块链监管处于高压状态；③区块链产业发展处于技术开发阶段，实际应用较少；④我国商业银行率先拥抱区块链技术，已有多个项目落地。

4. 资本市场区块链热力指数出炉

时逢海南建设自由贸易区（港）之际，算力智库与证券日报社于 2018 年 7 月 6 日在海口共同主办"2018 区块链赋能资本市场新经济高峰论坛·海南站"。本次活动由海南证监局、海南省科学技术厅、海南省工业和信息化厅、海南证券期货业协会指导。论坛上算力智库联合恒生聚源发布"算力区块链热力指数"，成为国内首个从资本市场逻辑切入，结合一级、二级市场标的，客观反映区块链市场热度的非币指数。该指数通过算力智库网站及 APP 实时发布。

与市场上已有区块链指数不同的是，"算力区块链热力指数"不含数字货币成分，弱化价格因素，真正为应用区块链技术的各行业用户提供客观的信息。该指数从公众对区块链技术的关注度出发，以各大公开媒体中（包括 APP）搜索

"区块链" 关键词的热度为切入点，结合一级、二级市场关注度统计分析，以丰富的数据为支撑，实时展示区块链的市场热度。

5. 区块链项目首次币发行（ICO）评估模型

（1）普华永道 ICO 项目评估体系。为使投资者可以对 ICO 项目做出理性的独立判断，规避投资风险，普华永道和 ICOAGE 利用在各自领域的经验和专业知识，开发了一套 ICO 项目评估体系。评估体系利用普华永道的方法论，从项目背景、项目白皮书、项目团队、项目代码、项目运营、CO 发行方案、财务控制七大领域分析项目的质量，不同领域又会细分为几个小项，通过背景调查、调研、审核材料等方式从不同维度进行评估。

在完成评估工作后，根据每个领域评分，综合评定项目的成熟度，分为三级：萌芽（Embryonic）级别、成长级别（Maturing）和成熟（Mature）级别，从而为投资者提供了客观的项目评估参考依据。

（2）点量研究院 ICO 项目评估 TMP 模型。2017 年 7 月 27 日，点量研究院发布了《从数字货币与区块链看 ICO 的起源与发展》报告（以下简称《报告》）。《报告》从区块链和数字货币的起源着手，深度探讨了 ICO 的起源与现状，从法律法规、基础建设、发展预测等方面对 ICO 市场进行了剖析和解读，并推出了点量 ICO 项目评估 TMP 模型。

（3）SMART Chain 模型。火币区块链研究中心对全球数十个区块链资产品种进行了长达两年的跟踪，基于战略定位、市场认知、活跃度、风险和技术先进性五个维度，选择了近 30 个指标，建立了区块链资产量化评估模型，该模型会为每一个区块链资产进行多维度的评估。

火币 SMART Chain 综合模型包括 Smart Analysis 和 Smart Quantity。Smart Analysis 基于战略、市场及产品三个层面打造专业的区块链项目研究工具。Smart Quantity 模型对 Smart Analysis 定性分析进行量化，通过最佳的建模技术开发而出。Smart Quantity 选取符合基本经济学原理的影响因子，多角度量化产生更深入的见解，适用于全球区块链应用和市场环境。

6. 全球区块链指数（GBI）

GBI 指数（Global Blockchain Index，区块链全球指数），相当于纳斯达克指数（NASDAQ）之于美股市场。类似于美股的标普 500 指数（S&P 500 Index），GBI 旨在作为反映区块链行业景气程度的综合相对指数，一定程度上作为区块链产业的基准。GBI 指数选取的数字货币均为市场主流数字货币，目标是当作区块链行业的大盘指数看待。

区块链全球指数（GBI）采用加权平均法，其计算公式为：

$$GBI = \frac{\sum_{i=1}^{15} V_i \times R_i}{V_0} \times 1000$$

式中，V_i 表示某个区块链品种的当前市值，R_i 表示该区块链品种所占权重，V_0 表示基期时所选定区块链品种的加权平均市值，1000 为基点比例系数。

第三节　国外区块链研究情况与区块链研究主题

一、国外区块链研究情况

1. 近几年全球区块链相关科研成果已达上千项

据 TokenInsight 数据统计，近几年全球范围内和区块链相关的科研探索取得了相当大的进步。在 Web of Science 中的 SCI-E 及 SSCI 数据库中，以"Cryptocurrency""Blockchain"和"Bitcoin"为关键词进行检索，共计得到 1211 项研究成果。从文献发表年份来看，自 2012 年开始相关文献数量猛增；从文献所属国家来看，美国和中国的科研文献数量位居前两名，且差距很小，其后是英、德等欧洲发达国家；从具体研究机构来看，以世界知名高校和科研单位为主，此外也有 IBM 等大型科技公司。

2. 2018 年各国区块链监管政策冰火两重天大盘点

从 2018 年初开始，加密数字货币的价格持续下滑，11 月后的短短两个月内比特币价格大幅跳水，从 6000 多美元一路降至 4000 美元横盘，并带领其他主要加密货币价格一路向下震荡，整个加密货币市值大幅缩水。在加密世界的另一面，区块链技术则被越来越多的公司应用，世界各国对区块链的监管政策也趋于明朗。包括中国在内的世界众多国家纷纷出台了针对加密货币与区块链技术的监管政策。

中国：重拳打击加密货币。

2017 年 9 月 4 日，中国七部委联合发布了《关于防范代币发行融资风险的公告》，严厉打击各类代币发行融资活动，明确 ICO 属于非法。继"9·4 监管"后，2018 年 8 月 24 日，银保监会、中央网信办、公安部、人民银行、市场监管总局联合发布，关于防范以"虚拟货币""区块链"名义进行非法集资的风险提示。2018 年 8 月下旬，中国政府还关闭了由海外加密交换机运营的 124 个网站。

2018 年 12 月 8 日,中国人民银行副行长、国家外汇管理局局长潘功胜谈及 P2P 网贷行业时表示,近期随着全球对 ICO 活动的管控加强,一些机构又在忽悠 STO(Security Token Offering),在中国,其本质上仍是一种非法金融。中国各政府也更加重视区块链的监管和发展,北京、上海、广州、深圳、贵阳、青岛、杭州、长沙、重庆等城市纷纷出台区块链、虚拟货币相关风险提示以及区块链发展计划。

与中国政府对加密货币鲜明的反对态度相对应的,是其对区块链技术的大力扶持。在 2018 年 5 月的中国科学院演讲中,习近平总书记宣布区块链是"新工业革命"的一部分。京达塔的一份夏季报告发现 2018 年 1 月与区块链相关的项目融资(1 亿美元)已经超过了资金分配整个 2016 年(7000 万美元)。下半年,私营企业、国家政府、地方政府和学术界的官员和实体都专注于与区块链发展相关的项目。

美国:谨慎立法,加码 ICO 监管。

对于区块链的态度美国一直持谨慎态度,对于区块链新技术的发展,既不能放任不管,也不能过分监管。2018 年下半年,美国也跟随中国加强了对 ICO 的监管。据统计,从 2018 年 8 月至年底,美国 SEC(证监会)至少公布了 12 起相关处罚与审查事件。在这些处罚事件中,美国 SEC 实施的处罚金额处于 3 万至 300 万美元;处罚的对象覆盖面广,其中有 3 个加密货币交易平台,3 个涉嫌欺诈性 ICO 的企业,2 个进行 ICO 项目的公司,2 个提供资产管理的公司或基金以及一起对个人的诉讼、一个区块链概念公司。

此外,美国对比特币 ETF 的态度也一直保持谨慎怀疑。2018 年 8 月 23 日,据美国证券交易委员会(SEC)网站的官方文件,SEC 同日拒绝了 Granite Shares 提出的两项比特币 ETF 提案,加上 SEC 当日拒绝的其他七项 ProShares 和 Direxion 提出的申请,SEC 当天已共拒绝 9 项比特币 ETF 提案。2018 年 12 月 6 日,美国证券交易委员会(SEC)发布了关于 VanEck 的比特币 ETF 决定将推迟的官方声明,最终裁决将于 2019 年 2 月 27 日宣布。

韩国:监管政策由暧昧转为明确。

韩国政府对加密货币的态度在一年内经历了几次转变。2017 年 9 月,韩国金融服务委员会(FSC)提出全面 ICO 禁令。这代表着韩国对加密货币态度趋向严厉。然而 2018 年 3 月,韩国的 ICO 禁令并未真正实施或生效,金融当局可能会允许国内投资者进行 ICO。2018 年 5 月底,韩国国会正式提议解除国内的 ICO 禁令。但对此提议,韩国金融服务委员会(FSC)的一个官员表示,现阶段不会采纳。

韩国在 ICO 方面没有法律层面上的合法化,但 ICO 活动已经可以在韩国展开，韩国媒体已经可以公开报道 ICO，因此可以说，韩国在 2018 年 6 月已经事实上解禁 ICO，但要面临较为严苛的监管。据《韩国时报》，2018 年 6 月，韩国执政党民主党立法者 Hong Eui-rak 领导其他十位立法者，共同起草了一份 ICO 产品合法化的法案，争取在年内获批。FSC 已于 2018 年 7 月 17 日成立了一个专门针对该国加密货币行业的部门——金融创新局，旨在制定加密货币政策并助力金融科技行业。据韩联社报道，韩国副总理兼企划财政部部长金东兖表示，计划在未来五年内，在大数据、区块链、共享经济、人工智能、氢经济等领域投资 9 万亿~10 万亿韩元。随着韩国政府不断行动，可以发现其对加密货币和区块链技术的态度愈加明朗。

日本：督促 ICO 合规化。

日本同样是加密世界中很重要的一个国家节点，从早期的鼓励发展，到后来谨慎监管，日本政府对加密货币与区块链的态度也在不断地向合规转变。据日经新闻，2018 年 9 月 26 日日本金融厅（FSA）公布了 2018 工作年度（2018 年 7 月至 2019 年 6 月）的财务管理政策。FSA 指出，对于虚拟货币，将严格进行注册审查和监控，以应对虚拟货币从交易所被盗的问题。FSA 还对行业自律组织的认证申请进行了审查，并表示将在早期阶段促进自我监管职能的建立。

2018 年 9 月 13 日，日本金融厅第 5 次数字货币交易业者研讨会中，官方自治协会日本数字货币交易业协会公布协会自治章程，其中禁止高匿名性币种交易、对 4 倍保证金交易的说明，协会还表示将会对 ICO 相关使用规则进行研讨。2018 年 12 月 2 日，据日本媒体《日经新闻》报道称，日本政府正在认真考虑对类似证券的 ICO 实施监管。

马耳他：积极拥抱，打造"区块链岛"。

将自己打造为"区块链岛"的马耳他，一直大力拥抱和支持区块链以及加密货币的发展，通过种种优惠政策吸引来自世界各地的区块链公司。早在 2013年，马耳他就已经在 Sliema 镇上安装了比特币 ATM 机，力图将 Sliema 镇打造成"比特币之岛"。2016 年 2 月，马耳他总理穆斯卡特在欧盟委员会上，提议将欧洲建设成为虚拟货币中心。2017 年 4 月，马耳他政府出台了国家区块链战略，要把马耳他打造成"区块链从业者的天堂"。

2018 年 1 月，马耳他金融服务管理局（MFSA）表示，允许对加密货币和作为初始币发行的一部分代币进行投资。2018 年 7 月，马耳他议会通过了三项区块链技术监管法案，分别为：马耳他数字创新管理局法案、创新技术协议和服务法案、虚拟金融法案资产法。这三项法案分别针对加密货币、区块链技术、分布式账本技术三方面制定。马耳他也成为世界上第一个在辖区内针对区块链提出具体立法的国家。

俄罗斯：坚持强监管不动摇。

俄罗斯政府对加密货币的态度一直坚定而严厉。2018年5月，俄罗斯国家杜马一审通过了数字金融资产法草案。在2018年9月的监管政策中，也没有看出对于加密货币监管态度松懈下来。

2018年12月10日，俄罗斯国家杜马金融市场委员会主席Anatoly Aksakov在参加国际论坛期间宣布，国家杜马计划在2018年底通过加密货币监管法案。2018年12月11日，俄罗斯副总理Maxim Akimov宣布，参与俄罗斯加密货币立法草案的立法者并未计划对法案进行任何修改。随后俄罗斯立法者修订了另一项关于加密货币行业监管的法案。在其最新版本中，关于众筹的法律草案规定普通俄罗斯人允许投资ICO等项目的最高金额为每年不到9000美元。

3. 世界多所大学开设区块链研究机构和提供相关课程

随着区块链技术的发展，区块链技术与应用受到越来越多高水平教育机构的关注和青睐。近日，世界各地多所大学开设了区块链研究机构，有的还提供相关课程。

西班牙阿利坎特大学成立BAES。

2018年8月6日消息称，一间新的区块链实验室BAES在西班牙阿利坎特大学（UA）成立，这间实验室是阿利坎特大学与国际经济研究所合作成立的。

阿利坎特大学的校长Carmen Pastor认为，区块链技术意味着去中心化，很多第三方将不再被需要，而这是政党将适应的新的现实。这间区块链实验室将有助于西班牙在公共行政和私营公司领域的区块链技术发展上达到欧洲的最高标准。

土耳其建大学水平区块链中心。

据2018年8月3日新闻报道，土耳其建立了该国首个大学水平的区块链中心。这个建于土耳其的繁华都会伊斯坦布尔的区块链和创新中心（BlockchainIST），在巴西尔大学（BAU）落成，其主要目的是为了缩小区块链的专业水平差距以及确保区块链技术的广泛应用。

BlockchainIST的负责人表示，土耳其正变得数字化，并在数字化转型中努力与世界其他国家保持同步。BlockchainIST的中心主任Bora Erdamar则表示该中心将会成为土耳其最重要的研发和创新中心，并将使用区块链技术制作科学研究和出版物。同时他还认为BlockchainIST与其他教育机构、企业和政府机构合作是十分重要的，因为这有利于进行适当的区块链研究。

多所大学开设相关机构。

除了近日宣布成立的西班牙和土耳其两所大学的例子外，2018年以来，世界各地的多所大学已经相继建立了区块链相关研究机构。这些大学已经开始接受区块链带来的分布式分类账本技术的好处，有的还提供了区块链、智能合同等与加密相关的课程。

比如，巴西主要大学 Fundacao Getulio Vargas 在今年开始提供该国首个加密金融硕士学位；斯坦福大学也成立了区块链研究中心；瑞波还向全球 17 所大学捐赠了 5000 万美元，用来支持区块链和加密的教育。

随着区块链技术的发展，区块链技术与应用正在受到越来越多高水平教育机构的关注和青睐。区块链教育开始进入高校，意味着有更多的年轻人将接受到相关的教育，未来也将会有更多该领域的人才。将区块链技术引入课堂，是区块链的又一重大发展。

4. 云计算巨头 Salesforce 加入区块链研究机构 BRI

云计算公司 Salesforce 是 Blockchain Research Institute（BRI）的 12 名新成员之一，这个价值数百万美元的全球区块链智囊团于 2018 年 4 月 23 日宣布了此消息。该机构致力于区块链策略、应用和实施障碍的研究，政府实体、主要科技公司、金融行业参与者以及微软、IBM、加拿大银行和百事可乐等全球性公司均是其中成员，其他新成员包括奥地利银行集团 Raiffeisen Bank International、瑞士 BPC Banking Technologies 等机构。

Salesforce 战略规划高级副总裁 Peter Schwartz 在一份声明中表示："与其他颠覆性技术一样，区块链需要从各种角度进行深入研究，以了解其更广泛的影响。"该机构联合创始人兼执行主席 Don Tapscott 解释说："就像我们的企业和政府成员一样，这些公司正处于区块链转型的不同阶段。我们可以通过在区块链领域与企业和政府领导者建立合作网络来促进更多创新。"

二、国外区块链研究主题及展望

1. 当前国外区块链研究的主要议题

总体来看，当前国外区块链研究主要从区块链技术价值、区块链技术改进、区块链应用场景、区块链发展带来的挑战四个方面进行。

（1）区块链技术价值。对区块链及相关支撑技术的分析，学者们着重围绕着区块链技术对可编程货币、可编程金融和可编程社会的作用机理和影响机制，挖掘区块链背后蕴藏的技术价值，以促进经济社会发展。

一是分布式架构能够破解集中式或分层式"星型"架构信息不对称难题，实现去中心"网状"结构的网络信息经济。

二是推动信息互联网向价值互联网转变。区块链能够以低成本解决价值交易活动中的信任难题，实现在去中介下对实物资产和数字资产等的追溯和认证，为围绕价值开展的活动开辟了一系列新的可能。

三是重塑产业形态、商业模式和价值体系，促进可持续发展。通过考察区块链系统的经济效率、服务效率和运营效率，及其在社会、经济、生态等多领域应用的可行性，区块链技术被视作实现联合国"2030年可持续发展目标"的可行催化剂，有益于结束贫困、保护全球生态系统、实现共同繁荣。

（2）区块链技术改进。随着区块链技术价值的凸显，部署区块链还面临着一些现实的技术难题。在当前的研究中，学者们尤其关注区块链系统运行的隐私安全、效率受限两方面的问题，并提出了相应的技术改进和性能提升方案。

第一，区块链隐私安全。在应用区块链技术时，达世币（Dash）使用的混币原理（CoinJoin）、门罗币（Monero）使用的环签名（Ring）以及零币（Zcash）使用的零知识证明（ZKPs）等方式被用于解决区块链中的隐私保护问题。

第二，区块链运行效率。针对技术本身局限，提出了基于区块链信任机制的可扩展协议Bitcoin-NG，实现比比特币区块链更高的吞吐量和更低的延迟。针对节点运行效率，提出BPC行为模式聚类算法；通过使用多重签名方法，解决无钥匙签名基础设施（KSI）中的低效率问题，并保证交易的灵活、安全。针对系统稳定性，将比特币挖矿建模为具有时间依赖性的泊松过程；针对区块哈希增长率情况，通过提升挖矿难度来保证区块链系统的稳定性。此外，学者们通过提出记录完整性证明方案、实施可选择的智能合约，将区块链、物联网、机器学习算法、人工智能等相融合，对区块链技术进行优化和完善。

（3）区块链应用场景。在金融发展和创新方面，当前，以R3区块链联盟为代表的金融服务机构尝试提供区块链即时服务（BaaS），包括巴克莱银行、瑞士信贷银行、汇丰银行等在内的成员希望通过使用区块链协议，利用分布式账本、智能合约来提供即时的金融交易服务。

在产业发展和规划方面，学者们围绕区块链技术价值构建与农业、工业、服务业等多产业应用场景。以消费电子产业为例，区块链能够在全球生产者、消费者共同参与的情况下验证并追溯产业价值链全过程数据和信息的真实性，使电子产业发展更加透明、安全。将区块链技术嵌入制造业，能够保证研发、制造、销售全流程项目记录和信息处理的鲁棒性和完整性，弥补传统业务流程中防伪措施的不足。依托区块链技术构建数字艺术、网络记录等新型互联网产业的版权管理系统，能够保障版权所有者信息的准确性和可用性，降低版权管理费用。

在社会保障和教育方面，区块链是提供民生服务、完善教育机制的助推器。一方面，针对当前医疗卫生系统之间数据信息存储分散、患者数据隐私被侵犯等问题，学者们提出基于区块链的医疗记录分布式架构模型OmniPHR、医疗数据网关HGD、MedRec电子病历等去中心化自治系统，将区块链技术与医疗保健相结合，大大提升了医疗服务质量；另一方面，区块链应用于教育界，能够解决学历资格造假、学术同行评审不规范等问题。

在公共管理和服务方面，围绕智慧城市发展，学者们将区块链与物联网、共享经济结合，构建智慧交通、智慧家庭、智慧能源、智慧政府等多元应用场景。在家庭嵌入物联网过程中引入区块链挖矿机制、加密机制，保证智慧家庭信息的保密性、完整性和可用性。此外，区块链作为自动执行智能合约的引擎能够应用于电子投票、政府治理等方面，其通过降低交易成本，解决委托代理和道德困境问题来减少官僚作风、抑制腐败，提高政府工作透明度和公共管理水平。

（4）区块链发展带来的挑战。隐藏在区块链具体应用背后的技术问题、道德困境和监管挑战冲击着其效力的实现。从学者们的研究来看，成功部署区块链，主要面临着来自系统本身的局限性和应用技术的社会环境两方面的挑战。

第一，区块链系统运行自身的挑战。区块可扩展性、数据隐私、互操作性、区块链安全、分叉问题制约着区块链技术应用。一方面，吞吐量和延缓问题限制了区块链技术采纳和应用；另一方面，系统风险、操作风险等安全因素阻碍区块链应用。此外，由高算力需求而产生大量能耗，硬件的高成本带来的资源浪费现象也不容忽视。

第二，区块链应用实践中面临的挑战。隐藏在网络空间下的"丝绸之路"网站利用比特币从事洗钱、毒品交易活动，Mt. Gox 被攻击导致比特币失窃及其破产等事件，在为投资比特币的人们敲响警钟的同时也引发有关应用区块链这一底层技术的反思。一方面，区块链架构在理论和实践上冲击着传统法律范式；另一方面，区块链应用还受到文化、道德的约束。同时，技术的可用性和易用性也决定了人们对该技术的接受程度。

2. 未来区块链研究展望

区块链是一个兼具学理价值和实践意义的新兴研究领域。学者们从技术、工程、管理、哲学等视角对区块链技术特性及其应用展开了相关研究。具体而言，国外区块链研究呈现如下特征：一方面，当前区块链学术研究处于方兴未艾之势。尽管区块链相关研究还处于起步阶段，但是日渐成为多学科、多领域的一个重要课题，并呈现出多学科交叉融合发展态势。另一方面，国外区块链研究主要议题包括行为模式、实现可持续发展目标、比特币协议、用例、区块链技术、拜占庭对手、支付方式、信托法、危险交易九大主题，集中于区块链技术价值、技术改进、应用场景和发展挑战四个方面。

通过分析国外区块链研究的主要议题，今后区块链研究工作可以围绕以下方面扩展和深化：

第一，探讨采纳区块链技术的影响因素。已有学者借助技术接受模型，围绕感知有用性和感知易用性，分析影响区块链应用的经济和技术方面因素，后续研究可以在前人基础上结合 T-O-E 模型（技术因素、组织因素、环境因素），从多维动态视角关注影响区块链技术采纳的综合因素及其作用机理。

第二，深化探索和构建区块链应用场景。区块链应用起源于数字货币，发迹于金融领域，今后还将拓展到政府、社会等人类世界的各个角落，区块链同其他信息技术一样成为人类社会的重要组成部分。

第三，评估区块链应用的综合效益，研究区块链对人类社会的深远影响。例如，基于 TCO 的信息系统"成本—收益"分析方法对区块链应用场景的效益进行实时测量，比较区块链应用前后的经济效益、社会效益，评估区块链技术的应用价值。探讨区块链技术如何通过去中介、去信任方式将社会信任关系的构建从制度信任向技术信任转变。

第四节　本书的意义及主旨、目的

事出有因，为什么要组织大批人马研究探讨 2018 年中国区块链产业指数研究报告？并且其将作为一项常态性的事情每年坚持下去？也就是说，本书的意义、主旨、目的究竟何在？

一、意义

探讨和撰写 2018 年中国区块链产业指数研究报告的意义，主要体现在以下几个方面。

1. 从学术价值层面来看意义

从书名来看，本书的书名为《2018 中国区块链产业指数研究报告》，它有三个明显的特点，从这三个特点来看，具有学术价值。一是"2018"，这既是指 2018 年的中国区块链产业指数研究，具有当年的研究价值；同时也预示着 2019、2020……以后每年都将出版同一内容的编年体，即对区块链指数的研究将会有系列书，从时效上有深远的学术价值。二是"区块链产业指数研究"，目前对区块链产业指数的研究，其文章特别少，专著几乎是个空白，由此可见其学术价值丰盛。三是"研究报告"，不仅仅是研究，而且是"报告"。所谓报告，一般包括汇报工作、反映情况、提出建议、答复询问四项用途，从报告的四项用途中，也可以窥视到本书的具体内容具有一定的学术价值。

因此，本书的学术价值较高。本书是《2018 中国区块链产业丛书》中的一本，此丛书有数十位作者，由政府职能管理部门、高等院校、研究机构、社会名流和区块链企业及平台等多领域的专家学者联合组成，它汇集和融合了多种声音，共同演奏一曲中国区块链产业创新发展和区块链产业指数研究的交响乐。

从本书的内容选择和结构布局考察，学术价值更大。本书率先对全国 32 个中心城市和 28 个省级区块链产业的指数体系构建和编制方案，包括选项标准、指标体系设置、指标选择、结构布局、权重确定、指数计算等，进行了系统的研究和指数测算排名发布。同时，本书有众多的新知识、新观点、新情况、新见解、新思路、新做法。

2. 从国家战略层面来看意义

区块链是当今世界上最重要的热点话题之一，是当今全球最火爆、最有潜力的科技竞争高地之一。发展区块链，是我国抢占国际技术竞争高地的重要突破口和"科技兴国"战略的具体内容，而区块链产业指数，又是区块链产业和区块链技术的概括和升华。

撰写和出版《中国区块链产业指数研究报告》，是为推进我国"科技兴国"战略的一个具体体现。本书的出版发行，不仅定位于中国区块链产业全面系统总结的研究成果，更重要的定位是作为制定中国及至世界区块链产业创新发展的依据和风向标。特别是本书对 32 个中心城市和 28 个省级区块链产业的指数研究及成果发布，其意义不仅在一定程度上填补和创新了中国区块链体系的指数，更重要的是在一定程度上影响和重新界定了中国区块链产业发展的方向和航道。国家层面的意义和价值，是本丛书的最大意义和价值。

3. 从经济社会层面来看意义

区块链技术，有着特殊的重要性和广泛应用性。可以说，区块链技术被认识是继蒸汽机、电力、互联网之后重要的颠覆性创新。如果说蒸汽机释放了人们的生产力，电力解决了人们基本的生活需求，互联网彻底改变了信息传递的方式，那么，区块链作为构造信任的机器，将可能彻底改变整个人类社会价值传递的方式，对于促进中国经济发展、推进社会进步、增进人民幸福感，将会起到至关重要的作用。区块链技术最大的价值，在于它具有广泛的应用前景，包括在各行各业、各个领域和各个方面。经过数年的发酵，当前中国区块链技术已从起步转移到快速发展初始阶段，区块链产业应用成果正集中涌现和开始展开全面的应用……但目前大规模商用尚未成气候，这急需区块链新知识、新图书来推进和深化，而本书正迎合了这一经济社会发展的需求。

中国是一个区块链大国，但不是区块链产业强国，而本书通过对区块链产业指数的指标体系探索和排序对比分析，更多的是通过指数分析，从微观上讲，可以找出和总结出当前区块链在经济社会中的成绩、问题和今后发展主攻方向，从宏观战略上讲，对区块链产业的创新发展提供了有实际意义的发展参数，从一定意义上讲，对我国区块链产业创新发展有着"指点航程"的作用。

4. 从现实状况层面来看意义

这是最直接的和最具有现实价值的意义，主要体现在以下几个方面：

（1）目前区块链发展面临各种困境，指数的发布有利于"解围"效果。目前区块链发展面临的困境突出表现在：一是区块链技术在不断提升，尤其是区块链知识产权专利在全世界领先，但真正具有核心竞争力的技术尤其是能转化为生产力的技术并不多见；二是区块链产业好像到处出现和展开，但实际应用落地的产业局面并没有打开；三是国家大力鼓励发展、社会上更是迫切需要大批量区块链职业技能型人才，但真正能落地实战的区块链职业技能型人才却特别奇缺；四是区块链产业在快速发展，但违规现象也在大量涌现且加剧。本丛书的出版发行，将会在一定程度上起到规范指导和长足指引的作用。

（2）目前区块链产业指数研究远远滞后于区块链实体发展，需要跟上。目前中国对区块链指数研究还处于初始阶段，很不成熟，主要局限于对区块链产业城市指数的简单分析和排名，深度远远不够、不完善。本书对于区块链产业指数的研究，不仅有城市，也有省际；不仅有测算排名，也有梯级深度探讨分析，可以说是一个首创；对于推进区块链的创新和支持实体经济的发展，是一个重要的补充。

（3）随着区块链的快速发展和现实问题越来越多、越来越复杂，迫切需要借助区块链指数研究来提供信息资料和协助解决方案。通过学习对区块链产业指数的出台和分析，可以从中归纳和总结当前区块链创新发展中取得的成效和经验做法；同时发现和找到存在的诸多方面的问题和不足，进而预测分析将来可能出现的问题和不足，尤其是还有许多没有问世的区块链情况和问题，从而为我们更好地创新发展区块链创造了条件，做出了应有的贡献。

（4）目前中国对区块链发展和创新处于"各吹各的号""各拉各的调"的局面，对区块链指数的研究尤其是指数其中的多数子项，更没有一个相对统一的行业标准和规划准则。本书的发布和出现，将会起到积极的规范指导作用。

二、主旨

本书始终坚持以真实、客观、准确、务实为根基；以正面宣扬"中国特色区块链产业"为蓝本；以国家制定的区块链方针政策及发展规划为指导；以最大限度地为国家提供区块链产业政策决策服务和为广大读者提供区块链产业知识食粮为宗旨；以最大力度支持推进中国区块链产业创新发展为出发点和落脚点。

本书力求做到：提供真实性和创新性统一的、既能宏观指导又能适时实用的、经得起时间考验并且与国际对接的区块链产业指数、高品质全方位的读本。本书包含 2018 中国区块链产业指数研究的理论基础情况，包括区块链指数的分类与特征、国内外的研究机构与研究情况、本研究报告的意义、主旨及目的等。2018 中国区块链产业指数的样本选择、编制方法、测算、评价等指标体系的构建；2018 中国 28 个省份和 32 个中心城市区块链产业指数的测算及评价；2018 中国区块链产业指数分布梯队排名与评价等方面的重大实践，从而为区块链产业决策者们提供"内脑"和"智囊"；为区块链产业管理者和实际工作者"指航"和"加油"。同时，让更多的人和全社会各界加深对区块链产业的全面了解；进而积极支持、深度参与。

三、目的

本书的目的，有宏观和微观之分，也可以说是外延和内涵之分。宏观即外延目的，主要体现在以下五个方面：

其一，引起国家区块链决策部门的高度重视，作为制定区块链产业政策法规和战略规划的依据之一。

其二，引起区块链产业监管部门和广大区块链企业的重视，作为区块链产业创新发展和规划经营的行业标准之一。

其三，引起区块链机构和区块链实际工作员工的重视，作为区块链企业运营的重要衡量标准和创新发展及规划经营的重要参考指标。

其四，引起广大企业和社会民众的重视，一方面为让区块链产业为广大企业和社会民众带来更多的实惠，另一方面借助他们的力量助推区块链产业更快更好发展。

其五，引起国际区块链组织的重视，作为中国区块链产业走向国际和扩大国际区块链话语权的重要工具与标志性事件。

第二章

2018 中国区块链产业指数的编制与测评

"工欲善其事，必先利其器"，要撰写好《2018 中国区块链产业指数研究报告》，先必须探索和阐述好 2018 区块链产业指数的编制思路、原则、方法，研究和探索 2018 中国区块链指数指标体系的构成、测算和评价体系，并且需要在进行深入调查和掌握大量的数据资料的基础上，寻找好相对应的测评对象来进行。由于撰写 2018 中国省级和中心城市的区块链产业指数研究报告，在全国是首次，是前所未有的创新；加上区块链产业发展本身目前还不完善，众多的数据资料难以收集，故在区块链产业指数指标体系的设计和评估体系的确定上，还存在许多的不足和欠缺，有待进一步完善。

第一节　2018 区块链产业指数指标体系的
编制思路、原则、方法

2018 区块链产业指数的社会影响力，很大程度上取决于区块链产业指数指标体系编制的科学性，而指数指标体系编制科学性的取得，又很大程度上取决于编制的思路及原则和方法。

一、编制的主要思路

编制 2018 区块链产业指数的思路，目前还没有发现在其他地方有过介绍，本书首次探索，其思路主要体现在三个"突出"和两个"注重"上。

1. 突出区块链产业与指数指标体系的结合

顾名思义，区块链产业指数指标体系，它本身的含义，就是由区块链产业和指数指标体系两部分组成的，所以，编制区块链产业指数指标体系，必须将两者有机紧密结合，不仅两者总体结合，还要注意两者内部的紧密结合。一是区块链与产业的结合，突出区块链产业内部结合，也要关注区块链与其他产业的结合，因为区块链的技术和应用场景，涉及各个产业和行业。二是单个指标与整体指标的结合，处理好整体与个体、全局与局部的关系。此外，还要注意相互之间的交叉结合，你中有我，我中有你。正因为如此，本书的编撰队伍，有区块链专家，也有产业研究专家及指数研究专家等复合型人才。

2. 突出省级和主要中心城市区块链产业发展情况的比较

本书研究的主题是省区和中国中心城市。从中心城市考察，有国际性的中心城市，如北京、上海市及深圳、广州；有国家级的中心城市，如 2018 年 11 月 30 日，中共中央、国务院发布《关于建立更加有效的区域协调发展新机制的意见》中点名了的 12 座中心城市。同时，不仅各个不同级别的中心城市，就是同一级别的中心城市中，在资源禀赋、经济发展方面也各具特色、各有长短，存在较大差距；尤其是在新生的区块链发展水平上，差距更是极大。因此，首先需要有针对性地选择测算对象，对于少数没有开展起来或者刚刚起步的省级或省级中心城市，因是首次开展的研究故暂时没有列入本报告的研究范围。更为重要的是，列入了本次研究范围的中心城市或省（区、直辖市），本书也坚持突出进行单项指数指标与总体指数指标结合、横向研究与纵向研究结合的比较分析，从比较中发现成绩和问题，从比较中找出发展规律性的东西。

3. 突出秉承客观、独立的编制立场

所谓客观独立，是指本书在对不同省（区、直辖市）和不同中心城市 2018 区块链产业指数进行编制和评价中，始终采取公正的、不偏不倚的立场进行。在样本选择上，主要选择资金实力强、社会影响力大，尤其是在区块链发展创新方面成绩突出的省（区、直辖市）和中心城市进行；在数据来源上，主要依据官方和权威机构、公信度较高的在线平台或企业等第三方机构提供的数据资料进行具体分析；在权重设计上，使用基于数据的主成分权重法，避免专家主观态度对编制和评价结果的影响。客观、独立的研究态度和编制立场，实事求是地反映不同省市的区块链真实情况，这是本书的基调和基础。

4. 注重找出区块链的核心指标和构建指数指标体系的框架

影响区块链指数指标体系的因素诸多，宏观、中观、微观均有，可以说是错综复杂；对于具体指标的确定和选择方法，也可以说是五花八门、莫衷一是。本书的思路，一是注重时代的前瞻性和用发展的眼光来寻求指数指标，二是坚持宏观、中观、微观三者结合的角度上找出指数指标，尽量避免用静止的观点和单一的视野来选定指数指标。同时，在指数指标体系的构建框架上，注重整体与局部结合，以整体为主；静态与动态结合，以动态为主；眼前状况与长远需求结合，以中间为主；宏观、中观、微观结合，以中观为主。

5. 注重数据收集及处理的公开性、权威性和科学性

就目前现状看，本书最大的难点是编制区块链指数指标所需要的数据。一方面编制区块链指数指标所需要的数据数量众多、范围极广；收集和整理的数据不仅需要系统、全面，更需要准确和有出处。另一方面，目前有关区块链相关的数据，尤其是重要的统计数据却十分稀少、分散，国家暂时没有专门对区块链产业的统计机构。同时，国家相关联的部门统计的区块链资料，既不全面系统，也没有多少向社会公开。因此，本书在对待数据收集及处理的问题上，除了注重公开性和权威性外，特别注重科学性。

秉承数据采集客观、公平及可操作原则，本书进行评估的数据资料尽可能地来自公开渠道数据，来源主要包括三个部分：一是权威性资料，即官方资料。国家出版的工具书籍或正式公布的相关文献，各省市地方政府颁布的有关区块链的政策文件，国家相关监管部门公布的权威资料尤其是指数指标数据，如《中国城市统计年鉴》《中国工业统计年鉴》，各省市下发的有关区块链政策性文件以及中国工业和信息化部下属部门发展的区块链发展报告和白皮书等权威性数据资料。二是公开的半权威性资料，这主要包括各类半官方、市场区块链研究机构等研究报告，企业工商数据库，赛迪自建数据库，IT桔子，巴比特等市场投融资数据库，其他网络公开资料。三是自己的一手资料，包括平常积聚和购买的相关区块链产业资料。

二、编制的基本原则及要求

1. 编制的基本原则

（1）科学性原则。在对区块链产业进行考察评选对象样本选择、评选对象指数确定，确定指数体系的元素和结构，数据收集、数据评估、必要的数据推算，权数构建、对指标值进行处理、确定评价模型，计算指数，评价指数等各个环节时，必须以统计学、决策分析等科学理论为依据，以实现对不同中心城市和省级对区块链的实际情况的程度和水平，作出全面的调研、深入的分析、合理的选择、理性的确定、准确的描述、客观的评价。

（2）系统性原则。由于区块链产业指数体系涉及众多方面，这就要求我们在编制指标体系中运用系统学的观点和思路，对构成区块链产业指数直接的因素以及间接因素、对区块链产业指数指标体系前期编制需要的内容以及对后期评价需要的内容，要进行系统考虑和处理。特别是对每一项具体指标，要进行合理取舍和权重设置，使指数体系不仅能够突出重点，并且能够保持相对的均衡统一，通过编制系统性，从而实现整个区块链产业指数评价体系的综合化。

（3）可操作性原则。作为计量和评价的数据，首先必须以明确的客观事实和充足的理论依据为基础。同时，涉及的指标必须具有可取性和可采集性。要考虑编制区块链指数的目的和用途，便于以后实际工作的运用，确保指数指标体系的构成和评价的可操作性和实用性，这是其一。其二，由于区块链兴起不久，数据本身稀缺，用于区块链产业编制及评价的各项指标数据的可获取性非常有限和困难，因此也要考虑收集资料的可操作性，不要搞"空中楼阁"。

（4）层次性原则。层次性原则对于编制指标具有普遍的统计意义，使编制的指标体系能够明了清晰，在更广泛的范畴中应用。由于区块链产业涉及经济、社会、科技、政治、文化等各领域和各行业，影响区块链产业指标因素多、范围广、内容错综复杂，因此，在编制区块链产业指数指标体系中，更需要分有层次，以便逐层分解，一目了然，达到事半功倍的目的。

（5）可比和可量化性。编制的区块链产业指数指标体系，需要准确理解各指标的内涵和外延，采用的指标是通用的指标。同时，指标要能量化，便于客观评价。如果一些指标在理论上有较好的解释力，但其在实际统计中无法取得或暂时尚未统计，则可考虑暂不纳入。

2. 编制的基本要求

（1）数据客观可靠。区块链指数指标数据中，做到 85% 以上为客观采集的定量数据，15% 以下为专家根据评估标准进行打分。

（2）主体代表适中。一是选取的城市或省际（含省、自治区、直辖市），基本上代表了中国各地区发展区块链的主要城市或省际；二是指标的选取能够较为全面地反映城市或省际区块链产业发展的整体水平，从而对各城市或省际推动区块链发展起到一定指导作用。同时，由于数据资料收集的难度，加之本次是首次编制，因此对中心城市和省的选择，不宜过多，要适中。

（3）切实可行务实。选取的各类指标不仅应该含义清晰，能较为明确地反映所选择中心城市或省级区块链产业发展水平，还能比较容易获取到相对完整、准确的数据资料。

三、编制的方法及流程

1. 指数编制的基本方法和流程

"他山之石，可以攻玉。"下面简要介绍本书提供的当前较为普遍流行的指数编制的基本方法

（1）构建指标体系。指标体系包含三个要素：需要一定的构成元素（即指标），相应的结构层次，以及反映指标间关系的量或指标对研究对象影响的重要

程度的量（即权重）（见图2-1）。

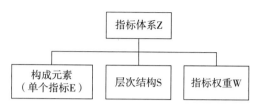

图2-1　指标体系构成要素

资料来源：根据相关资料整理。

指标体系构成要素：即指标体系是由 E、S、W 三元数组相互联系、相互作用构成的有机整体，$Z=f(E, S, W)$。对于指标体系的建立，主要有两种方法：定性分析法和定量分析法。人们一般用定性分析的方法，借助于专业知识，先建立一个较为粗糙、全面的指标体系（初选），然后再对该指标体系进行筛选。

定性分析法：主要是从评价的目的和原则出发，由系统分析人员与决策者主观确定由哪些指标组成系统的评价准则体系。

定量分析法：主要应用主分量分析的"最佳简化"原则，将一个众多变量的高维系统通过降维处理求得最具有代表性的若干主分量来近似表达待评系统的评价指标。

1）指标。在选择指标的过程中，要注意数据的可获得性、可比性和权威性，一定要反映体系的主要特征，不能片面地追求指标体系的全面性，企图包含研究对象的所有特征，结果往往会使指标选择过多，且指标之间存在某种程度的相关关系，不仅造成专家判断上的困难，而且容易导致指标的权重过小，不能体现反映主要指标的特征。

国家统计局社科文司《中国创新指数研究》：四个子体系，每个子体系指标的数量最多为六个；

北大国发院《中国新经济指数》：三个子体系，每个子体系指标的数量最多为四个；

国家统计局和中国社科院《中国人力资源指数研究》：两个子体系，每个子体系指标的数量最多为四个；

腾讯研究院《中国"互联网+"数字经济指数》：四个子体系，每个子体系指标的数量最多为六个。

2）层次结构。指标作为反映对象特征的标识，必定具有层次性和一定的结构。纵向上来说反映研究对象主要特征因素间的关系。横向上来说反映处于同一层次上各因素之间的关系。指标层次过多会导致结构复杂，不利于研究。层次结构需要几层往往根据经验来确定，在每一个子体系下包含着具体的指标（见图2-2至图2-6）。

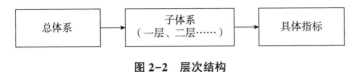

图2-2 层次结构

资料来源：根据相关资料整理。

图2-3 创新指数体系

资料来源：国家统计局社科文司《中国创新指数研究》。

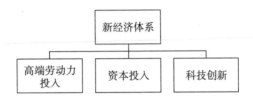

图2-4 新经济指数体系

资料来源：北京大学国家发展研究院《中国新经济指数》。

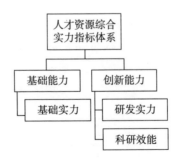

图2-5 人力资源指数体系

资料来源：国家统计局和中国社会科学院《中国人力资源指数研究》。

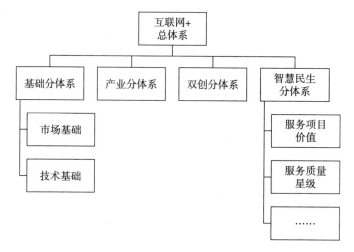

图2-6 "互联网+"数字经济指数体系

资料来源：腾讯研究院《中国"互联网+"数字经济指数》。

3）指标权重。指标权重是指研究对象在整体中价值的高低和相对重要的程度以及所占比例的大小量化值，其大小直接影响预测、评价结果。合理地确定、分配指标权重是指标量化的关键，也是建立指标体系研究的难点。

分配权重的方法多种多样，主要分为两大类：主观赋权法和客观赋权法。

主观赋权法：包括专家咨询法（Delphi）、专家排序法、经验数据法、层次分析法（AHP）、秩和比法（RSR）、相关系数法等。

客观赋权法：包括主成分分析、因子分析、熵值法、逐级等权法等。

《中国"互联网+"数字经济指数》采用了专家咨询法；

《中国创新指数研究》和《中国人力资源指数研究》采用了逐级等权法；

《中国新经济指数》把主、客观权重结合起来（组合权重法），初期采用经验数据法，根据理论模型设置各指标权重。未来，使用主成分分析法，根据预测效果和历史数据的变化，进行权重微调，以达到用指数来客观观察中国新经济发展情况的效果。

（2）指数计算方法。对于多指标综合评价体系来说，一种比较简明的评价思想是：将每一个评价指标按照一定的方法量化，变成对评价问题测量的一个"量化值"，即效用函数值，也称无量纲化值。然后再按一定的合成模型加权合成求得总评价值（即总指数）。这种评价方法称为"效用函数平均法"或"效用函数综合评价法"。写成一般化的公式为：

$$F = \xi(y_i, w_i, i = 1, 2, 3, \cdots)$$

式中，w 为指标 x 的权数，y=f(x) 为 x 的效用函数评价值（无量纲化值），f 为 x 的效用函数。

因此，在指标体系已经构建完成的情况下，只要确定合成模型 ξ 和无量纲化值 y，便可计算总指数。

1）合成模型。合成模型在此不详细说明，最基本的方法是幂平均函数模型：

$$M(k) = \left(\frac{1}{\sum w_i} \sum y_i^k w_i\right)^{1/k}$$

式中，K 为幂平均阶数。M(1) 称为算数平均合成模型，M(-1) 为调和平均合成模型，M(2) 为平方平均合成模型。应用最多的是算数平均合成模型，即 K=1 时。

《中国"互联网+"数字经济指数》《中国创新指数研究》《中国人力资源指数研究》和《中国新经济指数》全采用了算数平均合成模型。

2）无量纲化方法。目前人们已提出的无量纲化方法有很多，大致可以分为四类：广义指数法、广义线性功效系数法、非线性函数法、分段函数法。其中前两种是实践中应用最广泛的无量纲化方法。广义线性功效系数法也是广义指数法的一种变化，在此仅介绍广义指数法。

广义指数法：把通过计算相对指标进行无量纲化的方式统称为广义指数法，它是单项指标实际值与标准值进行对比的结果。广义指数法的关键是选择一个比较基数 X，充当基数 X 的有：最大值（极大值）、最小值（极小值）、算数平均值、变量总值、变量平方和的开方值、初值化、环比速率、历史标准值或经验标准值等。

前文所述的四份报告无量纲化方法全采用了广义指数法。

其中，《中国人力资源指数研究》采用：

标准值=指标值/该指标的最大值。

《中国"互联网+"数字经济指数》采用：

标准值=指标值/该指标的加总值。

《中国创新指数研究》采用：

标准值=相邻两年指标值之差/该指标两年算数平均值。

《中国新经济指数》采用：

标准值=投入新经济行业的要素指标值/该要素指标的总值。

（3）指数编制流程（见图 2-7）。

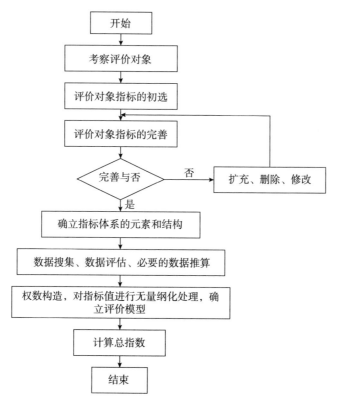

图 2-7 指数编制流程

资料来源：根据相关资料整理。

2. 本书的编制方法及流程

（1）选择评估对象。本书综合考虑城市或省际分布、行政地位、经济和科技发展水平，同时兼顾数据可获得性和来源一致性等因素，选取政策有优势、经济有潜力、科技较领先的 45 座重点城市和 34 家省、自治区、直辖市作为评估对象重点城市，包括 4 个直辖市，15 个副省级城市，16 个省会城市，9 个重要经济城市，1 个国家级新区。

（2）选取基期年份。此次中国区块链产业发展指数，主要是反映中国区块链产业发展现状，考虑用某一历史年份作为基期年份，以基期年份指标值为基准来计算指标的增速，从而测定当前年份指标值的发展速度。在基期年份选取上，根据可操作性原则，综合考虑可获得数据的一致性和连续性后，确定以 2018 年为基期年。

（3）构建指标体系。兼顾统计数据可得性，本书研究的中国省际和城市区块链发展水平指标评估体系包括三级指标。一级指标包括规模基础、资金实力、创新能力、生态环境、社会贡献 5 项；二级指标在一级指标的范围内扩展到 14 项；三级指标在二级指标的范围内扩展到 34 项。

（4）确定指标权重及指标类型。在综合考虑各种赋权方法优劣基础上，本书对于一级、二级和三级指标，全部采取对比打分法，建立比较判断优选矩阵。不管哪个级别的指标，都根据重要程度确定指标权重。

同时，对于每一项指标，都相对列出了指标类型。指标类型只有两类，即数值型和指标型。本书大多数都是以数值型为主。

（5）数据标准化。本书对各项指标"锚定"一个基准值，所测算的各中心城市或省份，在该项所获标准化得分取决于中心城市或省份指标原始值与锚定基准值之间的比例关系。

本书的标准值和《中国"互联网+"数字经济指数》的一样：

$$标准值 = 指标值 / 该指标的加总值$$

即：

对于正指标（即数值越大越好的指标）。

$$标准化得分 = 指标原始值 / 锚定基准值$$

对于逆指标（即数值越小越好的指标）。

$$标准化得分 = 锚定基准值 / 指标原始值$$

（6）确定评价模型和计算指数。通过对数据进行标准化处理后，确定合成模型。上面已有详细介绍，在此不展开。

将所测算的中心城市或省份相关指标的标准化得分与指标权重相乘并加总，即可得区块链产业指数，包括综合竞争力指数和分项竞争力指数。

（7）指数更新。因为可能存在某些指标增速过高或过低的情况，导致指标增速之间不可比，从而造成整个指标体系失真。因此，在计量分析模型总体保持不变的基础上，每期对相关评价指标的统计方法和权重进行优化调整。保持评价结果的科学性、连续性和一致性。

第二节　2018 中国省（区、直辖市）区块链
指数指标体系的构成与测评

对国内的区块链产业发展情况进行比较分行和测算评估，按照现有行政区划开展指数研究是可操作性最强、应用最广的方式。同时，省级发展水平一定程度上代表了国家的发展水平，以省级为单位对区块链产业指标进行测算、比较和评价，可以很好地测度省级区域区块链产业的发展水平的指数状况，从而为各级政

策提供相应的决策依据，为区块链产业创新发展指出方向路径，特别是为后续构建中国区块链产业指数提供经验借鉴。

一、2018测算中国省（区、直辖市）的选择

以行政省区作为区域划分的基础，是对中国国内不同区域区块链产业进行比较分析时应重点考虑的方式。省区层面的比较分析，不仅具有很强的可操作性，而且可以满足省级行政区域制定相关区块链产业政策的现实需要。

目前，中国共有34个省级行政区域，包括23个省、5个自治区、4个直辖市，以及2个特别行政区。考察到目前中国区块链产业发展还处于初始发展起步阶段，区块链产业发展在省之间的开展程度和发展水平极不平衡，还有一些省份2018年在区块链产业上还没有采取什么行动，个别的省份甚至处于空白。同时，考虑到香港和澳门两个特别行政区以及中国台湾地区有关区块链资料收集难度的客观事实，加之对于本区块链指数报告的研究，笔者也是首次，无论从资料收集、时空把握、研究能力等方面都有限。故下面主要选择4个直辖市和24个省份共28个省际组成。2018年本书选择测算的省份名单如表2-1所示。

表2-1　本书选择测算的28个省份

地区	省级名单
直辖市（4个）	北京、上海、天津、重庆
华东地区（4个）	安徽、江苏、山东、浙江
华南地区（4个）	福建、广东、广西、海南
华北地区（3个）	河北、内蒙古、山西
华中地区（4个）	河南、湖南、湖北、江西
西南地区（3个）	贵州、四川、云南
西北地区（3个）	陕西、甘肃、新疆
东北地区（3个）	吉林、辽宁、黑龙江

资料来源：根据相关资料整理。

二、2018中国省级区块链指数指标体系的构成

1. 构建指数指标体系的主要依据

构建2018中国省区区块链指数指标体系，需要找出影响、制约和主宰区块链生存、发展、创新的核心要素及相关因素。构建区块链指数指标体系，从大的

方面考察，需要从科技、经济、社会、政策（生态环境）四大核心因素的作用机制及其相互影响进行分析，从而提出作为构建区块链指数体系的理论依据和行为准则。

（1）技术创新，是区块链产业产生和发展的根基。区块链是由一系列技术实现的全新去中心化经济组织模式，区块链最初源于 2009 年出现的比特币系统的构建。化名中本聪的比特币创始人从 2007 年开始探索用一系列技术创造一种新的货币——比特币，2008 年 10 月 31 日发布了《比特币白皮书》，2009 年 1 月 3 日比特币系统开始运行。支撑比特币体系的主要技术包括哈希函数、分布式账本、区块链、非对称加密、工作量证明，这些技术构成了区块链的最初版本。从 2007 年到 2009 年底，比特币都处在一个极少数人参与的技术实验阶段，相关商业活动还未真正开始。

2010 年 2 月 6 日诞生了第一个比特币交易所，2010 年 5 月 22 日有人用 10000 个比特币购买了 2 个披萨。2010 年 7 月 17 日著名比特币交易所 Mt. gox 成立，这标志着比特币真正进入了市场。尽管如此，能够了解到比特币，从而进入市场中参与比特币买卖的主要是狂热于互联网技术的极客们。

2009~2012 年，这是区块链作为比特币的底层核心技术出现的第一阶段。第二阶段是 2012~2015 年，由于比特币的快速发展，区块链开始被公众所关注，并且快速应用到金融领域，如数字货币、区块链钱包。随着区块链技术的大力研究，区块链技术已经独立于比特币之外。第三阶段是 2016 年至今，众多国家和企业开始派发人手研究区块链技术，以期区块链技术应用到其他各行各业中，从而让世界构建一个新的通过合约和算法而打造的体系。

（2）经济发展，是区块链产业生存和壮大的前提。技术创新，是区块链产生和发展的根基。然而，技术创新的背后，是经济的发展。区块链产业与经济发展，有密不可分相互依赖、相互作用、互为一体的关系。一方面，区块链产业的生存和壮大，需要企业，需要实体经济，需要资金，需要专利，需要应用场景，需要生产、流通、交换、消费，最终需要化为社会生产力，而这些都是经济的范围，都需要经济发展的支撑。同时，区块链产业的发展和区块链技术的应用，第一要素和最终目的，就是要推进经济长足、持续发展。另一方面，区块链产业的壮大和区块链技术的创新，也能更好地推进实体经济发展，提升经济效益和办事效率。

（3）社会需求，是区块链产业兴起和普及的关键。一切产业和技术的发展，都必须满足人民的利益，必须适应社会需求，这样才有生命力，才能兴旺发达和深入普及。区块链产业作为一个新型的产业和新兴起的技术，更需要适应社会需求。和经济发展一样，区块链产业和社会需求两者密不可分，你中有我，我中有你。另外，区块链技术需要人们接受，区块链产业需要社会认可，特别是区块链产业的兴起和普及，需要社会人才、场所社区、宣传教育等社会综合资源，以及社会认可和接受等社会环境。

（4）政策法规，是区块链产业创新和兴衰的保证。影响区块链产业创新和兴衰的前提基础是生态环境，包括政策环境、社会环境、安全环境等，其中，最重点的是政策环境，即政策法规的保驾护航。尤其在区块链产业处于刚刚兴起阶段，形形色色、五花八门的"区块链"都冒出来了，多数是正面的、是为了区块链产业真正献计献策和推波助澜的，但也有为数不少的打着"区块链"的旗号行骗和诱骗、诈骗的。因此，政策法规对于区块链产业持续长足发展至关重要。

2. 指数指标体系的核心结构

影响和制约区块链的因素，实际上是区块链资源相对集聚的场所，其中区块链资源包括企业、资本、政策、人才、技术、专利、应用等方面。因而，区块链指数指标体系的建设机理，很大程度上也就是区块链资源的集聚机理。

关于区块链资源的集聚机理，在本书中，首次提出"企人钱政用"集聚论。从本质上来说，区块链的形成和发展可以归结为"企人钱政用"的集聚；区块链指数指标的建成，也可以归结为"企人财政用"的集聚。这里的"企"，指的是从事区块链的企业，以及园区机构、服务机构等经济实体；这里的"人"，指的是区块链的人才，以及与人才相关联的技术、专利、顶层设计等，因"人"而"出"的要素；这里的"钱"，指的是区块链的资本，包括投入资本、融资情况、资本产业等内容；这里的"政"，直接含义是指出台的区块链政策，引申含义是政策环境，以及社会环境、风控环境；这里的"用"，指的是区块链的产业应用及贡献力。

根据区块链产业指数指标体系中的"企人钱政用"五大要素，我们扩展为2018中国区块链产业指数指标体系五个一级指标，其中企业以及园区机构、服务机构等经济实体，归纳定为"机构规模"；人才以及技术、专利、顶层设计等，归纳定为"创新能力"；投入资本、融资情况、资本产业等内容，归纳定为"资本实力"；政策环境以及社会环境、风控环境归纳定为"生态环境"；区块链的产业应用及贡献力归纳定为"应用场景"。

五个一级指标的划分，各个指标有着各自的职责范围，在自己的职责范围内发挥着不同的功能和作用。一级指标体系中的前三个指标，即机构规模、创新能力、资本实力，这三类为显示性指标；后面生态环境为解释性指标；应用场景为终极性指标。

"机构规模"体现了区块链主体发展概况，是区块链发展的外延直接推动力，这是区块链发展的首要基础。"资本实力"体现了区块链发展承载体概况，是区块链血液的反映，这也是区块链发展的基础之一。"创新能力"体现了区块链内核发展概况，是区块链发展内在的原动力。"生态环境"则体现了区块链发展的航向和潜力，为区块链持续、长足、稳健发展保驾护航。"应用场景"是区块链产业发展的直接结果的体现，反映了一个省区进行区块链建设给城市发展带来的利益和效益。在本指数的五个一级指标中，"机构规模""资金实力"和"创新能力"，是"企人钱政用"集聚的面相；"生态环境"是"企人钱政用"集聚的背影；而"应用场景"，则是"企人钱政用"集聚的归宿。五个一级指标的共同体现，从而可以较全面地反映一个中心省区的区块链产业发展状况和水平以及发展趋势。

需要强调指出的是，区块链产业是一个有机的整体，区块链产业指数指标体系也是一个有机整体。区块链指数指标体系中"企人钱政用"五大要素和五个一级指标，彼此之间相互联系、相互依存，同时也相互作用、相互制约，共同组成一个你中有我、我中有你的有机整体，在既分工又合作的前提下，发挥各自行使的职能作用，共同为区块链产业发展壮大服务。

3. 指数指标体系的三个级别指标的结构

2018 中国省级区块链产业指数指标框架 5 个一级指标，下设置了 14 个二级指标，14 个二级指标又下设了 34 个三级指标。这些二级指标和三级指标的确定依据和设置理由何在？下面对二级和三级指标作进一步解释。

（1）机构规模。区块链生存和发展的首要条件，是要有专门的企业和专业团队。这是设置一级指标机构规模的依据和理由。机构包括数量和质量，由于企业质量难以量化和评价，所以只以选择机构数量即机构规模进行。作为机构规模，不仅仅是从事区块链的企业，还有各种类型的区块链园区和服务机构。因此，又细分成二级指标。在二级指标中，区块链的企业又有普通企业、龙头企业和上市公司；区块链的园区又有产业园区、创业基地和孵化园区；区块链的服务机构又有媒体及社区、投资机构、行业组织、研究机构。因此，又下设第三级指标。

（2）资本实力。资本是区块链生存与发展的命脉和血液。尤其是区块链兴起不久，更需要资本支撑，资本直接投入，是重要的推动力和有形的基础性保障之一。这是设置一级指标资本实力的依据和理由。由于资本实力包括资本投入、融资情况以及资金绩效，因此设置了二级指标。同时，在资本投入下面，又分类为投资金额和投资频数，在融资情况中有融资金额和融资频数，因此又下设第三级指标。

（3）创新能力。创新是区块链发展的原动力，是区块链竞争的关键性因素和决定性基因。这是设置一级指标创新能力的依据和理由。由于创新能力包括很多方面，核心的有人才、专利、技术、顶层设计等，故设置为二级指标，二级指标下面的人才有从业人员数量和质量、大学开设区块链专业、专业培训机构等，专利有当年申报的专利和获得的专利，技术有当年新开发的和推广的，故设置为第三级指标。

（4）生态环境。区块链发展不仅仅有赖于区块链产业本身，更与省区社会经济发展的各个方面息息相关。省区区块链发展的外部环境统称为区块链生态环境，作为一级指标，是省区区块链产业竞争力的解释性因素。区块链生态环境分为政策环境、社会环境和风控环境三类，作为二级指标。二级生态环境指标中的政策环境，又包含有专门的区块链政策出台数量和区块链相关的政策出台数量，社会环境中又包含本省区宣传教育活动及出版图书期刊情况，和社区活动及居民认知度与参与度，故又分为第三级指标。

（5）社会贡献。区块链发展的最终目的，是落地应用于社会各个方面，为社会贡献。尤其是当前，区块链闹得轰轰烈烈，沸沸腾腾，"雨点大"，但落地应用小，贡献力量弱，这是设置一级指标应用场景的依据和理由。区块链的社会贡献，主要体现在场景应用和社会贡献两个方面，即二级指标，而场景应用又包含行业场景应用、项目场景应用和应用成效，社会贡献也包含直接贡献和间接贡献，作为第三级指标。2018中国省级区块链产业三级指数指标框架如表2-2所示。

表2-2　2018中国省级区块链产业三级指数指标框架

一级指标	二级指标	三级指标
机构规模	区块链企业规模	普通企业
		龙头企业
		上市公司
	区块链服务机构	媒体及社区发展
		投资机构
		行业组织
		研究机构
	区块链产业园区	产业园区
		创业基地
		孵化园区
资金实力	资本投入	投资金额
		投资频数
	融资情况	融资金额
		融资频数
	资金绩效	投融资回报率

续表

一级指标	二级指标	三级指标
创新能力	区块链人才	从业人员数量
		从业人员质量
		大学开设区块链专业
		专业培训机构
	区块链专利	当年申报专利
		当年获得专利
	区块链技术	当年新研发的重大技术
		推广重大技术成果突出
	区块链顶层设计	所出台的行业标准文件数量
生态环境	政策环境	专门的区块链政策出台数量
		和区块链相关的政策出台数
	社会环境	本城市宣传教育活动及出版图书期刊
		社区活动及居民认知度与参与度
	风控环境	监管机构和机制
		案件
社会贡献	场景应用	应用行业
		应用项目
		应用成效
	社会贡献	间接贡献
		直接贡献

资料来源：根据相关资料整理。

三、2018 中国省级区块链指数指标评估体系的设置架构

表 2-2 已列出了 2018 中国区块链产业三级指数指标框架表，但怎样确定各个指标的权重呢？怎样对这些指数指标进行评估和计算？

1. 2018 中国省级区块链指数指标评估体系的权重设置

权重是指某一因素或指标相对于某一事物的重要程度，其不同于一般的比重，体现的不仅仅是某一因素或指标所占的百分比，强调的是因素或指标的相对重要程度，倾向于贡献度或重要性。2018 中国省级区块链指数指标评估体系的权重，是依据上面指标的结构来设置的。

（1）规模基础（28 分）。规模基础的内容较多，本次主要考虑到任何事情都

需要有人去做，有团队去完成；作为兴起不久的区块链产业，机构团队显得尤为重要。同时，由于机构团队的数字易于寻找和确定，所以，在本书中，把规模基础拟定为机构规模，并且其权重定得相对较高一点，有 28 分（以后逐年会相应减少）。区块链产业中的机构规模，主要包括区块链企业、区块链园区和区块链服务机构三个方面，其中以区块链企业为主体。因此，本书把这三个方面作为二级指标，其权重分别列为：企业 16 分、服务机构 6 分、园区 6 分。

在规模基础二级指标的三个方面，又有着诸多子项，需要进一步分解权限。二级指标区块链企业权重为 16 分中，其中有三级指标普通企业、龙头企业和上市公司，分别为 8 分、5 分、3 分。普通企业 8 分评价的依据，主要以 2018 年全国近 500 家的企业规模占有量来考虑设置，龙头企业 5 分的评价依据，主要以企业注册资金额大小来考察设置，上市公司 3 分，主要以全国 89 家区块链上市在各省区的占有量来考察设置。

二级指标区块链服务机构权重为 6 分，分别分解给三级指标从事区块链的投资机构（1.5 分）、行业机构（1.5 分）、研究机构（1.5 分）和媒体及社区发展情况（1.5 分），指标评价依据是以数量考评为主，兼职考评开展的活动。

二级指标区块链园区权重为 6 分，分别分解给三级指标产业园区（3 分）、创业基地（2 分）、孵化园区（1 分），以直接的区块链产业园区数量为主，兼顾考评园区相关联的情况（见表 2-3）。

表 2-3　2018 中国省级区块链机构规模评估指标构架

二级指标	权重	三级指标	权重	指标评估说明	指标类型
区块链规模基础	16	普通企业	8	200 家为 8 分，150 家为 7.5 分，100 家为 7 分，80 家为 6.5 分，70 家为 6 分，60 家为 5.5 分，50 家为 5 分，40 家为 4.5 分，30 家为 4 分，25 家为 3.5 分，20 家为 3 分，15 家为 2.5 分，10 家为 2 分，7 家为 1.5 分，3 家为 1 分，1 家为 0.5 分	数值型
		龙头企业	5	资料规模 30 亿元为 5 分，20 亿元为 4.5 分，10 亿元为 4 分，5 亿元为 3.5 分，3 亿元为 3 分，2.5 亿元为 2.5 分，2 亿元为 2 分，1.5 亿元为 1.5 分，1 亿元为 1 分，5000 万元为 0.5 分，3000 万元为 0.3 分，1000 万元为 0.1 分	数值型
		上市公司	3	15 家为 3 分，10 家为 2.5 分，6 家为 2 分，3 家为 1.5 分，1 家为 1 分	数值型

续表

二级指标	权重	三级指标	权重	指标评估说明	指标类型
区块链服务机构	6	媒体及社区发展	1.5	以数量考评为主，兼顾考评开展的活动	数值型
		投资机构	1.5	以数量考评为主，兼顾考评开展的活动	数值型
		行业组织	1.5	以数量考评为主，兼顾考评开展的活动	数值型
		研究机构	1.5	以数量考评为主，兼顾考评开展的活动	数值型
区块链产业园区	6	产业园区	3	区块链产业园区数量为主，兼顾考评相关联的情况	数值型
		创业基地	2	区块链创业基地数量为主，兼顾考评相关联的情况	数值型
		孵化园区	1	区块链孵化园区数量为主，兼顾考评相关联的情况	数值型

资料来源：根据相关资料整理。

（2）资本实力（17分）。如果说机构规模是区块链兴起和壮大的"肌体"，那么资本实力则是区块链兴起和壮大的"血液"。和机构规模一样，资本实力是区块链生存与发展的"硬件"。同时，由于资本实力的数字易于寻找和确定，所以，在本书中，把资本实力的权重定得相对较高一点，有17分（以后逐年可能会相应地减少）。区块链产业中的资本实力，包括资本投入、融资情况以及资金绩效作为二级指标，分别的指标权重为9分、6分、2分。

二级指标资本投入权重9分，又分解为三级指标投资金额权重（5分）和投资频数权重（4分）。投资金额以实到区块链运营资金计算；投资频数以投资次数，适当考虑占当地投资活跃度。

二级指标融资情况权重6分，又分解为三级指标融资金额权重（4分）和融资频数权重（2分）。融资金额以实到区块链运营资金计算，投资频数以融资次数，适当考虑占当地融资活跃度。

二级资金绩效权重2分，主要是考核投融资回报率，即当年区块链产值与投融资的比例。由于当前是刚兴起的初始投入期，区块链投入不多但产出更少，区块链投融资金额与区块链产值不对称，所以此权重占比不高，但以后年份会逐步提升（见表2-4）。

表2-4 2018中国省级区块链资本实力评估指标构架

二级指标	权重	三级指标	权重	指标评估说明	指标类型
资本投入	9	投资金额	6	30亿元为5分，20亿元为5分，10亿元为4分，5亿元为3分，3亿元为2分，1亿元为1分，5000万元为0.5分，1000万元为0.1分	数值型

二级指标	权重	三级指标	权重	指标评估说明	指标类型
资本投入	9	投资频数	3	300 次及以上 3 分, 250 次及以上 2.5 分, 200 次及以上 2 分, 150 次及以上 1.5 分, 100 次及以上 1 分, 50 次及以上 0.5 分, 10 次及以上 0.1 分	数值型
融资情况	6	融资金额	4	40 亿元为 4 分, 20 亿元为 3 分, 10 亿元为 2.5 分, 5 亿元为 2 分, 3 亿元为 1.5 分, 1 亿元为 1 分, 5000 万元为 0.5 分, 1000 万元为 0.1 分	数值型
		融资频数	2	200 次及以上 2 分, 150 次及以上 1.5 分, 100 次及以上 1 分, 50 次及以上 0.5 分, 10 次及以上 0.1 分	数值型
资金绩效	2	投融资回报率	2	当年区块链产值与投融资的比例	数值型

资料来源：根据相关资料整理。

（3）创新能力（25 分）。创新是区块链产业发展的内源动力，是区块链产业竞争的核心要素和决定性条件。本书把创新能力在区块链产业整个指数指标体系中权重分为 25%，占据 1/4 的地位，这是比较合理的。随着区块链产业的深化发展，创新能力指标的权重，还需要进一步提升。之所以称创新能力为区块链产业的内核指标，权重较大且还有可能加大，这是因为创新能力的二级包括有人才、专利、技术、顶层设计等推动区块链产业做大做强的关键性要素和决定性内容。二级指标人才、专利、技术、顶层设计的权重，分别拟定为 10 分、7 分、6 分、2 分。

二级人才指标权重 10 分里面，有从业人员数量（4 分）、从业人员质量（3分）、大学开设区块链专业（2 分）和专业培训机构（1 分）四项三级指标，其中从业人员数量是人头数；从业人员质量主要考虑有多少高校生、计算机专业人才和高层次研发人才；大学开设区块链专业，主要考虑高校开设的区块链专业班及联办的进修班或专业课程。

二级指标专利指标权重 7 分。由于区块链技术兴起不久，专利显得特别重要，再加上专利指标易于获取，故此项指标本次报告的权重较高。区块链专利指标包括当年获得的专利（4 分）和当年申报专利（3 分），具体得分情况，根据获得的数据确定。

二级技术指标权重 6 分，包括当年新研发的重大技术（4 分）和推广重大技术成果突出（2 分）二个三级指标。测算依据，以得到国家相关职能部委肯定和省级政府有正式文件表彰的数量计算确定。

二级区块链顶层设计权重 2 分。以国家相关部委和省级确认的，并出台的行业标准文件数量计算确定（见表 2-5）。

表 2-5　2018 中国省级区块链创新能力评估指标构架

二级指标	权重	三级指标	权重	指标评估说明	指标类型
区块链人才	10	从业人员数量	4	20000 人为 4 分，15000 人为 3.5 分，10000 人为 3 分，5000 人为 2.5 分，3000 人为 2 分，1000 人为 1.5 分，500 人为 1 分，100 人为 0.5 分	数值型
		从业人员质量	3	高校毕业的从业区块链人数（1 分）；计算机行业人才数量及薪酬（1 分）；区块链研发高层次人才（1 分）	数值型
		大学开设区块链专业	2	高校直接开设区块链专业班（1.5 分）；校企联办区块链进修班或专业课程（0.5 分）	数值型
		专业培训机构	1	区块链培训机构的数量及研发的课程、教师数量	数值型
区块链专利	7	当年申报专利	3	400 项专利 3 分，200 项专利 2.5 分，100 项专利 2 分，50 项专利 1.5 分，10 项专利 1 分，5 项专利 0.5 分，1 项专利 0.1 分	数值型
		当年获得专利	4	200 项专利 4 分，100 项专利 3 分，50 项专利 2 分，30 项专利 1.5 分，10 项专利 1 分，5 项专利 0.5 分，1 项专利 0.1 分	数值型
区块链技术	6	当年新研发的技术	4	得到国家相关职能部委肯定和省级政府表彰（正式文件），1 项 1 分；最高 4 分	数值型
		推广技术成果突出	2	得到国家相关职能部委肯定和省级政府表彰（正式文件），1 项 1 分；最高 2 分	数值型
顶层设计	2	出台的行业标准文件	2	国家相关部委确认的文件 1 分，省级确认的 0.5 分；最高 2 分	数值型

资料来源：根据相关资料整理。

（4）生态环境。区块链产业的生态环境内容较多、较广，一切影响区块链产业发展的外部环境都可以称为区块链生态环境。"外因是变化的条件"，生态环境即外部条件在很大程度上制约着区块链产业内部的发展，生态环境尤其是对区块链这个新生事物影响作用更大。所以本书给生态环境权重 20 分。本书的生态环境，主要指区块链的政策环境、社会环境和风控环境三类，作为二级指标，各自的权重分别为 10 分、4 分、6 分。

二级指标权重为 10 分的政策环境，是区块链产业环境中最主要和重要的生态环境。为了便于统计，政策环境主要以国家部委或各省区自行出台的有关区块链方面的政策为依据进行计分和测算，其中它又包含专门的区块链政策出台数量（6 分）和区块链相关的政策出台数量（4 分）两个三级指标。

二级指标权重为 4 分的社会环境，其中包含本省区区块链宣传教育活动情况及出版图书期刊情况，指标权重 2.5 分；宣传活动的社区效果及居民认知度与参与度，指标权重 1.5 分。

风险控制环境二级指标权重为 6 分，其中包含本省区区块链监管机构和第三方评价机制的数量及效果，指标权重 3 分。案件情况这是项逆向指标，指标权重 3 分（见表 2-6）。

表 2-6　2018 中国省级区块链生态环境评估指标构架

二级指标	权重	三级指标	权重	指标评估说明	指标类型
政策环境	10	专门的区块链政策出台数量	6	省区自身出台推广专门的区块链文件，1 项 1 分；国家部委转发该省区的，1 项文件 2 分。最高不超过 6 分	数值型
		相关的政策出台数量	4	省区自身出台推广的有关区块链内容的文件，1 项 0.5 分；国家部委转发该省区的，1 项文件 1 分。最高不超过 4 分	数值型
社会环境	4	宣传教育活动，及出版书刊	2.5	开展有关区块链论坛、研讨、交流、博览会等重大宣传教育活动场次及出版报刊书籍，以及产生的社会影响力	数值型
		下基层活动及居民认参与度	1.5	深入组织大型的基层开展区块链的宣传教育活动数量，是否深入社区和广大居民中	数值型
风控环境	6	监管机构和评价机制	3	相对应的区块链监管机构数量，和第三方评价机制	数值型
		案件	3	没有出现案件的得 1 分；受到政府或上级监管部门表彰的，在已有 1 分的基础上，1 次加 1 分（不超过 3 分）。有小型案件但未出现大型案件的不得分；出现案件通报的 1 次减少 1 分（即在已有的总分中减少 1 分），最多不超过负 3 分	数值型

资料来源：根据相关资料整理。

（5）社会贡献（10 分）。为社会作贡献，为人类造福利，这是区块链产业发展的必然趋势和最终目的。所以，社会贡献应该是区块链产业最终的和最重要的指标，但由于区块链技术兴起不久，区块链产业实力不强，目前还谈不上很大的社会贡献率，本书的指标权重只给 10 分。但随着区块链的发展，社会贡献的指标权重，将会逐步加重加大。

社会贡献指标权重的 10 分，分别体现在场景应用（6 分）和社会贡献（4

分）两个二级指标上，其中场景应用是社会贡献的重点，也是整个区块链产业的着力点和归宿之地，6 分指标权重，同时又分别给了三级指标中的行业场景应用（2 分）、项目场景应用（2 分）和应用成效（2 分）。

社会贡献中的经济贡献 4 分指标权重，分别给了第三级指标直接贡献——带动和推进相关产业发展和间接贡献——当年区块链产值占当地 GTP 的比例，各自 2 分（见表 2-7）。

表 2-7 2018 中国区块链资本实力评估指标构架

二级指标	权重	三级指标	权重	指标评估说明	指标类型
场景应用	6	应用行业	2	应用的行业数目和次数	数值型
		应用项目	2	应用的项目数目和次数	数值型
		应用成效	2	项目带来的经济效益	指数型
社会贡献	4	间接贡献	2	带动和推进相关产业发展	指数型
		直接贡献	2	当年区块链产值占当地 GDP 的比例	数值型

资料来源：根据相关资料整理。

2. 2018 中国省级区块链指数指标评估体系的设置架构

根据上面对 2018 中国省级区块链指数指标体系中各二级指标和三级指标的评估设置，汇总起来，即如表 2-8 所示。

表 2-8 2018 中国区块链指数指标评估体系的总体构架情况

一级指标（权重）	二级指标（权重）	三级指标（权重）	指标评估说明	指标类型
规模基础（28 分）	区块链企业规模（16 分）	普通企业（8 分）	200 家为 8 分，150 家为 7.5 分，100 家为 7 分，80 家为 6.5 分，70 家为 6 分，60 家为 5.5 分，50 家为 5 分，40 家为 4.5 分，30 家为 4 分，25 家为 3.5 分，20 家为 3 分，15 家为 2.5 分，10 家为 2 分，7 家 1.5 分，3 家为 1 分，1 家 0.5 分	数值型
		龙头企业（5 分）	资产规模 30 亿元为 5 分，20 亿元为 4.5 分，10 亿元为 4 分，5 亿元为 3.5 分，3 亿元为 3 分，2.5 亿元为 2.5 分，2 亿元为 2 分，1.5 亿元为 1.5 分，1 亿元为 1 分，5000 万元 0.5 分，3000 万元为 0.3 分，1000 万元 0.1 分	数值型
		上市公司（3 分）	15 家为 3 分，10 家为 2.5 分，6 家为 2 分，3 家为 1.5 分，1 家为 1 分	数值型

续表

一级指标（权重）	二级指标（权重）	三级指标（权重）	指标评估说明	指标类型
规模基础（28分）	区块链服务机构（6分）	媒体及社区发展（1.5分）	以数量考评为主，兼顾考评开展的活动	数值型
		投资机构（1.5分）	以数量考评为主，兼顾考评开展的活动	数值型
		行业组织（1.5分）	以数量考评为主，兼顾考评开展的活动	数值型
		研究机构（1.5分）	以数量考评为主，兼顾考评开展的活动	数值型
	区块链产业园区（6分）	产业园区（3分）	区块链产业园区数量为主，兼顾考评相关联的情况	数值型
		创业基地（2分）	区块链创业基地数量为主，兼顾考评相关联的情况	数值型
		孵化园区（1分）	区块链孵化园区数量为主，兼顾考评相关联的情况	数值型
资金实力（17分）	资本投入（9分）	投资金额（6分）	30亿元为5分，20亿元为5分，10亿元为4分，5亿元为3分，3亿元为2分，1亿元为1分，5000万元为0.5分，1000万元为0.1分	数值型
		投资频数（3分）	300次及以上3分，250次及以上2.5分，200次及以上2分，150次及以上1.5分，100次及以上1分，50次及以上0.5分，10次及以上0.1分	数值型
	融资情况（6分）	融资金额（4分）	40亿元为4分，20亿元为3分，10亿元为2.5分，5亿元为2分，3亿元为1.5分，1亿元为1分，5000万元为0.5分，1000万元为0.1分	数值型
		融资频数（2分）	200次及以上2分，150次及以上1.5分，100次及以上1分，50次及以上0.5分，10次及以上0.1分	数值型
	资金绩效（2分）	投融资回报率（2分）	当年区块链产值与投融资的比例	数值型

续表

一级指标 （权重）	二级指标 （权重）	三级指标 （权重）	指标评估说明	指标 类型
创新能力 （25 分）	区块链 人才 （10 分）	从业人员 数量（4 分）	20000 人为 4 分，15000 人为 3.5 分，10000 人为 3 分， 5000 人为 2.5 分，3000 人为 2 分，1000 人为 1.5 分， 500 人为 1 分，100 人为 0.5 分	指数型
		从业人员 质量（3 分）	高校毕业的从业区块链人数（1 分）；计算机行业人才 数量及薪酬（1 分）；区块链研发高层次人才（1 分）	指数型
		大学开设区块 链专业（2 分）	高校直接开设区块链专业班（1.5 分）；校企联办区 块链进修班或专业课程（0.5 分）	数值型
		专业培训 机构（1 分）	区块链培训机构的数量及研发的课程、教师数量	数值型
	区块链 专利 （7 分）	当年申报 专利（3 分）	400 项专利 3 分，200 项专利 2.5 分，100 项专利 2 分，50 项专利 1.5 分，10 项专利 1 分，5 项专利 0.5 分，1 项专利 0.1 分	数值型
		当年获得 专利（4 分）	200 项专利 4 分，100 项专利 3 分，50 项专利 2 分， 30 项专利 1.5 分，10 项专利 1 分，5 项专利 0.5 分， 1 项专利 0.1 分	数值型
	区块链 技术 （6 分）	当年新研发的 重大技术（4 分）	得到国家相关职能部委肯定和省级政府表彰（正式 文件），1 项 1 分；最高 4 分	数值型
		推广重大技术 成果突出（2 分）	得到国家相关职能部委肯定和省级政府表彰（正式 文件），1 项 1 分；最高 2 分	数值型
	区块链顶 层设计 （2 分）	所出台的行业 标准文件 数量（2 分）	国家相关部委确认的 1 件 1 分，省级确认的 0.5 分； 最高 2 分	数值型
生态环境 （20 分）	政策环境 （10 分）	专门的区块链 政策出台数量 （6 分）	省区自身出台推广专门的区块链文件，1 项 1 分；国 家部委转发该省区的，1 项文件 2 分，最高不超过 6 分	数值型
		和区块链相关的 政策出台数 （4 分）	省区自身出台推广的有关区块链内容的文件，1 项 0.5 分；国家部委转发省区的，1 项文件 1 分，最 高不超过 4 分	数值型
	社会环境 （4 分）	本城市宣传教育 活动，及出版图 书期刊（2.5 分）	开展有关区块链论坛、研讨、交流、博览会等重大宣 传教育活动场次及出版报刊书籍，以及产生的社会影 响力	数值型
		社区活动及居民 认知度与参与度 （1.5 分）	深入街道社区、农村乡村等基层开展区块链的宣传教 育活动数量，社会风气和城乡居民对区块链的认知度 与参与度	数值型

续表

一级指标 （权重）	二级指标 （权重）	三级指标 （权重）	指标评估说明	指标 类型
生态环境 （20分）	风控环境 （6分）	监管机构和 机制（3分）	相对应的区块链监管机构数量，和第三方评价机制	数值型
		案件（3分）	没有出现案件的得1分；受到政府或上级监管部门表彰的，在已有1分的基础上，1次加1分（不超过3分）。有小型案件但未出现大型案件的不得分；出现案件通报的1次减少1分（即在已有的总分中减少1分），最多不超过负3分	数值型
社会贡献 （10分）	场景应用 （6分）	应用行业（2分）	应用的行业数目和次数	数值型
		应用项目（2分）	应用的项目数目和次数	数值型
		应用成效（2分）	项目带来的经济效益	指数型
	社会贡献 （4分）	间接贡献（2分）	带动和推进相关产业发展	指数型
		直接贡献（2分）	当年区块链产值占当地 GTP 的比例	数值型

资料来源：根据相关资料整理。

四、2018 中国省级区块链指数指标体系测评的原则与方法

1. 2018 中国省级区块链指数指标体系的测算与评价说明

（1）2018 中国区块链产业研究指数，是我们进行测算和评价的核心指标。如果把区块链产业总指数视为一级，那么本书就共设四级指标体系，一般称本书指标体系为三级。区块链产业总指数，是对所有评价指标数据进行合成的相对数。区块链产业指数值是在各评价指标数值的基础上，按照事先赋予的权数，加权综合而成。

（2）区块链产业总指数，是对所有评价指标数据进行合成的相对数。区块链产业指数值是在各评价指标数值的基础上，按照事先赋予的权数，加权综合而成。在本研究报告中，我们将各省级区块链发展情况与平均水平进行比较，计算区块链水平指数，来测算各省份区块链发展的总体情况。

（3）对评价指标进行一致性处理，是本书的重要环节。区块链产业指数是多个评价指标的合成指标，为了保证不同量纲指标之间能够进行有效合成，在完成数据的收集和净化处理后，先对原始数据进行同向化处理和同量处理（或称标准化处理）。为了防止正指标和逆指标在合成时相互抵消，要对逆反指标进行正向化处理，主要采用倒数法和补救法。

（4）本书中所选的评价指标主量单位多数都不相同，不能直接进行合成，需要消除指标量纲影响。目前，常用的标准化的方法主要有最大最小值法和标准差标准法。考虑到我国区域资源禀赋以及区块链发展水平不均衡性，特别是人均资源等数据差异极大，如果采用最大最小值法会使一些省份在一些指标上的贡献率为零，从而影响评价效果，而采取标准差标准法，在一定程度上能缓和各省际之间的差异程度，同时它的测算结果相对稳定。标准差标准化设计思路是把所有省份评价指标的平均值作为参照系，来考察一个省相对平均水平的偏离程度。高于平均水平为正数，低于平均水平为负数，偏离越远，其数值的绝对值就越大。

（5）为了尽量保证评估测度的公平客观，对缺少指数数据的省份（中心城市），我们参考实际情况，采取了不同的处理方法：一是对于有些空缺指标，由于客观原因，在一些地区并不存在，就用跌价位数代替；二是对于有些空缺指标，经过多次核实并用关联指标推断，确实没有发生，就用 0 代替。对于任何一个空缺指标的处理，我们都保持十分谨慎的态度，并做详细的记录说明。

（6）重视指标的相互制约关系。同一指标，对不同省区均有不同的意义。比如，人口多少、面积多大、经济发展程度多高、GDP 怎样，各省份（中心城市）不尽相同，其要求和评测是不同的。因此，在测算的大体系中要注意分别列入，以形成较为合理的体系结果。

2. 2018 中国省级区块链指数指标体系评价的基本特点和原则

评价指标体系是指由表征评价对象各方面特性及其相互联系的多个指标，所构成的具有内在结构的有机整体。2018 中国省级区块链指数评价的指标通常有 45 个之多；在这么多的指标当中，并不是一视同仁。要根据不同指标的重要性进行加权处理。通常是指标的完成值除以指标的标准值，乘以各自权数，加总后除以总权数得到的。

省级区块链指数指标体系的评价，其基本思想是通过多方面，选择多个指标，并根据各个指标的不同权重，进行综合评价。通常，要遵循多方面的原则，选择不同的指标，指定不同的标准。

（1）综合性和系统性原则。首先，在相应的评价层次上，要全面考虑影响环境、经济、社会系统的诸多因素，并进行综合分析和评价。其次，各指标之间要有一定的逻辑关系，它们不但要从不同的侧面反映出区块链产业相关联系统的主要特征和状态，而且还要反映区块链产业之间的内在联系。每一个子系统由一组指标构成，各指标之间相互独立，又彼此联系，共同构成一个有机统一体。指标体系的构建具有层次性，自上而下，从宏观到微观层层深入，形成一个不可分割的评价体系。

（2）导向性和前瞻性原则。指标体系要充分发挥导向、引领作用，激励省际之间进一步增强科学发展意识和发展能力，创新体制机制，切实有效地加快科学发展进程。同时，要有前瞻性，建立综合评价体系，视野要开阔，着眼要长远。

（3）动态性和开放性原则。指标体系的建立过程，应保持指标体系的动态性和开放性，根据省际发展的新情况、新特征及中国发展阶段的变化，及时对指标体系进行补充、完善和修订。同时，影响区块链产业的生态—经济—社会效益的互动发展需要通过一定时间尺度的指标才能反映出来。因此，指标的选择要充分考虑到动态的变化特点，注意收集若干年度的变化数值。

（4）公认性和典型性原则。评价指标不仅要以客观指标反映地区发展的数量特征，更要把群众认可、满意作为一项重要的衡量标准，做到量化考评和定性考评相结合。同时，评价指标务必确保评价指标具有一定的典型代表性，尽可能准确地反映出特定区块链产业变化的综合特征，即使在减少指标数量的情况下，也要便于数据计算和提高结果的可靠性。另外，评价指标体系的设置、权重在各指标间的分配及评价标准的划分都应该和社会经济条件相适应。

（5）简明性和科学性原则。各指标体系的设计及评价指标的选择必须以科学性为原则，能客观真实地反映各省级区块链的生态环境、经济、社会发展的特点和状况，能客观全面反映出各指标之间的真实关系。各评价指标应该具有典型代表性，不能过多过细，使指标过于烦琐，相互重叠，指标又不能过少过简，避免指标信息遗漏，出现错误、不真实现象，并且数据易获且计算方法简明易懂。

（6）可比、可量化、可操作性原则。指标选择上，特别注意在总体范围内的一致性，指标体系的构建是为区块链政策制定和科学管理服务的，指标选取的计算量度和计算方法必须一致统一，各指标尽量简单明了、微观性强、便于收集，各指标应该要具有很强的现实可操作性和可比性。而且，选择指标时也要考虑能否进行定量处理，以便于进行数学计算和分析。可操作性原则，就是要求指标选择具有代表性，同时兼顾统计数据的可获得性，使指标可采集、可量化、可对比。

3. 2018中国省级区块链指数指标体系评价的主要步骤和方法

指数评价体系是指运用多个指标，通过多方面地对一个参评单位进行评价的方法，称为指数评价方法或者体系，简称指数评价法。其主要步骤是：①确定指数评价体系，即确定各指标的总数量，这是指数评价的基础和依据。②收集数据，并对不同计量单位的指标数据进行同度量处理，确定标准值。③确定指标体系中各指标的权数，以保证评价的科学性。④对经过处理后的指标，根据前面指定的标准，结合权重，进行汇总计算。⑤根据评价指数的变化，总结变化规律，并由此得出结论。

评价是现代社会各领域的一项经常性的工作，是科学做出管理决策的重要依据。随着人们研究领域的不断扩大，所面临的评价对象日趋复杂，如果仅依据单一指标对事物进行评价往往不尽合理，必须全面地从整体的角度考虑问题，因此，多指标综合评价方法应运而生。所谓多指标综合评价方法，就是把描述评价对象不同方面的多个指标的信息综合起来，并得到一个综合指标，由此对评价对象做一个整体上的评判，并进行横向或纵向比较。

在多指标评价体系中，由于各评价指标的性质不同，通常具有不同的量纲和数量级。当各指标间的水平相差很大时，如果直接用原始指标值进行分析，就会突出数值较高的指标在综合分析中的作用，相对削弱数值水平较低指标的作用。因此，为了保证结果的可靠性，需要对原始指标数据进行标准化处理。

目前数据标准化方法有多种，归结起来可以分为直线型方法（如极值法、标准差法）、折线型方法（如三折线法）、曲线型方法（如半正态性分布）。不同的标准化方法，对系统的评价结果会产生不同的影响，然而在数据标准化方法的选择上，还没有通用的法则可以遵循。

2018 中国省级区块链指数指标体系评价数据标准化，采用的是目前较为流行的数据标准化。它的含义是将数据按比例缩放，使之落入一个小的特定区间。在某些比较和评价的指标处理中经常会用到，去除数据的单位限制，将其转化为无量纲的纯数值，便于不同单位或量级的指标能够进行比较和加权。

数据标准化方法的选择上，采用的是三种常用方法。

（1）方法一：规范化方法。也叫离差标准化，是对原始数据的线性变换，使结果映射到 [0，1] 区间。

对序列 x_1，x_2，$\cdots$，x_n 进行变换：

$$y_i = \frac{x_i - \min_{1 \leqslant j \leqslant n}\{x_j\}}{\max_{1 \leqslant j \leqslant n}\{x_j\} - \min_{1 \leqslant j \leqslant n}\{x_j\}}$$

则新序列 y_1，y_2，$\cdots$，$y_n \in [0，1]$ 且无量纲。一般的数据需要时都可以考虑先进行规范化处理。

（2）方法二：正规化方法。对序列 x_1，x_2，$\cdots$，x_n 进行变换：

$$y_i = \frac{x_i - \bar{x}}{s}，\text{这里} \bar{x} = \frac{1}{n}\sum_{i=1}^{n} x_i，s = \sqrt{\frac{1}{n-1}\sum_{i=1}^{n}(x_i - \bar{x})^2}$$

则新序列 y_1，y_2，$\cdots$，y_n 的均值为 0，而方差为 1 且无量纲。

这种方法基于原始数据的均值（mean）和标准差（standard deviation）进行数据的标准化。将 A 的原始值 x 使用 z-score 标准化到 x'。

Z-score 标准化方法适用于属性 A 的最大值和最小值未知的情况，或有超出取值范围的离群数据的情况。

Spss 默认的标准化方法就是 Z-score 标准化。

用 Excel 进行 Z-score 标准化的方法：在 Excel 中没有现成的函数，需要自己分步计算，其实标准化的公式很简单。

步骤如下：

①求出各变量（指标）的算术平均值（数学期望）x_i 和标准差 s_i；

②进行标准化处理：

$$z_{ij} = \frac{(x_{ij} - x_i)}{s_i}$$

式中：z_{ij} 为标准化后的变量值；x_{ij} 为实际变量值。

③将逆指标前的正负号对调。

标准化后的变量值围绕 0 上下波动，大于 0 说明高于平均水平，小于 0 说明低于平均水平。

（3）方法三：归一化方法。对正项序列 x_1，x_2，$\cdots$，x_n 进行变换：

$$y_i = \frac{x_i}{\sum\limits_{i=1}^{n} x_i}$$

则新序列 y_1，y_2，$\cdots$，$y_n \in [0, 1]$ 且无量纲，并且显然有 $\sum\limits_{i=1}^{n} y_i = 1$。

第三节　2018中国中心城市区块链指数指标体系的构成与测算

一、2018 测算中国中心城市的选择

所谓中心城市，是指一个国家或地区处于城镇体系最高位置的城镇层级。在这个国家或地区具备引领、辐射、集散功能的城市，涉及政治、经济、文化、对外交流等多方面的表现。具有五大功能，即综合服务功能、产业集群功能、物流枢纽功能、开放高地功能和人文凝聚功能。此外，中心城市还担负着带领区域内其他城市发展的职责，从而促进区域经济社会的发展，缩小地区间发展水平的差距。

1. 5 座全球中心城市

依据国际社会和社团组织 2018 年评选全球中心城市的报道和由我国住建部、

发改委、卫计委、教育部等中央 19 大部委联合编制的城市发展规划，我国香港、北京、上海、深圳、广州五座城市，为全球中心城市。

香港历年来一直是世界中心城市，并排名在前 10。北上广深一直以来是一线城市的称呼，现在的它们也具有称为全球城市的实力。北京作为首都有着先天优势，是我国的政治文化中心，上海是中国的经济中心，GDP 居中国城市第一位，亚洲城市第二位，仅次于日本东京，上海亦是全球著名的金融中心；广州是中国对外贸易大港，是中国海上丝绸之路历史上最重要的港口，有"千年商都"之称，加上外国人士众多，也被称为"第三世界首都"；深圳，因为改革开放的春风由一个渔村变成现在的全球城市，深圳制造、深圳创造已经开始代表中国走出国门。

2. 12 座全国中心城市

北京、上海、广州、天津、重庆、成都、武汉、郑州、西安、香港、澳门和深圳，是中国的 12 座中心城市。

根据中华人民共和国国家发展和改革委员会的定义，国家中心城市是指居于国家战略要津、肩负国家使命、引领区域发展、参与国际竞争、代表国家形象的现代化大都市。在资源环境承载条件和经济发展基础较好的地区规划建设国家中心城市，既是引领全国新型城镇化建设的重要抓手，也是完善对外开放区域布局的重要举措。

（1）2018 年 2 月确定的 9 座国家中心城市。国家中心城市是在直辖市和省会城市层级之上出现的新的"塔尖"，集中了中国和中国城市在空间、人口、资源和政策上的主要优势。2010 年 2 月，住房和城乡建设部发布的《全国城镇体系规划（2010~2020 年）》明确提出五大国家中心城市（北京、天津、上海、广州、重庆）的规划和定位；2016 年 5 月至 2018 年 2 月，国家发展和改革委员会及住房和城乡建设部先后发函支持成都、武汉、郑州、西安建设国家中心城市。

在 2018 年 2 月确定的 9 座国家中心城市中，虽然南京和杭州此次没能入围，但是这两座城市早已在大家心中是中心城市了。没有入围的原因有很多，一方面是都处于长三角地区，另一方面周边还有上海。

（2）2018 年 11 月 30 日点名的 12 座中心城市。2018 年 11 月 30 日，中共中央、国务院发布《关于建立更加有效的区域协调发展新机制的意见》，其中点名了 12 座中心城市。这 12 座中心城市除原来北京、天津、上海、广州、重庆、成都、武汉、郑州、西安 9 座中心城市外，新增加了香港、澳门和深圳，作为引领建设粤港澳大湾区的主力军。

以北京、天津为中心引领京津冀城市群发展，带动环渤海地区协同发展。以上海为中心引领长三角城市群发展，带动长江经济带发展。以香港、澳门、广州、深圳为中心引领粤港澳大湾区建设，带动珠江—西江经济带创新绿色发展。以重庆、成都、武汉、郑州、西安等为中心，引领成渝、长江中游、中原、关中平原等城市群发展，带动相关板块融合发展。

3. 15 座副省级中心城市

副省级市是中国行政架构为副省级建制的省辖市，正式施行于 1994 年 2 月 25 日，其前身为计划单列市，其党政机关主要领导干部行政级别为省部级副职。

中国现有 15 座副省级市：哈尔滨、长春、沈阳、大连、青岛、南京、宁波、厦门、武汉、广州、深圳、成都、西安、济南、杭州。其中深圳、大连、青岛、厦门、宁波是计划单列市，其他都是省会城市（见表 2-9）。

表 2-9　15 座副省级中心城市

地区	城市名单
东北地区（4 个）	沈阳、哈尔滨、长春、大连
华东地区（6 个）	南京、杭州、济南、厦门、宁波、青岛
中南地区（3 个）	武汉、广州、深圳
西南地区（1 个）	成都
西北地区（1 个）	西安

资料来源：百度文库。

4. 28 座省会中心城市

28 个省的省会城市分别是：哈尔滨、长春、沈阳、石家庄、太原、呼和浩特、银川、兰州、乌鲁木齐、拉萨、西宁、成都、昆明、贵阳、南宁、广州、福州、海口、杭州、南京、南昌、长沙、武汉、合肥、郑州、济南、西安、台北。

5. 本书选择测算的 32 座中心城市

考察到目前中国区块链产业发展还处于初始发展起步阶段，多数中心城有关区块链的发展还有很多事情没有做，不少省级中心城市在区块链产业上甚至处于空白。国家及社会上有关区块链产业的数据资料还不多，尤为奇缺，收集和统计起来也非常困难。同时，考察到是首次开展对区块链产业指数进行研究和测算，没有经验可言，所以此次测算对象的选择，重点是从地区的代表性和资料收集的难度及准确性上考虑，以行政区划为基本点，由国家 4 家直辖市+15 座副省级中心城市+部分省会城市共 32 座城市组成。对于在区块链产业做得相对好的其他二三线城市，待以后区块链产业逐年发展壮大和资料逐步完善后，再逐年增加新的中心城市。2018 年本书选择测算的中心城市名册如表 2-10 所示。

表 2-10　本书选择测算的 32 座中心城市

地区	城市名单
直辖市（4 座）	北京、上海、天津、重庆
华北地区（3 座）	石家庄、太原、呼和浩特
东北地区（4 座）	沈阳、哈尔滨、长春、大连
华东地区（6 座）	南京、杭州、济南、宁波、青岛、合肥
华中地区（4 座）	武汉、长沙、郑州、南昌
华南地区（4 座）	广州、深圳、厦门、海口
西南地区（4 座）	成都、贵阳、昆明、南宁
西北地区（3 座）	西安、兰州、乌鲁木齐

资料来源：根据相关资料整理。

二、2018 中国中心城市区块链指数指标体系的构成、测评及比较

1. 2018 中国中心城市区块链指数指标评估体系的构成

（1）构建 2018 中国中心城市区块链指数指标体系的主要依据。构建 2018 中国中心城市区块链指数指标体系，和构建 2018 中国省级区块链指数指标体系一样，首先需要找出影响、制约和主宰区块链生存、发展、创新的核心要素及相关因素。构建区块链指数指标体系是项系统工程，需要从多方面进行考察和评估，其中最重要的是需要从科技、经济、社会和政策环境四大核心因素的作用机制及其相互影响进行分析。

具体来讲，技术创新，是区块链产业产生和发展的根基；经济发展，是区块链产业生存和壮大的前提；社会需求，是区块链产业兴起和普及的关键；政策法规，是区块链产业创新和兴衰的保证，而这些内容在构建省级区块链指数指标体系中已经有详细阐述，在此不再重复。

（2）指数指标体系的核心结构。在前面分析 2018 中国省级区块链指数指标体系的核心结构中，已经较为详细地探讨和论述了影响和制约区块链的主要因素，包括企业、资本、政策、人才、技术、专利、应用等方面。在此基础上，提出了关于区块链资源的集聚机理，即在本次指数研究报告中，首次提出的"企人钱政用"集聚论。

需要指出的是，由于中国中心城市区块链产业指数指标体系中的"企人钱政用"五大要素与中国省级区块链产业指数指标体系中的"企人钱政用"五大要素内容一样，因此，中心城市区块链产业指数指标体系五个一级指标与省级也一样，即：企业以及园区机构、服务机构等经济实体，归纳定为"机构规模"；人

才以及技术、专利、顶层设计等，归纳定为"创新能力"；投入资本、融资情况、资本产业等内容，归纳定为"资本实力"；政策环境以及社会环境、风控环境归纳定为"生态环境"；区块链的产业应用及贡献力归纳定为"场景应用"。这五项集聚论的具体内容，也就是2018中国中心城市区块链产业指数指标体系的理论依据和核心结构内容。

（3）指数指标体系的三个级别指标的结构。还是和2018中国省级区块链产业指数指标框架的结构一样，2018中国中心城市区块链产业的三级指标体系的结构设置，分别为：5个一级指标；下设置了14个二级指标；14个二级指标又下设了34个三级指标。

与2018中国省级区块链产业指数指标比较，中心城市区块链产业指数指标有些小调整：一级指标中，省级的"规模基础"和"社会贡献"，分别更改为"机构基础"和"场景应用"。二级指标中，省际的"社会贡献"更改为"经济效益"。之所以要如此调整，主要考虑到省级相对注重宏观和长远目标，而城市相对注重实效和眼前利益。

具体指标结构的内容如表2-11所示。

表2-11 2018中国中心城市区块链产业三级指数指标框架

一级指标	二级指标	三级指标
机构规模	区块链企业规模	普通企业
		龙头企业
		上市公司
	区块链服务机构	媒体及社区发展
		投资机构
		行业组织
		研究机构
	区块链产业园区	产业园区
		创业基地
		孵化园区
资金实力	资本投入	投资金额
		投资频数
	融资情况	融资金额
		融资频数
	资金绩效	投融资回报率

一级指标	二级指标	三级指标
创新能力	区块链人才	从业人员数量
		从业人员质量
		大学开设区块链专业
		专业培训机构
	区块链专利	当年申报专利
		当年获得专利
	区块链技术	当年新研发的重大技术
		推广重大技术成果突出
	区块链顶层设计	所出台的行业标准文件数量
生态环境	政策环境	专门的区块链政策出台数量
		和区块链相关的政策出台数
	社会环境	本城市宣传教育活动，及出版图书期刊
		社区活动及居民认知度与参与度
	风控环境	监管机构和机制
		案件
场景应用	场景应用	应用行业
		应用项目
		应用成效
	经济效益	间接效益
		直接效益

资料来源：根据相关资料整理。

2. 2018 中国中心城市区块链指数指标评估体系的构成

根据上面 2018 中国中心城市区块链产业三级指数指标结构的框架，结合 2018 中国省级区块链指数指标评估体系构成的设置，下面设置了中心城市区块链指数体系评估表。

需要指出的是，2018 中国中心城市区块链指数指标评估体系与省级区块链指数指标评估体系，在总体结构布局和具体大项内容上没有什么区别，完全一样，只是在指标权重的设计和评估具体内容要求上，考虑到省级与中心城市的行政差距，因此，在一些务实硬件指标上的权重增加了，比如，规模基础权重为30 分，比省级增加 2 分；资金实力权重为 30 分，比省际增加 3 分，而有些相对务虚的软件指标，指标权重相对减少，而生态环境权重为 15 分，比省级 20 分减少了5分。与此同时，较多的指标评估要求，相对低一点（见表2-12）。

表2-12　2018中国中心城市区块链指数指标评估体系的总体构架

一级指标（权重）	二级指标（权重）	三级指标（权重）	指标评估说明	指标类型
机构规模（30分）	区块链企业规模（17分）	普通企业（8分）	150家为8分，75家为7分，50家为6分，30家为5分，20家为4分，10家为3分，5家为2分，1家为1分	数值型
		龙头企业（6分）	资产规模20亿元为6分，15亿元为5.5分，10亿元为5分，7亿元为4.5分，5亿元为4分，4亿元为3.5分，3亿元为3分，2.5亿元为2.5分，2亿元为2分，1.5亿元为1.5分，1亿元为1分，5000万元为0.5分，3000万元为0.3分，1000万元为0.1分	数值型
		上市公司（3分）	10家为3分，7家为2.5分，5家为2分，2家为1.5分，1家为1分	数值型
	区块链服务机构（7分）	媒体及社区发展（2分）	以数量考评为主，兼职考评开展的活动	数值型
		投资机构（2分）	以数量考评为主，兼职考评开展的活动	数值型
		行业组织（1.5分）	以数量考评为主，兼职考评开展的活动	数值型
		研究机构（1.5分）	以数量考评为主，兼职考评开展的活动	数值型
	区块链产业园区（6分）	产业园区（3分）	区块链产业园区数量为主，兼顾考评相关联的园区	数值型
		创业基地（2分）	区块链创业基地数量为主，兼顾考评相关联的园区	数值型
		孵化园区（1分）	区块链孵化园区数量为主，兼顾考评相关联的园区	数值型
资金实力（20分）	资本投入（10分）	投资金额（6分）	15亿元为6分，10亿元为5分，7亿元为4分，5亿元为3分，3亿元为2分，1亿元为1分，5000万元为0.5分，1000万元为0.1分	数值型
		投资频数（4分）	300次及以上4分，250次及以上3.5分，200次及以上3分，150次及以上2分，100次及以上1分，50次及以上0.5分，10次及以上0.1分	数值型
	融资情况（8分）	融资金额（5分）	15亿元为5分；10亿元为4分；5亿元为3分；3亿元为2分；1亿元为1分；5000万元为0.5分；1000万元为0.1分	数值型
		融资频数（3分）	200次及以上3分，150次及以上2分，100次及以上1分，50次及以上0.5分，10次及以上0.1分	数值型
	资金绩效（2分）	投融资回报率（2分）	当年区块链产值与投融资的比例	数值型

续表

一级指标 （权重）	二级指标 （权重）	三级指标 （权重）	指标评估 说明	指标类型
创新能力 （25 分）	区块链 人才 （10 分）	从业人员数量 （4 分）	8000 人为 4 分，5000 人为 3 分，3000 人为 2 分，1000 人为 1.5 分，500 人为 1 分，100 人为 0.5 分	数值型
		从业人员质量 （3 分）	考虑高校毕业的从业区块链人数；计算机行业人才数量及薪酬；区块链研发高层次人才	数值型
		大学开设区块链 专业（2 分）	高校直接开设区块链专业班或校企联合进修班或区块链专业课程	数值型
		专业培训机构 （1 分）	区块链培训机构的数量，研发的课程，教师数量和质量	数值型
	区块链 专利 （7 分）	当年申报 专利（3 分）	300 项专利为 3 分，200 项专利为 2.5 分，100 项专利为 2 分，50 项专利为 1.5 分，10 项专利为 1 分，5 项专利为 0.5 分，1 项专利为 0.1 分	数值型
		当年获得 专利（4 分）	150 项专利为 4 分，100 项专利为 3 分，50 项专利为 2 分，30 项专利为 1.5 分，10 项专利为 1 分，5 项专利为 0.5 分，1 项专利为 0.1 分	数值型
	区块链 技术 （6 分）	当年新研发的重大技术（4 分）	得到国家相关职能部委肯定和省级政府相关部门表彰（正式文件）1 项 2 分；最高 4 分	数值型
		推广重大技术成果突出（2 分）	得到国家相关职能部委肯定和省级政府相关部门表彰 1 项 1 分；最高 2 分	数值型
	区块链 顶层设计 （2 分）	所出台的行业标准文件数量 （2 分）	国家相关部委确认的 1 件 1 分，省级确认的 0.5 分；最高 2 分	数值型
生态环境 （15 分）	政策环境 （10 分）	专门的区块链政策出台数量 （6 分）	中心城市自身出台推广专门的区块链文件，1 项 1 分；国家部委或省级政府转发的，1 项文件 2 分；最高不超过 6 分	数值型
		和区块链相关的政策出台数 （4 分）	中心城市自身出台推广的有关区块链内容的文件，1 项 0.5 分；国家部委或省级政府转发的，1 项文件 1 分；最高不超过 4 分	数值型
	社会环境 （2 分）	本城市宣传教育活动，及出版图书期刊（2 分）	开展有关区块链论坛、研讨、交流、博览会等重大宣传教育活动场次及出版报刊书籍，以及产生的社会影响力	数值型

续表

一级指标 （权重）	二级指标 （权重）	三级指标 （权重）	指标评估 说明	指标类型
生态环境 （15分）	风控环境 （3分）	监管机构和 机制（1分）	相对应的区块链监管机构和第三方评价机制数量	数值型
		案件（2分）	未出现案件的得0分，受到本市政府或上级监管部门表彰的1次加1分（满分为2分），出现案件通报的1次减少2分（即在总分中减少2分）	数值型
场景应用 （10分）	场景应用 （6分）	应用行业（2分）	应用的行业数目和次数	数值型
		应用项目（2分）	应用的项目数目和次数	数值型
		应用成效（2分）	项目带来的经济效益	指数型
	经济效益 （4分）	间接效益（2分）	带动和推进相关产业发展	指数型
		直接效益（2分）	当年区块链产值占当地GTP的比例	数值型

资料来源：根据相关资料整理。

3. 对 2018 中国城市区块链产业指数指标评估体系的设置

在2018年中国有关区块链指数研究两个相对最具有权威的赛迪（青岛）区块链研究院发布的"2018中国城市区块链发展水平评估报告"和亿欧智库发布的"2018中国区块链产业发展城市排行榜"的基础上，就这两家2018年对区块链指数研究有重大成果指标体系，与本书选择的评估2018年中国中心城市区块链指数的指标体系研究进行比较，从中找出共同点和不同点，以望下期进一步完善。

（1）赛迪（青岛）区块链研究院发布"中国城市区块链发展水平评估报告"中的指标体系。2018年12月7日，赛迪（青岛）区块链研究院发布了《中国城市区块链发展水平评估报告（2018年）》（以下简称《报告》），《报告》从政策环境、科研实力、产业基础及资本支持四个方面进行统计，对城市进行了排名。

本《报告》综合考虑城市分布、行政地位、经济和科技发展水平，同时兼顾数据可获得性和来源一致性等因素，选取政策有优势、经济有潜力、科技较领先的45座重点城市作为评估对象，包括4个直辖市、15个副省级城市、16个省会城市、9个重要经济城市、1个国家级新区。

兼顾统计数据可得性，本《报告》研制的中国城市区块链发展水平指标评估体系包括三级指标。一级指标包括政策环境、科研实力、产业基础、资本支持4项；二级指标包括区块链专项政策、区块链相关政策、区块链研究机构、区块链学科建设、区块链企业、区块链龙头企业、产业载体、人才供给、政府资金支持、市场投融资活跃度10项；三级指标包括专项支持政策数量、政策持续时间、研究机构数量等15项。

指标权重方面采取专家打分法，组织行业专家对指标体系三级指标权重进行打分，各指标体系权重总分为100。关于数值的处理，采用无量纲化和综合评价法。这里采用取对数的方法对指标进行无量纲化，以避免某指标数据变化过大造成无量纲化值突变，消除数值突变对评估效果的影响。最后指数计算方法采用线性加权平均法（见表2-13）。

表2-13 中国城市区块链发展水平评估指标体系1.0

一级指标	二级指标	三级指标	说明	指标类型
政策环境（25%）	区块链专项政策	政策数量	区块链专项扶持政策或专项指导意见	指数型
		持续时间	政策持续时间（最高级别行政单位颁布的政策）	数值型
		政策支持广度	考察区块链政策覆盖面，从支持主体、办公用地及运营、产业聚集平台及服务平台、科研机构和实验室、技术创新及成果转化、金融、人才等方面进行评估（以最高级别单位颁布的政策为准）	指数型
		政策支持深度	考察政策的支持力度和细致程度，从支持力度、细致程度、门槛等进行评估	指数型
	区块链相关政策情况	其他相关支持政策数量	除专项政策外，支持区块链发展的政策持政策数量	数值型
		白皮书	是否发布区块链白皮书	二值型
科研实力（15%）	区块链研究机构实力	区域链研究机构数量	考察该地区区块链研究机构实力，从研究机构级别和数量进行评估	指数型
	区域链学科实力	区域链课程数量	考察该地区区块链课程建设情况，从学校级别和数里进行评估	指数型
产业基础（45%）	普通区块链企业资源	普通区块链企业数量	以区块链为主营业务的区块链企业数量	数值型
	区块链龙头企业资源	区块链龙头企业数量	市场具有一定影响力，具有较大产出的龙头区块链企业	数值型
	产业载体建设	区块链产业园或创业基地数量	当地区块链产业园区、基地、孵化器数量	数值型
	人才供给	高校人才数量	考察当地高校人才储备；考虑高铁极大地缩短了交通时间，使空间对于人才流动的限制因素已经变小。因此，选取该城市所在省的高校（以全国前100名高校为准）	数值型

续表

一级指标	二级指标	三级指标	说明	指标类型
产业基础 （45%）	人才供给	计算机专业薪酬	考察该地计算机行业薪酬对人才的吸引力	数值型
资本支持 （15%）	政府基金 支持力度	基金总规模	考察当地政府区块链基金支持情况	数值型
	投融资情况	市场投融资 总金额	考察当地市场资金活跃度情况	数值型

资料来源：赛迪（青岛）区块链研究院。

（2）亿欧智库发布"2018 中国区块链产业发展城市排行榜"中的指标评估体系。亿欧智库（EO Intelligence）中国区块链产业发展城市排行榜基于企业规模、政策基础、专利基础、人才基础和资本环境五个维度测评。确定指标结构后，亿欧智库采用层次分析法确定五个指标的权重，分别为：企业规模占 35%（企业规模基于城市区块链企业的数量）；资本环境占 19%（资本环境基于城市发生的区块链相关投资金额和频数）；政策基础占 17%（政策基础基于各城市出台的区块链相关政策、产业园数量）；人才基础占 15%（人才基础基于各城市的高校区块链相关课程及区块链相关人才数量）；专利基础占 14%（专利基础基于各城市专利数量）。

通过数据计算、公开资料整理以及专家评测等方式，最终对各项结果进行无量纲化处理，以十分制的形式展现得分结果，根据指标权重计算得到最终 20 座城市排名的结果。

1）中国区块链产业发展指数以 2016 年为基期年，通过——对比法确定指标权重基期年份选取：2018 年中国区块链产业发展指数，主要是反映中国区块链产业发展现状，我们考虑用某一历史年份作为基期年份，以基期年份指标值为基准来计算指标的增速，从而测定当前年份指标值的发展速度。在基期年份选取上，根据可操作性原则，综合考虑可获得数据的一致性和连续性后，确定以 2016 年为基期年。

2）指标权重确定：在综合考虑各种赋权方法优劣基础上，本报告对于二级指标采用——对比打分法，建立比较判断优选矩阵。对于三级指标，重要程度相当。在比较各种赋权方法之后，本报告采用"等权法"进行权数的分配，即各个三级指标均为 1/n。

3）计算指数值：因为可能存在某些指标增速过高或过低的情况，导致指标增速之间不可比，从而造成整个指标体系失真。因此，将指标增速的基准值设定为该指标的两年平均值，可以把指标增速范围控制在 $[-200, 200]$ 的区间内。中国区块链产业发展指数指标及权值如表 2-14 所示。

表 2-14 中国区块链产业发展指数指标及权重

一级指标	二级指标（权重）	三级指标（权重）
中国区块链产业发展指数	企业活跃度指数（0.3）	企业数量（1/2）
		专利数量（1/2）
	投融资活跃度指数（0.3）	投资频数（1/2）
		投资金额（1/2）
	学术活跃度指数（0.2）	学术论文数量（1/2）
		设立区块链课程高校数量（1/2）
	政府活跃度指数（0.2）	中央区块链相关政策数量（1/3）
		地方区块链相关政策数量（1/3）
		区块链产业园数量（1/3）

资料来源：亿欧智库。

4. 本书区块链指数指标评估体系与赛迪、亿欧智库的比较

本书 2018 中国区块链产业指数研究报告中的区块链指数指标评估体系，与赛迪区块链研究院 2018 年 12 月 7 日发布的《中国城市区块链发展水平评估报告（2018）》和亿欧智库于 2018 年 12 月中旬发布的"2018 中国区块链产业发展城市排行榜"中的指标评估体系进行比较，虽然三方都是智库机构，但由于三方各具有不同的研究重点和对象，所以有不完全相同的表现和着力点。赛迪（青岛）区块链研究院从属于中国工业和信息化部下面的一个研究机构，有半官方半民间研究的特点和优势，偏重于行业部门监管角度考虑设置测评区块链指数指标体系；亿欧智库本身就是企业的智库，主要从事对企业的研究，偏重从企业角度设置测评区块链指数指标体系，而本书的作者和团队是由广东省金融创新研究会牵头，既有中国人民银行、工信部、发改委、商务部的专家学者，也有北京大学、清华大学、中国科学院大学、中山大学、广东财经大学的高校教授；既有中国经济体制改革研究会、中国电子学会、中国计算机学会、中国电子商会社团组织的代表，也有美国分布式商业应用公司、火币中国等区块链企业及平台的专家携手共同组成的研究团队。偏重于对区块链指数立体型综合的研究来设置测评区块链指数指标体系。

具体来讲，本书对 2018 中国区块链产业指数指标评估体系的设置，较之赛迪区块链研究院和亿欧智库而言，具有以下几个特点：

一是视角宏观性和前瞻性上差距明显。相对地讲，亿欧智库对 2018 中国区块链指数指标体系的设置，偏重于微观，偏重于企业；赛迪（青岛）区块链研究院对 2018 中国区块链指数指标体系的设置，偏重于中观，偏重于国家职能部门；而本书对 2018 中国区块链指数指标体系的设置，偏重于宏观性，同时又能将微观、中观和宏观有机结合起来进行研究和对指数指标体系的设置。比如，本书的指标体系中有：社会贡献、区块链顶层设计等宏观战略指标，而另外两家都没有。特别是对区块链产业发展的前瞻性方面，本书的指标体系中设置有：场景应用、社会环境、风控环境、资金绩效等独有的全新的前瞻战略意义的指数指标，而另外两家都没有。

二是内容相对更加丰富丰满。赛迪（青岛）区块链研究院对 2018 中国区块链指数指标体系的设置，5 项一级指标、10 项二级指标、15 项三级指标；亿欧智库对 2018 中国区块链指数指标体系的设置，1 项一级指标、4 项二级指标、9 项三级指标，而本书有 5 项一级指标、14 项二级指标、34 项三级指标。本书二级指标的设置数量，与赛迪（青岛）区块链研究院和亿欧智库两家合计数持平；三级指数指标比两家合计数还多 10 项。

三是表述相对细化具体和可操作。在对 2018 中国区块链指数指标评测说明中，赛迪（青岛）区块链研究院主要从概念上作些说明，亿欧智库则没有作说明，而本书对每一项指数指标，都做了详细的说明，便于测评中实际操作。亿欧智库关于 2018 中国区块链指数研究报告三级指标仅 9 项，赛迪（青岛）区块链研究院为 15 项，而本书有 34 项，本书三级指标的项目数量超过了两者的总和。不仅在数量上、质量上亿欧智库没有列出指标类型，赛迪（青岛）区块链研究院 15 项三级指标中有 9 项为数值性，其他 6 项不是；而本书 34 项三级指标中有 32 项为数值性，只有 2 项不是，因此可见，本书强调的是用数据说话，用定量分析，以确保指数的科学性和准确性。

第三章

2018 中国省级区块链产业指数的测算与评价

根据第二章选择的 28 个省（区、直辖市）作为测评对象，在本章中，我们将根据给出的这些省（区、直辖市）的区块链发展整体指数进行测算，并将测算结果得分进行排名和评价。同时，分门别类地给出这些省（区、直辖市）在整体指数细分项的规模基础、资金实力、创新能力、生态环境、社会贡献这五个二级指数指标，并进行测算，将测算结果进行排名且对其进行评价。

第一节　2018 中国省级区块链产业整体指数的测算结果及评价

本书选择测算的 28 个省（区、直辖市）具体名册如表 3-1 所示。

表 3-1　28 个省（区、直辖市）

地区	省级名单
直辖市（4 个）	北京、上海、天津、重庆
华东地区（4 个）	安徽、江苏、山东、浙江
华南地区（4 个）	福建、广东、广西、海南
华北地区（3 个）	河北、内蒙古、山西
华中地区（4 个）	河南、湖南、湖北、江西
西南地区（3 个）	贵州、四川、云南
西北地区（3 个）	陕西、甘肃、新疆
东北地区（3 个）	吉林、辽宁、黑龙江

资料来源：根据相关资料整理。

一、2018 中国省级区块链产业整体指数测算结果排名

如图 3-1 所示，这 28 个省（区、直辖市）区块链整体指数的排名结果依次是：广东、北京、上海、浙江、四川、福建、山东、江苏、天津、贵州、湖北、湖南、安徽、海南、重庆、陕西、河南、江西、辽宁、河北、广西、黑龙江、云南、新疆、吉林、内蒙古、山西、甘肃。

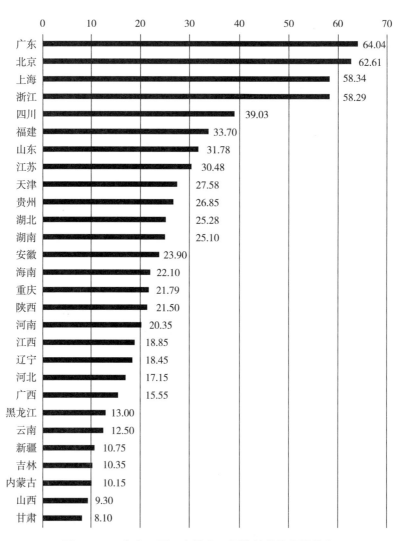

图 3-1　28 个省（区、直辖市）区块链整体指数排名

资料来源：根据相关资料整理。

排名第一的广东得分 64.04，排名最后的甘肃得分 8.10。

表 3-2 为 28 个省（区、直辖市）区块链整体指数的统计分析，我们选取了"标准离差率"作为衡量各省之间整体指数发展水平差距的指标。标准离差率越大表明该群体内省份之间的发展水平相差越大，标准离差率越小，说明该群体内省份之间的发展水平相差越小。

表 3-2　28 个省（区、直辖市）区块链整体指数统计分析

整体指数	28 个省 （区、直辖市）	排名第一至 二的省	排名第三至 四的省	排名第五至 二十一的省	排名第二十二至 二十八的省
最大值	64.04	64.04	58.34	39.03	13
最小值	8.1	62.61	58.29	15.55	8.1
平均值	26.317	63.325	58.315	24.673	10.593
标准离差率	0.622	0.016	0.059	0.257	0.162

资料来源：根据相关资料整理。

经过计算，这 28 个省（区、直辖市）的标准离差率为 0.622。进一步计算几个省份群之间的标准离差率，找到一些发展水平比较接近的省份群。

排名前第一至二位的省，排名第三、四位的省，排名第五至二十一位的省，排名第二十二至二十八位的省之间标准离差率都相当小，分别为 0.016、0.059、0.257 和 0.162。这四个省份群可以各自归为一类。

广东、北京为第一个省份群。上海、浙江为第二个省份群。从四川开始，福建、山东、江苏、天津、贵州、湖北、湖南、安徽、海南、重庆、陕西、河南、江西、辽宁、河北、广西为第三个省份群。从黑龙江开始，云南、新疆、吉林、内蒙古、山西、甘肃为第四个省份群。

第一个省份群中排名最后的北京比紧随其后的上海高出 4 分多。第二个省份群中排名最后的浙江高出第三个省份群中排名第一的四川 19 分多。排名前四的这四个省（区、直辖市）在整体水平上遥遥领先所有其他省。第三个省份群中排名最后的广西高出最后一个省份群中排名第一的黑龙江 2 分多。

这几个群体之间壁垒分明，相差很大。从这几个省份群看出，经济最发达的沿海省份和北京遥遥领先，西南省份四川异军突起，中东部和部分西南省份紧随其后，而东三省、大部分西南省份和西北省份垫底。

为了更详细地分析这 28 个省（区、直辖市）在整体指数中各个细分项的表现，我们罗列了包含每个细分项的整体指数排名（见表 3-3）。

表 3-3　28 个省（区、直辖市）整体指数及各细分项指数排名

	整体指数 （100分）	规模基础 （28分）	资金实力 （17分）	创新能力 （25分）	生态环境 （20分）	社会贡献 （10分）
广东	64.04	19.20	13.10	12.54	10.00	9.20
北京	62.61	18.15	9.80	13.16	12.00	9.50
上海	58.34	16.20	9.60	11.04	12.50	9.00
浙江	58.29	17.25	8.60	10.14	13.50	8.80
四川	39.03	11.55	3.20	8.18	9.00	7.10
福建	33.70	13.00	2.10	5.90	9.80	2.90
山东	31.78	13.75	0.10	6.68	7.40	3.85
江苏	30.48	12.25	0.60	5.98	5.90	5.75
天津	27.58	12.45	0.00	4.98	6.90	3.25
贵州	26.85	10.55	0.10	3.30	10.80	2.10
湖北	25.28	9.65	0.20	5.68	4.80	4.95
湖南	25.10	11.00	0.20	4.60	7.20	2.10
安徽	23.90	10.50	0.00	4.80	6.30	2.30
海南	22.10	10.75	0.00	3.80	4.90	2.65
重庆	21.79	7.55	0.10	5.24	6.80	2.10
陕西	21.50	9.80	0.20	5.10	3.70	2.70
河南	20.35	10.20	0.00	3.80	4.30	2.05
江西	18.85	8.10	0.00	3.30	7.00	0.45
辽宁	18.45	8.20	0.00	3.80	5.80	0.65
河北	17.15	7.80	0.00	2.80	6.10	0.45
广西	15.55	6.70	0.00	2.80	5.60	0.45
黑龙江	13.00	5.65	0.00	2.80	4.10	0.45
云南	12.50	6.05	0.00	2.40	3.60	0.45
新疆	10.75	5.00	0.00	1.80	3.60	0.35
吉林	10.35	5.00	0.00	1.90	3.10	0.35
内蒙古	10.15	3.50	0.00	2.30	4.10	0.25
山西	9.30	3.45	0.00	1.90	3.70	0.25
甘肃	8.10	1.50	0.00	1.40	5.00	0.20

资料来源：根据相关资料整理。

表 3-3 为 28 个省（区、直辖市）整体指数及各细分项指数的排名。整体指数满分为 100 分，有五个组成部分：规模基础（28 分）、资金实力（17 分）、创新能力（25 分）、生态环境（20 分）和社会贡献（10 分）。

表 3-3 中的规模基础主要反映的是当地区块链企业、区块链服务机构和组织

的数量与质量，是一个综合的生态。区块链产业并不是一个单独的产业，它依赖于软件、互联网、大数据、人工智能等相关产业和学科，因此它所依赖的这些产业的发展状况将直接影响区块链产业的发展，规模基础就是这些产业在当地长期发展和积累的成果，是综合实力的表现。这一项得分越高表示当地区块链企业及相关服务机构组织的数量和质量综合实力就越强。

表 3-3 中的资金实力主要反映的是当地投资机构对区块链产业的投资状况、区块链企业的融资状况以及投融资的资金绩效。高科技产业离不开风险投资的投入。互联网、人工智能、大数据等高科技产业的发展如果没有风险投资的大规模投入，不可能发展到今天的地步，取得今天的成就。全世界高科技重镇之一美国硅谷既是高科技公司的摇篮也是风险投资的天堂，区块链产业也一样，离不开风险投资的投入，区块链初创公司的发展也离不开融资。这一项得分越高反映当地风险投资对区块链产业的投资力度越大，当地企业的融资规模越大，以及资金绩效越高。

表 3-3 中的创新能力主要反映人才、专利及科研成果。区块链产业是高科技产业，它的发展完全依赖人才，尤其是高素质人才的从业。这一项得分越高反映当地的人才数量和质量的综合水平就越高，专利及科研成果的获得也越多。

表 3-3 中的生态环境主要反映当地对区块链产业的支持力度和形成的产业氛围。只有好的产业氛围，积极的引导政策，才能吸引区块链企业的入驻，才能形成产业规模。这一项得分越高反映当地政府、民间对区块链技术的接纳度越高，了解越多，氛围也越友好。

表 3-3 中的社会贡献主要反映当地区块链产业实际产生的经济效益以及对相关产业的拉动。区块链技术只有应用到具体行业和实体经济中，提高其效益，切实给社会和人民的生活带来好处才能真正普及，这是任何一项科技必须具备的特性。"科学技术是第一生产力"说的就是这个道理。这一项得分越高反映区块链技术对实体产业、人民生活带来的实际效益也越高。

在表 3-4 中，罗列了 28 个省（区、直辖市）的整体指数和整体指数所包含的五个细分项的统计数据。这五个细分项是：规模基础、资金实力、创新能力、生态环境和社会贡献。表 3-4 反映的是 28 个省（区、直辖市）在区块链整体指数的各项细分指标上发展的均衡度及差异。

表 3-4 28 个省（区、直辖市）整体指数及各细分项指数统计分析

指数种类	整体指数	规模基础	资金实力	创新能力	生态环境	社会贡献
最大值	64.04	19.2	13.1	13.16	12.5	9.7
最小值	8.1	1.5	0	1.4	3.1	1.4

续表

指数种类	整体指数	规模基础	资金实力	创新能力	生态环境	社会贡献
平均值	26.317	9.813	1.711	5.076	6.696	4.305
标准离差率	0.622	0.362	2.155	0.638	0.439	0.671

资料来源：根据相关资料整理。

为了直观和进一步分析研究 28 个省（区、直辖市）整体指数所包含的每一项的发展状况，我们绘制了它们在规模基础、资金实力、创新能力、生态环境、社会贡献五个方面的雷达图，如图 3-2 所示。

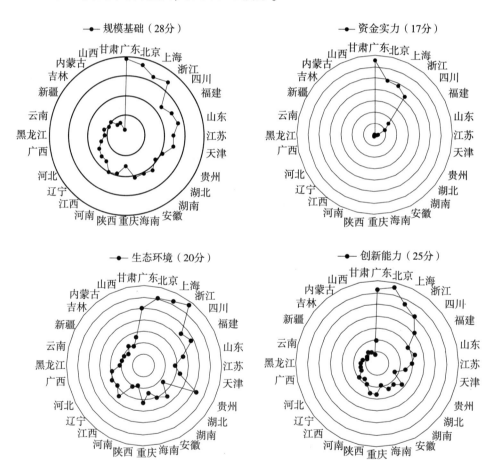

图 3-2　28 个省（区、直辖市）区块链整体指数雷达图

资料来源：根据相关资料整理。

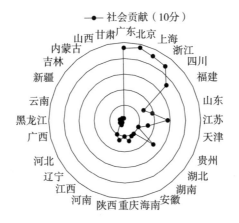

图3-2 28个省（区、直辖市）区块链整体指数雷达图（续）

资料来源：根据相关资料整理。

雷达图共有 28 个轴，每个轴代表一个省（区、直辖市）在该项的得分。每个轴表示一个省（区、直辖市）的表现。轴上的点越接近轴顶点则表示那个省（区、直辖市）的状况越好，反之则越差。

二、2018 中国省级区块链产业指数的评价

1. 整体指数排名的纵向比较及分析

综观 28 个省（区、直辖市）在整体指数方面的图表及统计数据分析，我们可以发现以下几个特点：

（1）几个省份群之间的整体发展水平差距较大，已经形成了壁垒分明的层次。普遍来说，东南沿海省份及北京的发展水平领先，中部和西南省份紧随其后，东三省和西北省份的发展水平最为落后。

（2）排名前两位的广东和北京得分非常接近，超过排名第三的上海4分。广东、北京领先上海的主要在规模基础和创新能力这两方面。广东和北京在区块链产业上已经遥遥领先全国所有省份。

（3）广东在整体得分上排名第一主要得益于深圳和广州两个城市的发展。

（4）排名第四的浙江与排名第五的上海差距已经非常小，浙江有后来赶超的趋势。

（5）排名第四的浙江和排名第五的四川之间差距最大的是规模基础和资金实力，在创新能力和生态环境方面也差距较大。这说明东南沿海省份主要在规模基础、资金实力、创新能力和生态环境方面领先中部和西南省份。这一方面说明

东南沿海省份长期在信息及高科技产业方面发展积累了丰硕的成果，另一方面说明东南沿海省份的整体社会环境和政策环境对区块链产业比其他省份要好很多。

（6）在这份排名中，四川位居第五，主要在创新能力和社会贡献方面领先排名其后的福建。四川作为一个典型的西南内陆省份，脱颖而出，领先于其他中部和西南省份甚至包括一些东南沿海省份，这说明四川的区块链产业依托于创新和与实体经济的结合方面取得了较为显著的成效。

（7）第三个群体中排名最后的广西高出第四个群体中排名第一的黑龙江2分多，主要在规模基础和生态环境方面高出很多。

（8）贵州在传统印象中是经济落后的西南内陆省份，无论在传统行业还是在高科技行业都是较为落后的省份，但此次贵州排名第十。从细分项得分我们看出贵州主要领先在生态环境方面。近些年，贵州省政府一直在大数据产业方面着力很深并且已经取得了很好的成效。现在贵州省政府继续在区块链产业方面出台各类措施鼓励产业发展并为当地努力营造良好的生态环境，贵州省政府努力甩开了不少无论在资金实力还是创新能力都要强很多的沿海省份，比如湖北和湖南。

（9）整体指数的满分是100分，但28个省（区、直辖市）中，仅有广东和北京两地超过了及格线60分，这说明整体而言，我国各省区块链整体的发展水平仍然处于非常薄弱的阶段，是产业发展的初期。

2. 对各省（区、直辖市）在整体指数方面的发展建议

广东：在整体指数的得分上排名第一。但是，仔细观察各细分项得分会发现广东在创新能力和生态环境上的得分较为落后。此外，广东省区块链产业的发展主要依赖深圳和广州，其他城市发展还较为落后。

生态环境是广东落后于其他省份的主要方面。这表明广东在营造区块链产业发展的生态环境方面努力明显不够。区块链作为一个新兴的产业，各地的起点都相差不大，在这种情况下，生态环境的营造在很大程度上有赖于政府的推动和努力。因此，我们对广东省的主要建议是政府要积极行动起来改善当地的生态环境，努力出台政策为区块链企业创造好的氛围。这一方面包括营造对企业发展有利的营商环境，鼓励区块链企业的创业和发展；另一方面也包括营造良好的社会氛围，对大众做区块链技术的普及推广，让全社会都增进对区块链技术和应用的理解，让大众尽快接纳新技术。

在创新能力方面，广东落后于北京，虽然北京在教育、科研和人才方面有先天的优势，但并不意味着广东在此方面就无法作为。区块链产业作为一个新兴的产业和技术门类，目前在技术人才的培养方面，全球都是空白。广东可以在区块链人才的培养、教育方面努力，调动高校、社会培训机构加大对区块链高技术人才的培养；出台政策积极引进区块链方面的专才；同时鼓励企业和科研机构对区块链技术的研发和专利申请。

对于广东省内各城市区块链产业发展的不均衡，建议政府多鼓励其他产业经济发达的城市比如佛山、东莞等发展区块链产业，利用区块链技术改造并进一步提升它们在传统产业方面的优势。

北京：在整体指数的排名位居第二，仔细观察各细分项得分会发现北京在规模基础和资金实力方面与广东有差距。

北京作为全国的高科技中心，在传统高科技领域无论是企业发展还是风投的活跃度方面都有着先天的优势。但在这份排名中却落后于广东，这表明北京的企业尚在区块链这个新兴领域方面欠缺积极性，对这个领域的投资也稍显保守。

因此，对北京是建议政府积极出台政策鼓励创业者在区块链领域的创业，协助区块链企业的成长，尤其对有上市潜力的公司创造好的环境，鼓励企业上市。在资金实力方面，出台政策鼓励各类社会资金加大对区块链企业和技术的投资。

上海：在整体指数的排名上位居第三。仔细观察各细分项会发现上海在规模基础和创新能力方面弱于广东和北京。因此，对上海的建议是在区块链企业规模的增长和创新能力的培养方面努力。具体地说可以从以下两方面入手。

在区块链企业规模增长方面和北京类似，积极出台政策帮助区块链企业成长，积极鼓励创业者在区块链领域创业，并扶植有上市潜力的公司上市。

在增强创新能力方面，积极鼓励高校，教育和社会培训机构对区块链人才的培养；出台政策积极引进区块链方面的人才；鼓励企业和科研机构加大对区块链技术的研发和专利申请。

浙江：在整体指数的排名上位居第四。浙江省的主要成就来自杭州和宁波。仔细观察各细分项指标发现浙江省主要在创新能力方面大幅落后于排名前三位的省（区、直辖市）。这是由于客观因素的存在，北京、上海、广东在教育方面有先天的优势，并且经过 20 多年的发展积累了一大批高科技人才，而浙江在这方面还有一定差距。因此，对浙江的建议是加大对区块链产业创新能力的培养，政府要出台政策积极鼓励高校、教育和社会培训机构对区块链人才的培养；出台政策积极引进区块链方面的人才；鼓励企业和科研机构加大对区块链技术的研发和专利申请。

此外，浙江省的区块链产业主要集中在杭州，其次是宁波，其他地市仍然处于空白。因此，政府要多鼓励其他城市的区块链产业发展，其他地市可以多出台产业政策加强对区块链产业和企业的帮扶。

四川、福建：四川、福建两省分列第五、第六。仔细观察各细分项指标会发现它们在规模基础、资金实力和创新能力这三方面与排名前列的省份差距都较大。

因此，我们对四川、福建的建议是在规模基础、资金实力和创新能力这三方面都下了很大功夫。

在区块链企业规模增长方面和北京类似，积极出台政策帮助区块链企业成长，积极鼓励创业者在区块链领域创业，并扶植有上市潜力的公司上市。

在加强资金实力方面，积极创造条件鼓励社会资金和风险投资进入区块链领域；同时积极协助有融资需求的企业对接投资基金。

在增强创新能力方面，积极鼓励高校、教育和社会培训机构对区块链人才的培养；出台政策积极引进区块链方面的人才；鼓励企业和科研机构加大对区块链技术的研发和专利申请。

此外四川和福建区块链产业的发展都极为不平衡，四川主要依赖成都，福建主要依赖厦门。因此这两省要鼓励其他地市多加强对区块链产业和企业的帮扶。

贵州：贵州排名第十，作为传统产业发展较落后的省份在区块链产业的发展能取得这个成绩很难得。贵州省最突出的地方在于生态环境的建设，贵州政府在发展区块链产业方面出台了大量的产业政策，但在其他方面与先进省份相比都有较大的差距。因此，对贵州省的建议是政府利用已经形成的良好的生态环境，继续发挥在政策制定方面的积极性，出台政策吸引区块链企业来贵州发展，吸引风险投资来贵州投资区块链企业，并大力吸引人才来贵州参与区块链产业的发展。

贵州省区块链产业的发展主要依赖于贵阳。考虑到贵州省整体还处于较落后的状况，资源还有很大的限制，因此建议继续加大力度扶植贵阳在区块链产业的发展，在贵阳积累了一定的经验和优势后，再逐步加大对省内其他城市发展区块链产业的支持力度。

山东、江苏、天津、湖北、湖南、陕西、辽宁、重庆、安徽、海南、河北、江西、河南、广西、黑龙江、云南、山西、吉林、新疆、内蒙古、甘肃：这些省份的排名从第七到二十八位不等。虽然这些省份之间发展的差距较大，但基本上面临的问题都很相似，主要在资金实力和创新能力上较欠缺，这两项和排名前六的省份差距较大。因此我们对这些省份的建议是从资金实力和创新能力方面入手。

资金实力主要反映的是当地风险投资对区块链企业的投资以及当地企业进行的融资。这和当地高科技产业的发展有关。一般而言，高科技产业发达的地区会有较成熟的风险投资氛围和经验，而欠发达的地区高科技行业较少，风险投资以及初创企业的融资也不太活跃。这些地区除了湖北省以外普遍高科技产业不算发达，因此风险投资氛围和融资氛围较弱。湖北省因为有武汉这个中部光谷的存在，在高科技产业方面有相当的基础。但总体而言，这些省份的政府可以以积极的态度出台政策鼓励风险投资对当地区块链企业的投资和融资，为有融资和投资需求的企业架起桥梁。

在创新能力的培养方面，我们的建议类似广东，政府要积极出台政策调动高校、社会培训机构加大对区块链高技术人才的培养；出台政策积极引进区块链方面的专才；同时鼓励企业和科研机构对区块链技术的研发和专利申请。

尤其要指出的是，江苏和湖北都拥有非常雄厚的科研基础和教育基础，因此这两省应该对这些先天优势加以利用以期在区块链创新能力方面有更好的作为。

这些省份省内各城市的区块链产业发展都极不均衡，基本上产业都集中在某一个城市。绝大部分省的区块链产业集中在省会城市。少数省份集中在信息产业较发达的城市或政府力推区块链产业的城市，比如山东集中在青岛，江苏集中在苏州，江西集中在赣州，辽宁集中在大连。对于经济发展较快的省份比如山东、江苏、湖北要大力扶植省内其他城市在区块链产业方面的发展。对于经济发展较慢的城市，可以先集中资源发展个别城市，再逐步推动产业在省内其他城市的发展。

3. 整体指数细分项的横向比较及分析

在表 3-4 中，我们对整体指数和各细分项指数都做了统计分析，其中整体指数的标准离差率为 0.622，以此为标准衡量其他各细分项指数的离差率，如果某项指数的离差率高于 0.622，就认为那一项指标上 28 个省份的发展不均衡，之间差距较大；如果某项指数的离差率低于 0.622，就认为那一项的指标上 28 个省份的发展较均衡，之间差距较小。离差率的值越大则表示发展越不均衡，离差率的值越小则表示发展越均衡。

在图 3-2 中，对 28 个省份在整体指数的各个细分项上进行了图形展示，每个轴表示每个省（区、直辖市）在那个指标上的表现，如果得分离顶点越近则那个省（区、直辖市）在那个指标上发展越好；如果离顶点越远则那个省（区、直辖市）在那个指标上发展越差。

从表 3-4 各项细分指数的统计分析和图 3-2 中可以看出，这 28 个省份在五个细分领域的发展上有以下特点：

（1）28 个省（区、直辖市）在规模基础方面发展差距最小。这是因为区块链产业是个新兴产业，各地的发展都还处在起步阶段，因此即便有差距，也不大，这一项未来的发展变数会很大。

（2）28 个省（区、直辖市）在生态环境发面发展差距较小。这是因为这一项受各地的先天客观因素影响较小。区块链产业是个新兴产业。生态环境的建设和发展在这个初始阶段主要受到政府政策的影响，经过 2017 年和 2018 年国家对区块链技术的态度和产业政策更加明确，各地也纷纷开始意识到区块链产业的重要性，开始注意这方面生态环境的建设，出台各类政策。因此，在这方面即便有些省份的力度较大，生态环境较好，但领先的幅度也不是遥不可及，仍然有可追赶的空间。

（3）28个省（区、直辖市）在社会贡献方面差距较大，省际之间不均衡。这和各地区块链产业发展的程度以及传统行业和高科技行业的发展水平都有关。区块链技术要对社会做出贡献必须要结合实体经济和各行各业的具体应用场景。因此，传统经济和高科技产业较发达的地区并且区块链规模基础指数得分较高的地区这一项普遍得分也较高。这说明在这些发达地区，区块链企业的成长也带动了区块链技术在各行各业的应用，进而促进了技术对社会的贡献。

（4）28个省（区、直辖市）在创新能力方面差距较大，省级之间不均衡。这和各地区的（主要是教育和科技）发展水平关系较大。

创新能力主要表现在人才数量、质量和科研成果。区块链产业根植于软件和互联网，区块链技术源自数学、软件和互联网，因此在自然科学和信息产业方面有教育、人才和科研优势的地区也相对容易就能把原有的优势继续发挥到区块链产业。

从分项指数排名可以看出，基本上传统教育和科研有相当好基础的省份在这一项得分都不低，而且整体指数排名越靠前的，这一项得分基本也都越高。

（5）28个省（区、直辖市）在资金实力方面差距最大。这一项主要衡量的是当地的风险投资状况和区块链企业的融资状况。笔者认为，这一项和各地的经济实力、投资环境及营商氛围密切相关，东南沿海省份的实力明显会高出内地尤其是较落后的东三省和西北地区很多。

（6）28个省（区、直辖市）在生态环境上的发展状况有差距，但差距相对容易弥补。区块链产业发展的生态环境主要靠当地政府和社会的积极推动以及正确引导来营造。现在区块链产业还处在发展初期，大家的起点都很接近，即便是领先的省份领先的幅度也还不是很大。

有些发达地区有先天的渠道和信息优势，因此当地社会对区块链技术的接纳和态度会开放和积极很多，在这些地区即便政府没有太多的举动，当地也有很好的生态环境，北京就是这方面的典型。

有些落后地区没有北京那样的优势，但当地政府对区块链技术一直保持高度关注并对产业进行各方面的扶植，通过政府的力量在当地营造生态环境也能取得很好的成效，这方面贵州是典型。

如果既有先天优势，又有政府的大力推动，那么当地的生态环境就会发展得更快、更健全。这方面浙江是典型。

总体来说，这28个省（区、直辖市）中，几乎绝大部分政府已经意识到了区块链产业的重要性，并且出台了大量的政策，引导和扶植当地区块链产业的发展，并为产业的发展营造良好的社会氛围。

（7）28 个省（区、直辖市）区块链产业的社会贡献初见成效。区块链技术作为新兴的技术，虽然诞生时间不长，并且还处于发展初期，但技术的迅速发展已经开始在各行各业中得到一定的应用和推广，并初步取得一定的成效。这方面尤其是排名前四的省（区、直辖市）成效最为明显，而排名较后者则还有很大差距。

由于区块链产业根植于信息产业并和多个行业密切相关，因此区块链产业的发展也会极大拉动其他产业比如人工智能、大数据、供应链、金融、电子政务、法务、存证、服务业等的增长。因此区块链产业的发展不仅仅为某个产业带来效益，而是会拉动相关产业共同发展。

（8）28 个省（区、直辖市）在规模基础方面的表现普遍强于它们在其他方面的指标。区块链产业所依赖的软件、互联网、大数据、人工智能等产业在我国已经有了一定的发展，形成了一定的规模和基础，尤其是互联网和移动互联网产业，我国已经诞生了一批国际级的巨头公司。这些信息产业的巨头为我国信息产业的发展奠定了坚实的基础，这些优势可以自然地发挥到区块链产业。因此，我国发展区块链产业有着很好的基础条件。这些省份中尤其以广东、北京、上海、浙江的表现尤为突出。

广东省尤其是深圳有一系列我国信息产业的巨头：华为、腾讯等，还有大量中小创业公司。这些在信息产业有着良好基础的公司纷纷积极布局区块链产业，并且已经取得了很好的成效。

这从另一个角度表明高科技产业发展的重要性。高科技产业的发展不仅对本产业的发展有益，而且对未来可能的新兴产业发展也能打下很好的基础，起到强大的推动作用。

（9）28 个省（区、直辖市）在区块链产业方面普遍创新能力较弱。区块链产业的创新能力主要表现为当地人才的供给和质量以及科研成果的取得，所有 28 个省（区、直辖市）在创新能力方面和其他方面相比均表现较弱。

这既受到区块链产业目前发展状况的限制，也和各地目前在这方面的重视程度不够有关。

首先，区块链产业还在发展初期，无论是基础技术还是应用技术，积累都还欠缺，因此在这个领域取得的科研成果都还有限，专利也不多。

其次，传统信息产业及互联网领域的科研人员和技术人员还没有大量关注这个领域，因此目前在这个领域进行科研及开发的技术人员也很有限。

最后，区块链技术虽然源自软件和互联网技术，但也有自身的特点，是一个相对独立的技术门类，因此要在这个领域取得一定的科研成果和专利也必须经过一段时间的研究和积累。我国在区块链领域的科研人员无论在人数还是质量上在这方面还比较欠缺。

（10）28个省（区、直辖市）在资金实力方面相对其他方面表现最弱。这一项主要反映的是区块链产业的投融资活动及投融资的绩效。

比特币在2009年上线，截至2019年已经过了十年。这十年区块链产业的飞速发展以及各类数字货币价格的狂飙吸引了大量的资金进入这个领域，并且还出现了新兴的募资方式ICO。ICO在发展初期不受任何监管，因此吸引了大量资金进入这个领域，但随着ICO在我国被取缔，大量资金又离开了这个领域。这说明这些资金中大部分都是投机资金，并且都不是投入到区块链产业和技术发展中的，而是投入到数字货币的投机买卖。这个得分也反映出大量的投资机构表现得相对理性，并未参与到大量的数字货币投机中，但同时也没有像想象的那样对这个产业进行频繁和大额投资。即便有对产业企业的投资，那个规模和传统互联网企业某一轮融资就能达到几亿甚至十几亿美元的融资规模相比也是小巫见大巫了。

我们认为这是由于区块链产业仍然处于早期阶段，尚未表现出明显的发展趋势，也没有形成可行的盈利模式，因此大量投资机构还没有成规模地向这个产业进行巨额高频的投资。

区块链企业的融资也会受到投资氛围的影响。由于投资的限制，企业在融资方面也会处于比较艰难的阶段。

4. 对产业整体发展的宏观建议

从以上分析观察来看，当前发展区块链产业从全局和整体上考虑，宏观方面有以下几点建议：

（1）大力加强人才的培养，尤其是高质量人才的培养。这主要可以从以下几方面入手：

一是在全国各大高校中积极发展区块链课程和专业。高等学校是我国培养高质量人才的核心机构。要为区块链产业源源不断地输入人才就需要在高校设立相关的课程和专业，从人才方面为产业的发展做准备，提供资源。

二是积极鼓励商业培训机构投入到区块链人才的培训中来。我国互联网和软件业经过二十多年的发展和积累，也形成了一定的基础，并培养造就了一大批经验丰富、功底扎实的工程师，这些人才在经过一定的培训和学习后可以迅速到区块链产业中从业和发展，他们是我国在区块链产业发展方面宝贵的资源。商业培训机构在这方面能发挥巨大的作用。

三是尽快出台政策对区块链技术方面的科研和专利进行奖励，鼓励企业和高校大力进行区块链技术的研发。

（2）在各地营造良好的投资氛围和营商环境，鼓励社会资金积极投入到区块链产业的发展中来。这主要可以从以下几方面入手：

一是政府积极设立投资基金扶植和帮助区块链中小企业的成长和发展。

二是出台政策鼓励和支持社会资金对区块链产业的投入。

这不仅是对产业的资金支持，更重要的是能在全社会形成一个好的氛围和环境，让全社会都提高对该产业的认识和重视。

（3）各地在生态环境方面发展差距不大，这也是落后省份可以积极追赶的地方。这和当地政府的态度密切相关，当地政府如果更加积极地推动产业的发展，会让当地在生态环境方面见效很快。

（4）各省（区、直辖市）政府应该把区块链产业的发展作为一个长期目标和事业来对待。要从长远目标和方向来规划产业的发展，制定综合、全面、长期的政策扶植产业的发展。

第二节　2018 中国省级区块链规模基础指数的测算结果及评价

上一节我们将分别对每个细分项进行排名分析，在这一节，我们将给出这些省（区、直辖市）区块链规模基础指数的得分和排名。规模基础包含的细分指数项有区块链企业规模、区块链服务机构和区块链产业园。我们也会对这些细分项的发展情况进行分析比较。

一、2018 中国省级区块链规模基础指数测算结果排名

如图 3-3 所示，这 28 个省（区、直辖市）区块链规模基础指数的排名结果依次是：广东、北京、浙江、上海、山东、福建、天津、江苏、四川、湖南、海南、贵州、安徽、河南、陕西、湖北、辽宁、江西、河北、重庆、广西、云南、黑龙江、新疆、吉林、内蒙古、山西、甘肃。

排名第一的广东得分 19.2。排名最后的甘肃得分 1.5。

表 3-5 为 28 个省（区、直辖市）区块链规模基础指数的统计分析。选取了"标准离差率"作为衡量省份之间发展水平差距的指标，标准离差率越大，则该群体内省份之间的发展水平相差较大，标准离差率越小则该群体内省份之间的发展水平相差就越小。

图3-3 28个省（区、直辖市）区块链规模基础指数排名

资料来源：根据相关资料整理。

表3-5 28个省（区、直辖市）区块链规模基础指数统计分析

规模基础指数	28个省 （区、直辖市）	排名第一至 四的省	排名第五至 十六的省	排名第十七至 二十的省	排名第二十一至 二十五的省
最大值	19.2	19.2	13.75	8.2	6.7
最小值	1.5	16.2	9.65	7.55	5
平均值	9.8125	17.7	11.2875	7.9125	5.68
标准离差率	0.362	0.107	0.116	0.037	0.128

资料来源：根据相关资料整理。

经过计算，这28个省（区、直辖市）的标准离差率为0.362。进一步计算几个省份群之间的标准离差率，找到一些发展水平比较接近的省份群。

排名第一至四的省、排名第五至十六的省、排名第十七至二十的省、排名第二十一至二十五的省份标准离差率都较小，分别为0.107、0.116、0.037和0.128。这四个群体可以各自归为一类。

广东、北京、浙江、上海为第一个发展水平较接近的省份群；山东、福建、天津、江苏、四川、湖南、海南、贵州、安徽、河南、陕西、湖北为第二个发展水平较接近的省份群；辽宁、江西、河北、重庆为第三个发展水平较接近的省份群；广西、云南、黑龙江、新疆、吉林为第四个发展水平较接近的省份群。

第一个省份群中各省之间的得分差距在1.2分以内，群体中排名最后的上海比紧随其后的第二个省份群中排第一的山东高出了超过2分，这个群体中的四个省份及直辖市在规模基础上遥遥领先于其他省份及直辖市。

第二个省份群中各省之间的得分差距都在1分以内，群体中排名最后的湖北比第三个省份群中排名第一的辽宁高出接近1.4分。

第三个省份群中各省之间的得分差距都在0.3分以内。群体中排名最后的重庆比紧随其后的省份群中排名第一的广西高出0.8分。

第四个省份群中各省之间的得分差距都在0.7分以内。

这几个省份群之间在规模基础上相差很大。明显呈现出东南沿海省份实力遥遥领先，除去最发达的沿海省份，紧随其后的便是四川省，中部、西南、东北和西北省份处于比较落后的位置。

东北、华北和西北省份总体而言处于最为落后的水平。

为了更详细分析这28个省（区、直辖市）在规模基础指数中每个细分项的表现，我们罗列了包含每个细分项的整体指数排名（见表3-6）。

表3-6　28个省（区、直辖市）区块链规模基础及各细分项指数排名

	规模基础指数（28分）	区块链企业规模（16分）	区块链服务机构（6分）	区块链产业园区（6分）
广东	19.2	15	1.9	2.3
北京	18.15	14.5	3.15	0.5
浙江	17.25	14.5	1.55	1.2
上海	16.2	12.5	2	1.7
山东	13.75	12.5	0.25	1
福建	13	12	1	0
天津	12.45	12	0.45	0

续表

	规模基础指数 （28分）	区块链企业规模 （16分）	区块链服务机构 （6分）	区块链产业园区 （6分）
江苏	12.25	11	0.25	1
四川	11.55	10.5	1.05	0
湖南	11	9.5	0.3	1.2
海南	10.75	10.5	0.25	0
贵州	10.55	10.5	0.05	0
安徽	10.5	10.5	0	0
河南	10.2	10	0.2	0
陕西	9.8	9.5	0.3	0
湖北	9.65	8.5	0.15	1
辽宁	8.2	8	0.2	0
江西	8.1	7	0.1	1
河北	7.8	6.5	0.3	1
重庆	7.55	5.5	0.05	2
广西	6.7	6.5	0.2	0
云南	6.05	6	0.05	0
黑龙江	5.65	5.5	0.15	0
新疆	5	5	0	0
吉林	5	5	0	0
内蒙古	3.5	3.5	0	0
山西	3.45	3	0.45	0
甘肃	1.5	1.5	0	0

资料来源：根据相关资料整理。

表3-6为28个省（区、直辖市）规模基础及各细分项指数的排名。规模基础指数满分为28分，有三个组成部分：区块链企业规模（16分）、区块链服务机构（6分）、区块链产业园（6分）。

表3-6中的区块链企业规模主要反映的是当地区块链企业的数量和质量。这是决定区块链产业发展水平最核心的要素，也是区块链产业发展的主体。区块链产业中企业的数量和质量直接关系产业发展的整体水平，因此这一项占的分数也最高。这一项的得分越高反映当地区块链企业的数量和质量综合水平越高。

表3-6中的区块链服务机构主要指当地的区块链媒体、行业组织和行业协

会、研究机构等，这些组织和机构对促进和协助产业的发展有着巨大的作用。它们是区块链产业发展中不可缺少的有机组成部分，是整个产业生态中的重要一员。它们对区块链知识的普及，促进行业间交流起着重要作用。在我国互联网产业的发展过程中，民间服务机构、媒体的广泛宣传就起到了巨大的助推作用，使得民众更容易接受互联网带来的新的行为方式和生活方式，区块链产业的发展同样离不开这个部分。这一项的得分越高反映当地媒体、行业组织、协会等机构越多，举办的相关专业活动也越多，这会直接或间接促进产业的发展。

表 3-6 中的区块链产业园主要指当地由政府、民间或企业成立创建的用于发展和聚集区块链企业的科技园区。区块链产业园有助于让企业间更方便地交流，协同发展，形成规模效应，更好更快地发挥企业能力，助力产业发展。这一项的得分越高反映当地区块链产业园的数量和质量综合水平就越高。

在表 3-7 中，统计了规模基础指数及其包含的三项：区块链企业规模、区块链服务机构、区块链产业园区的各个数据。这个表所反映的是 28 个省（区、直辖市）在规模基础各项细分指标上发展的均衡度及差异。

表 3-7　28 个省（区、直辖市）规模基础及各细分项指数统计分析

指数种类	规模基础	区块链企业规模	区块链服务机构	区块链产业园区
最大值	19.2	15	1.9	2.3
最小值	1.5	1.5	0	0
平均值	9.813	8.804	0.513	0.496
标准离差率	0.407	0.414	1.489	1.420

资料来源：根据相关资料整理。

为了更进一步分析研究 28 个省（区、直辖市）规模基础指数所包含的每一项的发展状况，我们绘制了 28 个省（区、直辖市）在区块链企业规模、区块链服务机构、区块链产业园区这三个方面的雷达图，如图 3-4 所示。

图 3-4 中我们对 28 个省（区、直辖市）在规模基础指数的各个细分项上进行了图形展示，每个轴表示 1 个省（区、直辖市）的表现。轴上的点越接近轴顶点则表示那省或直辖市的状况越好，反之则越差。

二、2018 中国省级区块链规模基础指数的评价

1. 规模基础指数排名的纵向比较及分析

综观 28 个省（区、直辖市）在规模基础方面的图表及统计数据分析，可以

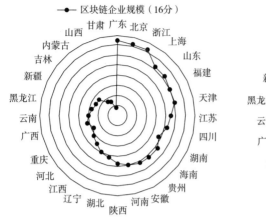 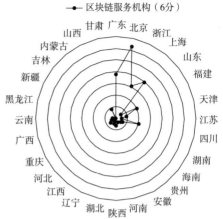

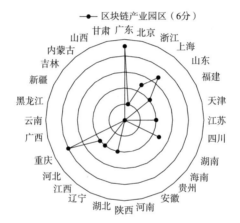

图3-4 28个省（区、直辖市）区块链规模基础指数雷达图
资料来源：根据相关资料整理。

发现以下几个特点：

（1）几个省份群之间的整体发展水平差距较大，层次分明。四个一线省份广东、北京、上海和浙江的发展水平大幅领先其他省份。

（2）紧随四个一线省份其后的排名第五至二十的省份分布广泛，这其中既有内陆省份也有沿海省份，这些省份中大多数都是传统经济领域以及科技领域实力较雄厚的省。这说明传统互联网和软件产业对区块链产业发展所起的基础作用不容忽视。

（3）东三省、华北和西北省份总体排名垫底，和发达省份还有较大差距。东三省中除了辽宁，西北省份中除了陕西，其他省份都相当落后。辽宁省的区块链企业主要集中在信息产业较发达的大连，陕西省的区块链企业主要集中在信息产业较发达的西安。

（4）值得注意的是四川在这个排名中跃居第九，是内陆省份也是西南省份中位置排名最前的。四川省无论在传统行业还是在高科技行业，在传统印象中都和发达省份有一定的差距，但在区块链产业的规模基础上能冲进前十，这说明四川近些年在区块链产业上的发展非常迅速，成长了一大批在数量和规模上都有一定影响力的公司。

（5）在这个排名中，海南省位列十一。海南是传统上的农业大省和旅游大省，在传统行业和高科技行业很少见到海南的身影。但海南近些年尤其是 2018 年开始利用国家赋予的特殊权限和政策大量吸引区块链企业落户当地，现在这些措施已经初见成效，使海南在区块链产业中已经有了一定规模和数量的企业。

（6）湖北在这个排名中位列十六。湖北省作为在传统行业和高科技行业都具有一定优势的省份，在这个排名中不仅落后于发达省份，而且落后于不少传统上各类产业较为落后的省份。这说明湖北的企业对区块链产业的认知度还比较低，在区块链产业的布局很不积极。

（7）规模基础指数的满分为 28 分，而 28 个省（区、直辖市）中仅有三个得分超过及格线的 17 分。这说明整体而言，我国各省区块链产业的发展层次、企业规模还普遍处于极低的水平。产业仅仅在雏形阶段，还未形成规模化效应。

2. 对各省（区、直辖市）在规模基础方面的发展建议

广东：在这一项排名全国第一。但仔细分析各细分项，我们发现广东在区块链服务机构这一项的得分落后于北京。

区块链服务机构主要包括区块链媒体、行业组织和行业协会、研究机构等。这些机构和组织中除了媒体，其他的行业组织、协会和机构等多数都是非政府组织和非营利机构，是民间和企业自发组织的，它们对区块链企业和产业主要起到辅助和协助的作用，要让这些组织成长和发展需要当地政策的扶持并培养良好的社会氛围。

因此对广东的建议是加强对区块链服务机构的培养和扶植。主要是在政策上鼓励这些协会和组织的发展，引导它们为当地区块链企业服务，对区块链技术和企业进行普及、宣传和正面引导。

广东省的区块链服务机构主要集中在深圳和广州，其他地市在这方面几乎是空白。因此，广东省可以多注意扶植其他城市区块链企业的成长和发展。

北京：在这一项排名全国第二。仔细分析各细分项，发现北京在区块链产业园这一项的得分非常低，不仅落后于排名第一的广东，也落后于排名其后的浙江和上海，甚至落后于内陆省份湖南、湖北等，由此可见北京在这方面着力不够。区块链产业园的设立和发展主要的推手还是在政府，在这一项得分高的省份都是政府在积极地运作和努力。区块链产业园的设立能起到聚集效应和规模效应，因此对北京市的建议是政府要以积极的态度对待区块链产业园，尽快出台政策并积极行动起来设立产业园，吸引企业入园创业和发展，更好地帮助企业推动产业发展。

浙江：在这一项得分排名第三，主要在区块链服务机构和区块链产业园方面得分与排名靠前的省份差距较大。因此对浙江省的建议是在服务机构和产业园方面都加大力度进行扶持和建设；在发展服务机构方面主要是在政策上鼓励这些协会和组织的发展，引导它们为当地区块链企业服务，为区块链技术和企业进行普及、宣传和正面引导；在产业园方面，杭州市政府已经积极努力建设了一些产业园，而其他城市则相对落后很多，因此要多鼓励扶植其他信息产业发达的城市建立产业园，吸引企业入驻，帮助企业成长，推动产业的发展。

浙江省的区块链企业主要集中在杭州和宁波，其他城市的发展几乎是空白，浙江省可以多注意扶植其他城市区块链企业的成长和发展。

上海：在这一项排名第四。从细分项得分可以看到上海在区块链企业规模方面得分较为落后。因此对上海的建议是大力扶持区块链企业，尽快出台更多力度更大的政策，鼓励区块链企业的创业，并帮助企业的成长，为企业的成长和发展提供便利条件，创造良好的外部环境。通过这样的措施在区块链企业数量和质量上双管齐下，取得更好的成效。

山东、福建：两省分列第五、第六。从细分项得分可以发现它们在企业规模、服务机构和产业园三个方面都落后于发达省份，尤其福建在区块链产业园方面，得分为0。

因此，对山东、福建两省的建议重点是政府加紧出台政策，设立和建设区块链产业园，为企业创造更好的创业和发展环境。这也会促进本地区块链企业在数量和质量上进一步发展，同时也会促进相关服务机构的发展。

山东和福建也呈现区块链企业分布不均的问题。山东省的区块链企业主要集中在青岛，福建省的区块链企业主要集中在厦门。政府可以鼓励省内其他地市积极出台政策，支持区块链企业的发展，推动区块链产业的进步。

天津、江苏、四川、湖南、海南、贵州、安徽、河南、陕西：这些省（区、直辖市）在区块链规模基础方面的排名有先有后，水平不一；在企业规模、服务机构和产业园方面都有一定的发展，但是发展程度都和发达省份相差较大，尤其在产业园方面。

因此对这些省（区、直辖市）的建议是政府要大力兴建区块链产业园，为企业创造良好的营商环境，鼓励在区块链领域的创业，扶植本地区块链企业的发展。

这几个省（区、直辖市）在区块链产业的发展方面也不均衡。山东区块链产业的企业主要集中在青岛，江苏主要集中在苏州和南京，河北主要集中在雄安，江西主要集中在赣州。政府可以鼓励省内其他地市积极出台政策，支持区块链企业的发展，推动区块链产业的进步。

湖北：在这一项的排名非常落后，与其在传统经济和科技行业的地位不匹配。湖北尤其是武汉有大量的高科技企业，因此在科技产业方面有良好的基础，但这个优势没有发挥出来。

因此对湖北的建议是引导科技人员积极在区块链领域创业，引导高科技企业布局区块链产业。

另外，湖北的区块链企业主要集中在武汉，省内其他城市的发展相对落后。政府可以鼓励省内其他地市积极出台政策，支持区块链企业的发展，推动区块链产业的进步。

辽宁、江西、河北、重庆、广西、云南、黑龙江、新疆、吉林、内蒙古、山西、甘肃：这些省份的排名基本为最末尾，并且普遍有两个很明显的"短板"：区块链服务机构和区块链产业园的得分不少都为 0 或极低。这一方面是"短板"，另一方面也说明有很大的发展空间。

因此对这些省（区、直辖市）的建议是政府要用积极的态度对待区块链产业园，尽快出台政策并拿出行动设立区块链产业园，创造外部环境扶植和培养区块链企业，尽快弥补在这一项上的"短板"。

3. 规模基础指数细分项的横向比较及分析

在表 3-7 中我们对规模基础指数和各细分项指数都做了统计分析。其中规模基础指数的标准离差率为 0.407，以此为标准衡量其他各细分项指数的离差率，如果某项指数的离差率高于 0.407，我们则认为那一项指标上 28 个省（区、直辖市）的发展不均衡，省份间差距较大；如果某项指数的离差率低于 0.407，我们则认为那一项的指标上 28 个省（区、直辖市）的发展较均衡，省份间差距较小。离差率的值越大则表示发展越不均衡，离差率的值越小则表示发展越均衡。

图 3-4 中，对 28 个省（区、直辖市）在规模基础指数的各个细分项上进行了图形展示，每个轴表示每个省（区、直辖市）在那个指标上的表现，如果得分离顶点越近则那个省（区、直辖市）在那个指标上发展越好；如果离顶点越远则那个省（区、直辖市）在那个指标上发展越差。

从表 3-7 各项细分指数的统计分析和图 3-4 中可以看出 28 个省（区、直辖市）在三个细分领域的发展上有以下特点：

（1）28 个省（区、直辖市）在区块链企业规模方面发展差距最小。我们认为这是因为区块链产业是个新兴产业，各地的发展都处在刚起步阶段，大量的企业都是近几年新创的，虽然发达省份在企业规模方面大幅领先排名较后的省份，但各自之间的差距并不太大，后来者完全有可能抓住机遇后来居上。

（2）28 个省（区、直辖市）在区块链产业园区方面发展的差距较大。区块链产业园区的设立和发展有政府发起也有民间组织和企业发起，但政府所起的作用无疑占主导地位，因此各地产业园发展的水平就是各地政府对区块链产业最直接的态度。这一项各地发展的差距较大说明各地政府对区块链产业的态度有着明显不同。广东、重庆、上海、浙江、湖南这五个省政府对区块链产业园的扶植力度最大，而整体实力排名第二的北京，政府在这方面的动作却相对弱很多。

（3）28个省（区、直辖市）区块链服务机构的发展差距最大。这里的服务机构主要指区块链媒体、区块链行业组织和区块链研究机构，这些组织和机构主要都是以民间和企业的形式存在，因此这一项指标的强弱直接反映的是当地民间和企业对区块链产业的态度和参与度。排名前四位的省份明显强于其后所有的省份，而且排名靠后的省份该项得分绝大部分都很低。这说明在落后地区，区块链的服务机构基本上属于空白。

但在排名较后的省份中有一个例外，就是山西省。山西省在区块链媒体，行业组织及研究机构方面都打破了空白，虽然还无法和发达省份相提并论，但在落后省份中却表现得尤为突出。

（4）28个省（区、直辖市）普遍在企业规模方面相对于其他项的得分较强。这得益于我国经过20多年软件和互联网行业的高速发展所积累的成果和基础。我国软件和互联网产业的发展造就了一大批高科技企业，现在这些企业开始关注区块链技术，开始向这个领域投入和发展，我国在这个领域的起步并不晚，而且有着良好的基础，这将会给我国区块链产业的发展注入强大的动力。

（5）28个省（区、直辖市）在服务机构方面与企业规模相比得分普遍较弱。我们认为这主要是和当前区块链产业的发展状况有关。

当前区块链产业还处于发展初期。在任何一个产业的发展初期，都是企业最先敏锐地察觉到可能的商机，而投入其中。当企业的数目越来越多，规模越来越大，外界媒体也就开始关注到这个产业的发展和产业中龙头企业的动向，于是各类新闻就开始频繁出现。在企业的发展过程中，由于需要一些全新的配套服务，这就会催生服务类机构和组织的兴起，因此对区块链产业而言，服务机构的发展滞后就容易理解了。

企业规模那一项得分越高，基本上当地的服务机构那一项得分也越高。这也说明服务机构是伴随企业成长而共同成长的。

（6）28个省（区、直辖市）在产业园区方面的发展最为滞后。我们认为这既和政府的态度有关也和当前区块链产业发展的特点有关。

尽管某些地区比如广东省已经大力出台了政策并积极主动设立区块链产业园帮助企业发展，但毕竟这是个刚兴起的产业，和遍地开花的传统工业园、软件园相比，无论是数量还是体量上都无法相提并论。对于一个新兴的产业而言，它暂时还不能立竿见影地对当地经济产生明显的经济效益，因此各地政府在这方面的力度总体偏弱就不难理解。

4. 对规模基础发展的宏观建议

从以上分析观察来看，当前要促进区块链产业规模基础的发展，宏观方面有以下几点建议：

（1）加强对区块链知识的普及和宣传，以增强大众对这个新领域的认识，进而促进当地媒体、民间组织和企业对区块链产业的关注。这主要可以从以下几方面入手：

一是在当地的学校积极开展各种区块链知识的普及和宣讲，从学生抓起，新技术最先接近容易接受新事物的年轻人，这也是为以后培养更多人才作准备。

二是政府牵头和企业合作积极在当地举办区块链论坛、会议等活动，广泛在媒体和业界宣传这个新产业，让更多的人了解这项新技术。

（2）各地要在区块链产业园上下功夫。建立和发展区块链产业园需要资金和人力、物力的投入，各个地区因经济条件和客观条件不同，能够投入的资源会有不同限制。我们建议有资源的政府可以积极主动发起产业园，资源不够的省份可以在政府的领导和牵头下出台产业政策支持企业和民间机构建立区块链产业园。

（3）整体而言，我国各省的产业规模都处于初级阶段，甚至在相当长一个阶段都还需要政策的扶植和支持，各地政府要从长远目标来考虑和制定连续的政策扶植区块链企业和产业的发展。

第三节　2018中国省级区块链资金实力指数的测算结果及评价

本节将给出28个省（区、直辖市）区块链资金实力指数的得分和排名。资金实力包含的细分指数项有资本投入、融资情况和资金绩效。我们会对这些细分项的发展情况进行分析比较。

一、2018中国省级区块链资金实力指数测算结果排名

如图3-5所示，这28个省（区、直辖市）区块链资金实力指数的排名结果

依次是：广东、北京、上海、浙江、四川、福建、江苏、湖北、湖南、陕西、山东、贵州、重庆、天津、安徽、海南、河南、江西、辽宁、河北、广西、黑龙江、云南、新疆、吉林、内蒙古、山西、甘肃。

排名第一的广东得分13.1，排名最后的甘肃得分0。

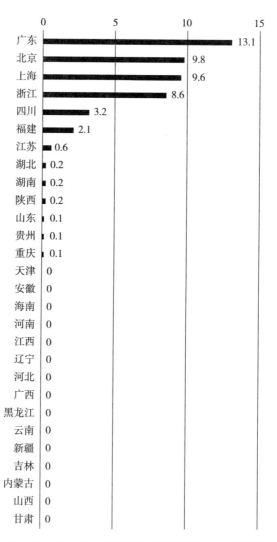

图 3-5　28个省（区、直辖市）区块链资金实力指数排名

资料来源：根据相关资料整理。

表3-8为28个省（区、直辖市）区块链资金实力指数的统计分析，我们选取了"标准离差率"作为衡量省份之间发展水平差距的指标。标准离差率越大

的群体该群体内省份之间的发展水平相差较大，标准离差率越小的省份说明该群体内省份之间的发展水平相差越小。

表 3-8　28 个省（区、直辖市）区块链资金实力指数统计分析

资金实力指数	28 个省（区、直辖市）	排名第二至四的省	排名第八至十三的省
最大值	13.1	9.8	0.2
最小值	0	8.6	0.1
平均值	1.711	9.333	0.150
标准离差率	2.155	0.069	0.365

资料来源：根据相关资料整理。

经过计算，这 28 个省（区、直辖市）的标准离差率为 2.155，由此可以看出，这 28 个省（区、直辖市）之间整体发展水平差距较大。进一步计算了几个省份群之间的标准离差率，找到一些发展水平比较接近的省份群。

排名第二至四位的省份、排名第八至十三位的省份标准离差率都较小，分别为 0.069 和 0.365；排名第十四至二十八位的省份得分全为 0。这三个群体可以各自归为一类。

广东的得分不仅排第一而且遥遥领先，它领先第一个群体中排名第一的北京超过 3 分。

北京、上海、浙江为第一个发展水平较接近的省份群；湖北、湖南、陕西、山东、贵州、重庆为第二个发展水平较接近的省份群；天津、安徽、海南、河南、江西、辽宁、河北、广西、黑龙江、云南、新疆、吉林、内蒙古、山西、甘肃为第三个发展水平较接近的省份群。

第一个省份群中各省份之间的得分差距都在 1 分以内，第一个群体中排名最后的浙江比紧随其后的四川高出了超过 5 分。这个群体中的三个省（区、直辖市）和排名第一的广东在资金实力上遥遥领先于其他省份。

四川、福建、江苏三省得分差距较大，之间差距超过 1 分，江苏比紧随其后的第二个省份群中的湖北多出 0.4 分多。

第二个省份群中各省之间的得分差距都在 0.1 分以内，排名最后的重庆比紧随其后的天津高出 0.1 分。

第三个省份群中各省得分都为 0。

这几个省份群之间在资金实力上相差很大，明显表现出东南沿海省份实力遥遥领先；除去东南沿海省份以外，绝大多数省份在区块链资金实力上表现都相当弱。

为了更详细地分析这 28 个省（区、直辖市）在资金实力指数中每个细分项

的表现，我们罗列了包含每个细分项的资金实力指数排名，如表3-9所示。

表3-9　28个省（区、直辖市）区块链资金实力及各细分项指数排名

	资金实力指数 （17分）	资本投入 （9分）	融资情况 （6分）	资金绩效 （2分）
广东	13.1	8	5	0.1
北京	9.8	4	5	0.8
上海	9.6	5	4.5	0.1
浙江	8.6	4.1	4	0.5
四川	3.2	1.1	1.6	0.5
福建	2.1	1.5	0.6	0
江苏	0.6	0	0.6	0
湖北	0.2	0	0.2	0
湖南	0.2	0	0.2	0
陕西	0.2	0	0.2	0
山东	0.1	0	0.1	0
贵州	0.1	0	0.1	0
重庆	0.1	0	0.1	0
天津	0	0	0	0
安徽	0	0	0	0
海南	0	0	0	0
河南	0	0	0	0
江西	0	0	0	0
辽宁	0	0	0	0
河北	0	0	0	0
广西	0	0	0	0
黑龙江	0	0	0	0
云南	0	0	0	0
新疆	0	0	0	0
吉林	0	0	0	0
内蒙古	0	0	0	0
山西	0	0	0	0
甘肃	0	0	0	0

资料来源：根据相关资料整理。

表 3-9 为 28 个省（区、直辖市）区块链资金实力及各细分项指数的排名，资金实力指数满分为 17 分，有 3 个组成部分：资本投入（9 分）、融资情况（6 分）和资金绩效（2 分）。

表 3-9 中的资本投入主要反映的是当地投资机构风险投资对区块链行业的企业进行投资的频次和金额。一个产业的发展离不开资金的投入，尤其对区块链这个新兴的高科技产业，现在还是行业的初始发展阶段，更加离不开风险投资的作用。风险投资是区块链初创企业成长壮大的核心推动要素之一。这一项的得分越高，反映当地风险投资的投资频数和投资金额综合水平也越高。

表 3-9 中的融资情况主要反映当地的区块链企业的融资状况，主要包括融资的频次和融资的金额。一般而言融资分为若干轮次，有企业处于孵化阶段的天使轮，产品成型阶段的 A 轮，发展阶段的 A+ 轮、B 轮、B+ 轮等。企业在不同的发展阶段都会随着自身需求的变化而进行规模和频次不同的融资，而企业的融资状况直接表现为业界对企业的项目前景、市场潜力等各方面的发展是否看好。我国所有上市的顶级互联网产业巨头全部都经历过若干轮的融资，区块链产业企业的发展也一定会如此。这一项得分越高反映当地区块链企业融资的频次和金额综合水平就越高。

表 3-9 中的资金绩效主要反映的是投资和融资是否带来了收益，这是衡量资金使用效率的一个主要指标。这一项得分越高反映投资和融资带来的效果就越好。

在表 3-10 中，我们统计了资金实力指数及其包含的三项：资本投入、融资情况和资金绩效的各个数据，这个表所反映的是 28 个省（区、直辖市）在各项细分指标上发展的均衡度及差异。

表 3-10　28 个省（区、直辖市）区块链资金实力及各细分项指数统计分析

指数种类	资金实力	资本投入	融资情况	资金绩效
最大值	13.1	8	5	0.1
最小值	0	0	0	0
平均值	1.711	0.846	0.793	0.071
标准离差率	2.155	2.332	2.061	2.717

资料来源：根据相关资料整理。

为了直观和进一步分析研究 28 个省（区、直辖市）资金实力指数所包含的每一项的发展状况，我们绘制了 28 个省（区、直辖市）在资本投入、融资情况和资金绩效这三个方面的雷达图，如图 3-6 所示。

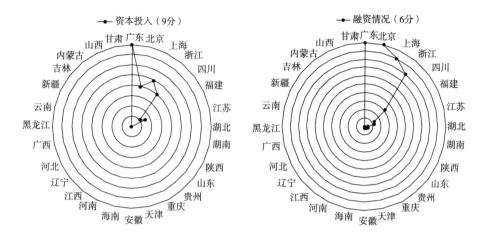

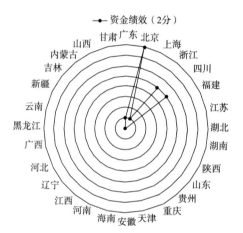

图3-6　28个省（区、直辖市）区块链资金实力指数雷达图

资料来源：根据相关资料整理。

图3-6中我们对28个（区、直辖市）在资金实力指数的各个细分项上进行了图形展示，每个轴表示一个省或直辖市的表现。轴上的点越接近轴顶点则表示那个省或直辖市的状况越好，反之则越差。

二、2018中国省级区块链资金实力指数的评价

1. 资金实力指数排名的纵向比较及分析

综观28个省（区、直辖市）在资金实力方面的图表及统计数据分析，可以发现以下几个特点：

（1）四个省份群之间的整体发展水平差距较大，层次分明。排名前四的省

广东、北京、上海、浙江的发展水平大幅领先其他省份很多。

浙江省在这个排名中跃居第四，这说明浙江已经在区块链产业的风险投资融资方面走在了全国的前列。我们认为这和浙江省在信息巨头如阿里巴巴的带动下形成了很好的信息产业发展氛围有密切的关系。

四川省位列第五，在内陆和西南省份中鹤立鸡群。

（2）绝大多数省份尤其是东三省、华北、西南和西北省份的资金实力仍然非常落后。有22个省得分都在1分以内，其中15个省得分为0分，这个分数实际上表示在该地，风险投资的活跃度几乎为零，区块链企业的融资也可以忽略不计，区块链产业的投融资活动在当地几乎是空白。

（3）资金实力的满分为17分，而28个省（区、直辖市）中，仅有排名第一的广东拿到的分数超过了及格线11分。其余省份及直辖市全部不及格，并且有超过半数的省得分为0，基本表明在区块链投融资活动方面完全处于空白状态。

2. 对各省（区、直辖市）在资金实力方面的发展建议

广东：在资金实力方面的表现相当亮眼，排名全国第一，但是仔细查看各细分项的得分，发现广东在资金绩效方面表现较落后，落后于排名其后的北京和浙江。因此建议广东要在资金绩效上加强，风险投资要提高投资和融资的收益，提升资金的利用效率。

此外，广东省的区块链投融资活动绝大多数都集中在深圳和广州，在其他地市几乎是空白。因此广东省要多鼓励其他地市的社会资金参与区块链企业和产业的投资活动，帮助其他地市的区块链企业进行融资。

北京：排名第二。查看各细分项得分后发现北京主要在资本投入这一项上较落后，在排名前四的省份中垫底。这说明北京地区的风投机构在活跃度方面还有待提升。因此建议北京要鼓励风险投资对区块链企业的投资，另外政府也要配合政策上的措施加大对区块链企业本身的扶持和帮助，形成更好的利于区块链企业和产业发展的氛围，这样投资机构也会更有信心加强对这个产业的投入。

上海：排名第三。上海在资本投入、融资情况和资金绩效上都落后于排名前三的省。因此对上海的建议是在资本投入和融资情况上加强，一方面鼓励本地的风险投资积极参与区块链企业的投资，另一方面帮助有融资需求的区块链企业进行融资。

浙江：排名第四。查看各细分项得分后发现浙江在资本投入及融资情况这两项上较落后于排名前列的省份，这说明浙江的风投机构在活跃度方面还有待提升。因此，建议浙江要鼓励风险投资对区块链企业的投资，也要配合政策上的措施加大对区块链企业本身的扶持和帮助，形成更好的利于区块链企业和产业发展的氛围，这样投资机构也会更有信心加强对这个产业的投入，同时政府要帮助有融资需求的企业找到匹配的融资需求。

此外，浙江省的区块链投融资活动绝大多数都集中在杭州，其他地市几乎是空白。因此，浙江省要多鼓励其他地市的社会资金参与区块链企业和产业的投资活动，帮助其他地市的区块链企业进行融资。

四川、福建：位列第五、第六。两省和发达省份的差距主要在资本投入及融资情况上。因此，对四川和福建的建议和浙江一样：鼓励风险投资对区块链企业的投资以及帮助有融资需求的企业进行融资；政府也要配合政策上的措施加大对区块链企业本身的扶持和帮助，形成更好的利于区块链企业和产业发展的氛围，这样投资机构也会更有信心加强对这个产业的投入。

此外，四川和福建的投融资活动也发展不均，四川主要集中在成都，而福建主要集中在厦门。因此，四川、福建两省要多鼓励其他地市的社会资金参与区块链企业和产业的投资活动，帮助其他地市的区块链企业进行融资。

江苏、湖北、湖南、陕西、山东、贵州、重庆：这些省份在总体资金实力上与排名前列的省份差距都较大，尤其在资本投入及融资情况方面差距更大。因此对这些省份的建议和浙江一样：鼓励风险投资对区块链企业的投资，帮助企业进行融资；政府也要配合政策上的措施加大对区块链企业本身的扶持和帮助，形成更好的利于区块链企业和产业发展的氛围，这样投资机构也会更有信心加强对这个产业的投入。

天津、安徽、海南、河南、江西、辽宁、河北、广西、黑龙江、云南、新疆、吉林、内蒙古、山西、甘肃：这些省份及直辖市在资金实力上的得分垫底，在区块链产业的投融资方面和发达省份相比几乎是空白。因此对这些省份的建议是政府尽快出台措施鼓励区块链企业的发展和扶持，为企业创造良好的产业氛围，鼓励区块链领域的创业，鼓励企业布局区块链产业，吸引风险投资对本地区块链产业的投入。

一个地区的区块链投融资活动也和当地固有的风投氛围和环境有关。信息产业和高科技产业发达的省份往往已经形成了较好的风投环境，因此发达省份的区块链产业投融资活动一般也较活跃，而信息产业和科技产业较落后的省份在这方面会有先天的不足，因此更需要政府的积极引导和推动。

3. 资金实力指数细分项的横向比较及分析

在表 3-10 中对资金实力指数和各细分项指数都做了统计分析，其中资金实力指数的标准离差率为 2.155，我们以此为标准衡量其他各细分项指数的离差率，如果某项指数的离差率高于 2.155 则认为那一项指标上 28 个省（区、直辖市）的发展不均衡，省份间差距较大；如果某项指数的离差率低于 2.155 则认为那一项指标上 28 个省（区、直辖市）的发展较均衡，省份间差距较小。离差率的值越大则表示发展越不均衡，离差率的值越小则表示发展越均衡。

图 3-6 中我们对 28 个省（区、直辖市）在资金实力指数的各个细分项上进

行了图形展示，每个轴表示每个省（区、直辖市）在那个指标上的表现，如果得分离顶点越近则那个省（区、直辖市）在那个指标上发展越好，如果离顶点越远则那个省（区、直辖市）在那个指标上发展越差。

从表3-10各项细分指数的统计分析和图3-6中可以看出这28个省（区、直辖市）在三个细分领域的发展上有以下特点：

（1）28个省（区、直辖市）在区块链产业资本投入方面发展不均衡，我们认为这和各地的投资环境以及经济实力密切相关。要形成良好的风险投资环境，首先当地的经济必须足够发达，才能有社会闲余资金参与到风险投资；其次当地的风投要有一定时间的发展，才能积累一定的实战经验。

（2）28个省（区、直辖市）在区块链资金绩效方面的发展差距最大，呈极为明显的两极分化趋势。28个省（区、直辖市）中只有5个在这一项有得分，并且这5个都是排名前列的省份，而其他23个省份的得分都为0。

得分为零表示该地区基本没有公开的投融资数据和活动记录，多数是投融资的活动太冷，没有统计意义。

（3）28个省（区、直辖市）在区块链产业融资方面发展差距相对其他指标而言较小。尤其在发达地区，区块链企业的融资相对于当地的风险投资（简称风投）表现更好。

（4）28个省（区、直辖市）在融资情况上普遍表现稍好。在这一项上，发达省份表现尤为明显。我们认为发达省份在这一点上有先天优势。发达省份由于高科技产业的发展有了相当的基础，已经有了较好的投融资氛围，因此发达地区的企业无论在实力和前景上都比落后省份对风投有更大的吸引力。

（5）28个省（区、直辖市）在三个细分项指标上普遍表现为在资本投入方面比融资方面稍差。在排名靠前的发达省份这一点表现得更为明显，我们认为这和目前区块链产业的发展状况有关。由于区块链技术和产业的发展还在早期，因此产业机会和前景还不够明朗，风投在向这个产业投入时表现较为谨慎。

（6）28个省（区、直辖市）在资金绩效方面的得分最差，整体水平较低。我们认为这和资本投入以及融资状况有密切关系，是这两个方面发展状况叠加的结果。对一个新兴的行业，暂时还看不到盈利模式，资本投入少，企业融资难，在这种情况下资金绩效也不可能高，另外，即使对于融到资的企业来说，要真正产生实际效益也需要一定时间的积累，短期也无法看到回报。

4. 对资金实力发展的宏观建议

从以上分析观察来看，我们认为当前要促进区块链产业资金实力的发展，要根据各地情况的不同综合采取因地制宜的措施。由于资金实力既依赖当地的经济实力也依赖当地的风投氛围，因此对经济发达地区和经济欠发达地区措施的侧重点会不同。从宏观方面，有以下几点建议：

（1）对经济发达的地区而言，尤其像北京这样在资本投入方面明显落后于同层次其他省份的地区，政府应该积极接入，出台产业政策和扶植政策鼓励风险投资对区块链企业的投资；同时还要注意加强对风投企业本身的扶植和支持，帮助它们成长壮大。

（2）对经济欠发达地区而言，本地缺乏强大的资金支持，也没有风险投资的氛围，政府可以出台政策一方面鼓励和吸引外部风险投资参与本地区块链企业的投融资，另一方面也可以鼓励企业积极"走出去"，到发达地区和风投较活跃的地区进行融资。

资金实力是区块链产业各项指标中最依赖当地经济发展的一项，因此它的发展和当地的经济发展密切相关。经济发达地区在这一点上有先天的优势，如果政府能做好配套措施，营造好的氛围，就能吸引资金，帮助企业融资。

（3）资金对任何产业的发展都是必不可少的要素。28个省（区、直辖市）在此项得分的状况相当严峻，建议各省（区、直辖市）政府要从产业发展高度看待区块链产业对资金的需求，制定长期、系统、综合、可持续的措施和政策鼓励社会资金对区块链产业的投入。

第四节　2018中国省级区块链创新能力
指数的测算结果及评价

本节将给出28个省（区、直辖市）区块链创新能力指数的得分和排名。创新能力包含的细分指数项有区块链人才、区块链专利、区块链技术和区块链顶层设计。在本节中我们会对这些细分项的发展情况进行分析比较。

一、2018中国省级区块链创新能力指数测算结果排名

如图3-7所示，这28个省（区、直辖市）区块链创新能力指数的排名结果依次是：北京、广东、上海、浙江、四川、山东、江苏、福建、湖北、重庆、陕西、天津、安徽、湖南、海南、河南、辽宁、贵州、江西、河北、广西、黑龙江、云南、内蒙古、吉林、山西、新疆、甘肃。

排名第一的北京得分13.16，排名最后的甘肃得分1.4。

表3-11为28个省（区、直辖市）区块链创新能力指数的统计分析，我们

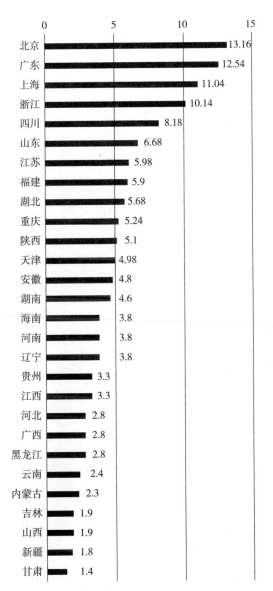

图 3-7　28 个省（区、直辖市）区块链创新能力指数排名
资料来源：根据相关资料整理。

选取了"标准离差率"作为衡量省份之间发展水平差距的指标。标准离差率越大的群体该群体内省份之间的发展水平相差越大，标准离差率越小的群体说明该群体内省份之间的发展水平相差越小。

表3-11 28个省（区、直辖市）区块链创新能力指数统计分析

创新能力指数	28个省（区、直辖市）	排名第一至四的省	排名第五至二十八的省
最大值	13.16	13.16	8.18
最小值	1.4	10.14	1.4
平均值	5.076	11.72	3.968
标准离差率	0.638	0.118	0.443

资料来源：根据相关资料整理。

经过计算，这28个省（区、直辖市）的标准离差率为0.638，进一步计算了几个省份群之间的标准离差率，它们之间的差距壁垒分明。排名第一至四的省、排名第五至二十八的省标准离差率都较小，分别为0.118和0.443。这两个群体可以各自归为一类。

北京、广东、上海、浙江这四个省（区、直辖市）之间得分差距在2分以内，归为第一个省份群。

四川、山东、江苏、福建、湖北、重庆、陕西、天津、安徽、湖南、海南、河南、辽宁、贵州、江西、河北、广西、黑龙江、云南、内蒙古、吉林、山西、新疆、甘肃这24个省（区、直辖市）之间绝大部分得分差距较小，可以归为第二个省份群。

这两个群体之间在创新能力方面相差较大，明显呈现出教育及科研基础较好的省份创新能力遥遥领先。

为了更详细分析这28个省（区、直辖市）在创新能力指数中每个细分项的表现，我们罗列了包含每个细分项的创新能力指数排名，如表3-12所示。

表3-12 28个省（区、直辖市）区块链创新能力及各细分项指数排名

	创新能力指数 （25分）	区块链人才 （10分）	区块链专利 （7分）	区块链技术 （6分）	区块链顶层 设计（2分）
北京	13.16	7.16	5	0	1
广东	12.54	7.04	4.5	0	1
上海	11.04	7.54	3.5	0	0
浙江	10.14	6.64	3.5	0	0
四川	8.18	5.68	2.5	0	0
山东	6.68	5.18	1.5	0	0
江苏	5.98	3.98	2	0	0

	创新能力指数 （25 分）	区块链人才 （10 分）	区块链专利 （7 分）	区块链技术 （6 分）	区块链顶层 设计（2 分）
福建	5.9	4.4	1.5	0	0
湖北	5.68	4.18	1.5	0	0
重庆	5.24	4.24	1	0	0
陕西	5.1	4.1	1	0	0
天津	4.98	3.98	1	0	0
安徽	4.8	3.3	1.5	0	0
湖南	4.6	3.6	1	0	0
海南	3.8	3.3	0.5	0	0
河南	3.8	2.8	1	0	0
辽宁	3.8	2.8	1	0	0
贵州	3.3	2.8	0.5	0	0
江西	3.3	2.3	1	0	0
河北	2.8	2.3	0.5	0	0
广西	2.8	2.3	0.5	0	0
黑龙江	2.8	2.3	0.5	0	0
云南	2.4	2.3	0.1	0	0
内蒙古	2.3	1.8	0.5	0	0
吉林	1.9	1.8	0.1	0	0
山西	1.9	1.8	0.1	0	0
新疆	1.8	1.8	0	0	0
甘肃	1.4	1.3	0.1	0	0

资料来源：根据相关资料整理。

　　表 3-12 为 28 个省（区、直辖市）在区块链创新能力及各细分项指数的排名，创新能力指数满分为 25 分，有四个组成部分：区块链人才（10 分）、区块链专利（7 分）、区块链技术（6 分）和区块链顶层设计（2 分）。

　　表 3-12 中的区块链人才主要反映当地的区块链企业中从业的人员及学历层次。区块链产业是高科技产业，需要大量的区块链开发人才，更需要高层次的开发人才。这一项得分越高反映当地区块链从业人员的数量和学历综合水平就越高。

　　表 3-12 中的区块链专利主要反映当地申请的专利和得到的专利数，这是科

研成果最直接的反映。这一项得分越高反映当地申请和获得的专利数越多。

表3-12中的区块链技术主要反映当地科研机构、组织或企业获得的省级及国家级的科研成果奖，这是当地综合科技实力的表现。这一项得分越高反映当地企业或组织机构取得的国家或省级科技奖越多。

表3-12中的区块链顶层设计主要反映当地制定和出台的区块链行业标准文件数量。这一项得分越高反映当地出台和制定出的区块链行业标准文件越多。

表3-13　28个省（区、直辖市）区块链创新能力及各细分项指数统计分析

指数种类	创新能力	区块链人才	发明专利	顶层设计
最大值	13.16	7.16	5	1
最小值	1.4	1.3	0.1	0
平均值	5.076	3.669	1.336	0.071
标准离差率	0.638	0.488	0.994	3.672

资料来源：根据相关资料整理。

在表3-13中，我们只统计了创新能力指数及其包含的三项：区块链人才、区块链专利和区块链顶层设计的各个数据，这个表所反映的是28个省（区、直辖市）在各项细分指标上发展的均衡度及差异。在这个表里没有统计区块链技术这一项，因为这一项目前各个省份都还没有取得成果，因此得分为0。

为了直观和进一步分析研究28个省（区、直辖市）区块链创新能力指数所包含的每一项的发展状况，我们绘制了28个省（区、直辖市）在区块链人才、区块链专利、区块链技术和区块链顶层设计这四个方面的图，如图3-8所示。

图3-8中我们对28个省（区、直辖市）在资金实力指数的各个细分项上进行了图形展示，每个轴表示一个省（区、直辖市）的表现。轴上的点越接近轴顶点则表示那个省（区、直辖市）的状况越好，反之则越差。

二、2018中国省级区块链创新能力指数的评价

1. 创新能力指数排名的纵向比较及分析

综观28个省（区、直辖市）在创新能力方面的图表及统计数据分析，可以发现以下几个特点：

（1）28个省（区、直辖市）的表现层次分明，排名前四的省份遥遥领先。

（2）排名靠前的省份几乎都是在教育和科研领域有传统基础的省份。排名越靠前的省份表现越明显，北京、广东、上海、浙江、江苏、湖北等省份都是如此。

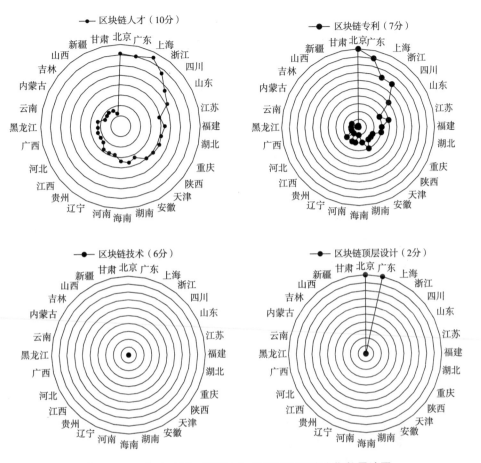

图3-8 28个省（区、直辖市）区块链创新能力指数雷达图

资料来源：根据相关资料整理。

进一步观察各细分项指标，发现排名前六的省（区、直辖市）：北京、广东、上海、浙江、四川、山东在各个细分项的得分也和总体得分的排序一样，这基本表明这些省（区、直辖市）创新能力在各个细分项上表现和整体表现趋同。

北京排名第一，充分反映出北京在科研、教育和人才方面在全国首屈一指的优势。

广东紧随北京其后，并且在各个细分项上的差距与北京并不大。如果北京稍有停滞或广东稍微努力，则广东很可能实现在创新能力上的赶超。

上海在科研、教育和人才方面是仅次于北京的，但在这方面得分上落后于广东，并且在各个细分项上均落后于广东。这说明上海在各方面已经有了差距。

（3）湖北省省会武汉有着"中国光谷"之称。历来在人才、科研和教育方面有深厚的基础，但在这个排名中，湖北的名词落后于在这方面基础稍逊的四川、山东和福建。这说明湖北省没有重视区块链产业的教育、科研和人才培训，没有发挥在这方面固有的优势。

（4）东三省、西北、华北、西南大部分省份在这项得分上排在最后，我们认为这主要是这些省份的先天不足导致它们在这个项目上得分落后。

（5）在创新能力方面的得分中，绝大部分省份在两个细分项：区块链技术和区块链顶层设计的表现都很差。所有省份在区块链技术上均得分为 0，26 个省份在区块链顶层设计上得分为 0。这说明我国区块链产业在技术的深度科研和标准制定上还远远不够。

2. 对各省（区、直辖市）在创新能力方面的发展建议

北京：在这一项的得分排名，并且在几个细分项上得分均为第一。创新能力的核心无论是人才数量、质量还是专利申请以及科技成果的取得，最核心的方面还是在人才。北京市虽然在这一项排第一，但如果要保持这个优势并进一步发挥这个优势，可以在以下几个方面下功夫：一是加强区块链人才的培养，尤其是在高等学校中加强对人才的培养，鼓励高校开设区块链课程甚至是区块链专业。二是鼓励民间机构在社会上办区块链专业和技术方面的培训。三是鼓励各类 IT 人才积极从事区块链产业。四是可以出台政策鼓励企业和组织机构加强研发，多申请区块链方面的专利。

广东、上海：这两个省（区、直辖市）在该项得分上紧追北京。对这两地的建议和北京类似。值得注意的是，广东的区块链人才主要集中在深圳和广州，因此广东要大力加强和鼓励省内其他地市在区块链技术方面的教育、培训和人才的培养。

浙江、四川：两省分别排在第四、第五位，与发达省份差距最大的地方在于区块链人才和专利的得分。因此建议浙江和四川要加强区块链人才的培养，鼓励高校和民间机构参与对人才的培养，鼓励 IT 人才从事和投身区块链产业，政府积极出台政策激励区块链技术的科研和专利申请。

此外，浙江和四川的区块链人才和技术主要集中在省会，浙江集中在杭州，四川集中在成都。因此两省都要尽量鼓励其他地市对区块链技术的发展和人才的培养。

江苏、湖北：这两省是传统上的教育和科研大省，但在所有的细分项：区块链人才、区块链专利、区块链技术上都和发达省份有差距。这说明两省并未发挥自身在教育科研方面的优势。因此我们对这两省的建议是积极行动起来，利用本省强大的高校资源加强对区块链人才的培养，对区块链技术的研发，尽早弥补这个缺憾。

此外，江苏和湖北的区块链人才和技术主要集中在个别城市。江苏集中在苏州和南京，湖北集中在武汉。因此，两省都要尽量鼓励其他地市对区块链技术的发展和人才的培养。

山东、福建、重庆、陕西、天津、安徽、湖南、海南、河南、辽宁、贵州、江西、河北、广西、黑龙江、云南、内蒙古、吉林、山西、新疆、甘肃：这些省份虽然排名有先有后，但总体而言在区块链人才、区块链专利方面得分均较弱。因此建议这些省份一方面要积极布局和鼓励本地对区块链人才的培养，另一方面也要积极出台政策鼓励企业和各组织机构努力加强对区块链技术的研发和专利的申请。

这些省份中有些区块链产业和人才集中在某一个城市，比如山东集中在青岛，福建集中在厦门，陕西集中在西安；而有些地方几乎是空白，比如吉林、山西等，这和这些地区的先天条件有关。对已有区块链人才和一定技术基础的省份，建议多鼓励其他地市对区块链技术的发展和人才的培养；对还处于空白的省份，建议重点先在产业基础好的城市加强对区块链技术的发展和人才的培养。

3. 创新能力指数细分项的横向比较及分析

在表3-13中我们对创新能力指数和各细分项指数都做了统计分析，其中创新能力指数的标准离差率为0.638，我们以此为标准衡量其他各细分项指数的离差率，如果某项指数的离差率高于0.638，则认为那一项指标上28个省（区、直辖市）的发展不均衡，省份间差距较大；如果某项指数的离差率低于0.638，则认为那一项的指标上28个省（区、直辖市）的发展较均衡，省份间差距较小。离差率的值越大则表示发展越不均衡，离差率的值越小则表示发展越均衡。

图3-8中我们对28个省（区、直辖市）在创新能力指数的各个细分项上进行了图形展示，每个轴表示每个省（区、直辖市）在那个指标上的表现，如果得分离顶点越近则那个省（区、直辖市）在那个指标上发展越好；如果离顶点越远则那个省（区、直辖市）在那个指标上发展越差。

从表3-13各项细分指数的统计分析和图3-8中可以看出这28个省（区、直辖市）在区块链人才、区块链专利和区块链顶层设计三个细分领域的发展上有以下特点：

（1）28个省（区、直辖市）在区块链顶层设计方面的发展最不均衡，差异最大。

（2）28个省（区、直辖市）在区块链专利方面发展不太均衡，差异较大。这主要反映为各省份在专利申请和获得方面有差异。

申请专利和获得专利一般最活跃的是企业和高校，而区块链技术和信息科学、数学、计算机、软件、互联网等学科密切相关，因此当地企业和高校在这些领域的科研实力会直接影响当地在区块链专利的研发和申请。这28个省（区、直辖市）包含了水平发展参差不齐的东南沿海省份、内地省份、西北和西南省份。因此，这些省份差异较大的科研实力会直接影响这一项的得分。

（3）28个省（区、直辖市）在区块链人才方面的发展相对其他指标而言差异不大。虽然28个省（区、直辖市）有些先天就有人才优势如北京，有些先天就人才不足如贵州，但我们认为由于区块链产业还处在发展初期，各地都急需大量的专业人才，不仅有数量上的需求还有质量上的需求。因此，即便是在人才方面有先天优势的地区，区块链人才的供给也呈严重短缺的状况，进入区块链产业的人无论在数量上还是在质量上都不够。

（4）28个省（区、直辖市）在区块链技术方面的发展最差。这里区块链技术的指标反映了科研机构和企业在区块链应用和研发方面取得的重大成果，这一项得分的高低表明企业和科研机构在区块链研发方面取得的具有重大意义成果的多少。

28个省（区、直辖市）在这一项得分都为0，说明迄今为止，我国尚未在区块链领域取得重大的科研突破。

（5）28个省（区、直辖市）在区块链顶层设计方面表现也较差。仅有2个省（区、直辖市）取得了一点成果。

这一项反映的是各省参与区块链规范和标准制定的程度。产业标准的制定是产业发展的顶层设计，是引领全局发展的关键。在国家产业的发展过程中，如果企业和科研机构不参与到标准和规范的制定，将使产业在长远的发展中处于被动挨打的地位。

（6）28个省（区、直辖市）在区块链专利方面的发展也差强人意。虽然有些省或直辖市如北京表现突出，但整体水平仍然偏弱，包括一些在科研方面有很好基础的省份如湖北、江苏、陕西等得分都较低。

我们认为一方面是因为区块链产业是新兴行业，在这个行业申请和取得大量的专利需要时间的积累，因此目前的积累还不够；另一方面很多地区对区块链技术的认识不够，尤其是高校和科研机构，尚没有投入足够的精力和资源从事这个领域的研发，因此目前的专利申请和获得表现不好。

（7）28个省（区、直辖市）普遍在人才发展方面相对其他指标表现稍好，我们认为这和区块链产业的发展现状有关。区块链技术的落地目前虽然进步很快，但大多数还在探索的过程中，因此企业的盈利模式、技术的应用场景仍然不明确，大众对区块链的认识很有限，甚至还有不少误区，因此，在这种情况下，企业即便是开出高薪，也无法吸引大量的人才加入这个企业。另外，培养高科技人才的高校目前在区块链技术的教育和培训方面也很落后，尚没有一套完整的培养人才的机制，这也限制了人才的批量培养和输送。这不是个别地区的问题，是个普遍问题。

4. 对创新能力发展的宏观建议

从以上分析观察来看，我们认为当前要促进区块链创新能力的发展，要根据各地情况的不同综合采取因地制宜的措施，对科研教育实力强的地区和欠发达地区措施的侧重点会不同。从宏观方面，有以下几点建议：

（1）对科研教育发达但在这一项得分落后的地区而言，尤其像湖北、江苏、陕西，应该大力鼓励并制定政策引导和推动相关机构和企业积极利用好自身的优势从事区块链技术的研发和专利的申请。

（2）对科研教育欠发达地区而言，由于先天不足，在这方面缺乏基本的条件，但也可以出台政策，一方面鼓励本地企业、科研机构从事区块链技术的研发；另一方面也可以鼓励本地企业、机构和发达地区的机构及高校进行技术的联合研发和专利申请，以这样的方式逐步带动和发展本地企业及高校的科研能力和实力。

（3）我国在移动通信产业上的发展起步较晚，因此错失了参与行业标准和规范的制定，导致我国的通信企业每年要大量缴纳专利费，这是我国科技发展史上要吸取的教训。现在在区块链产业的发展上我们同样碰到了类似的问题，那就是参与标准和规范的制定不够，取得有重大意义的科研成果不够。各地政府对此要有长远打算和规划，制定全面综合的方针和政策推动我国区块链企业和科研机构加强深度研究，积极参与标准和规范的制定。

第五节　2018 中国省级区块链生态环境指数的测算结果及评价

本节将给出 28 个省（区、直辖市）在区块链生态环境指数的得分和排名；生态环境指数包含的细分指数项有政策环境、社会环境和风控环境。在本节中对这些细分项的发展情况进行分析比较。

一、2018 中国省级区块链生态环境指数测算结果排名

如图 3-9 所示，这 28 个省（区、直辖市）区块链生态环境指数的排名结果依次是：浙江、上海、北京、贵州、广东、福建、四川、山东、湖南、江西、天

津、重庆、安徽、河北、江苏、辽宁、广西、甘肃、海南、湖北、河南、黑龙江、内蒙古、陕西、山西、云南、新疆、吉林。

　　排名第一的浙江得分13.5，排名最后的吉林得分3.1。

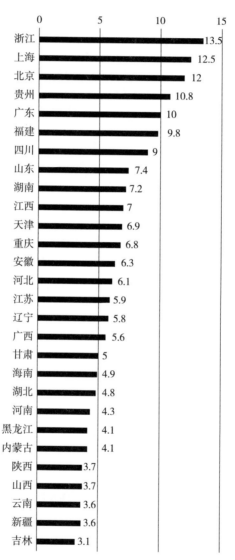

图3-9　28个省（区、直辖市）区块链生态环境指数排名
资料来源：根据相关资料整理。

　　表3-14为28个省（区、直辖市）区块链生态环境指数的统计分析，我们选取了"标准离差率"作为衡量省份之间发展水平差距的指标。标准离差率越

大的群体该群体内省份之间的发展水平相差较大，标准离差率越小的群体说明该群体内省份之间的发展水平相差越小。

表 3-14 28 个省（区、直辖市）区块链生态环境指数统计分析

生态环境指数	28 个省（区、直辖市）	排名第一至七的省	排名第八至二十八的省
最大值	13.5	13.5	7.4
最小值	3.1	9	3.1
平均值	6.696	11.086	5.233
标准离差率	0.439	0.147	0.264

资料来源：根据相关资料整理。

经过计算，这 28 个省（区、直辖市）的标准离差率为 0.439，由此可以看出这 28 个省（区、直辖市）之间整体发展水平差距不太大。我们进一步计算了几个省份群之间的标准离差率，找到一些发展水平比较接近的省份群。

排名第一至七的省、排名第八至二十八的省标准离差率都较小，分别为 0.147 和 0.264，这两个省份群可以各自归为一类。

浙江、上海、北京、贵州、广东、福建、四川这几省相互之间得分差距普遍不超过 1 分，可归为一个群体。

这个群体中排名最后的四川高出下一个群体中排名第一的山东 1.6 分。

山东、湖南、江西、天津、重庆、安徽、河北、江苏、辽宁、广西、甘肃、海南、湖北、河南、黑龙江、内蒙古、陕西、山西、云南、新疆、吉林这几个省之间得分差距较小，都在 1 分以内，这 21 个省可以归为一类。

这几个省份群之间在生态环境方面相差较大，层次分明。

为了更详细分析这 28 个省（区、直辖市）在生态环境指数中每个细分项的表现，我们罗列了包含每个细分项的生态环境指数排名，如表 3-15 所示。

表 3-15 28 个省（区、直辖市）区块链生态环境及各细分项指数排名

	生态环境指数（20 分）	政策环境（10 分）	社会环境（4 分）	风控环境（6 分）
浙江	13.5	7	3.5	3
上海	12.5	5.5	4	3
北京	12	4	4	4
贵州	10.8	7	0.8	3

续表

	生态环境指数 （20分）	政策环境 （10分）	社会环境 （4分）	风控环境 （6分）
广东	10	5	4	1
福建	9.8	3.5	3.3	3
四川	9	2.5	3.5	3
山东	7.4	3.5	0.9	3
湖南	7.2	3	1.2	3
江西	7	3.5	0.5	3
天津	6.9	3	0.9	3
重庆	6.8	3	0.8	3
安徽	6.3	2.5	0.8	3
河北	6.1	2.5	0.6	3
江苏	5.9	2	0.9	3
辽宁	5.8	2	0.8	3
广西	5.6	2	0.6	3
甘肃	5	2	0	3
海南	4.9	1	0.9	3
湖北	4.8	1	0.8	3
河南	4.3	0.5	0.8	3
黑龙江	4.1	0.5	0.6	3
内蒙古	4.1	1	0.1	3
陕西	3.7	1.5	1.2	1
山西	3.7	0.5	0.2	3
云南	3.6	0	0.6	3
新疆	3.6	0.5	0.1	3
吉林	3.1	0	0.1	3

资料来源：根据相关资料整理。

表3-15为28个省（区、直辖市）区块链生态环境及各细分项指数的排名，生态环境指数满分为20分，有三个组成部分：政策环境（10分）、社会环境（4分）和风控环境（6分）。

表3-15中的政策环境主要反映当地政府对区块链产业出台的各种政策，分为专门的区块链政策和关联的区块链政策。专门的区块链政策分值比关联区块链

政策分值要高，省级区块链政策的分值比市级区块链政策的分值要高。政策越多分数也越高。这一项得分越高反映当地出台的政策数量和质量综合水平越高。

表3-15中的社会环境主要反映当地所举办的各类区块链活动和会议等宣传区块链技术、产业和应用的活动以及当地民众区块链技术的了解度和认知度，这反映的是社会大众对区块链技术的认识和了解程度。一项新技术在群众中普及度越高，误区越少，就越有利于技术的推广和使用。这一项得分越高反映当地的社会环境对区块链技术和产业的态度就越友好。

表3-15中的风控环境主要反映当地对利用区块链技术进行违法活动以及打着区块链幌子进行金融诈骗等案件的查处和监管。

区块链技术自诞生起就和金融业密切相关。在区块链技术过去这些年的发展历程中，数字货币价格的疯狂投机，利用以太坊进行代币融资的狂潮给各国的金融稳定和经济发展造成了严重的隐患，这使全球各国政府纷纷出台政策对区块链技术的应用进行监管。我国政府也不例外，自2017年9月4日出台全国性政策后控制住了可能的风险。从此我国也开始把区块链纳入法律体系的监管。

风控环境这一项中，如果某地曾发生严重的利用区块链进行诈骗和违法活动的案例，则这一项会倒扣分。

在表3-16中，我们统计了生态环境指数及其包含的三项：政策环境、社会环境和风控环境的各个数据。这个表所反映的是28个省（区、直辖市）在各项细分指标上发展的均衡度及差异。

表3-16　28个省（区、直辖市）区块链生态环境及各细分项指数统计分析

指数种类	生态环境	政策环境	社会环境	风控环境
最大值	13.5	7	3.5	3
最小值	3.1	0	0.1	3
平均值	6.696	2.5	1.304	2.893
标准离差率	0.439	0.766	1.018	0.196

资料来源：根据相关资料整理。

为了直观和进一步分析研究28个省（区、直辖市）区块链生态环境指数所包含的每一项的发展状况，我们绘制了28个省（区、直辖市）在政策环境、社会环境和风控环境这三个方面的图，如图3-10所示。

图3-10中我们对28个省（区、直辖市）在资金实力指数的各个细分项上进行了图形展示，每个轴表示一个省（区、直辖市）的表现。轴上的点越接近轴顶点则表示那个省（区、直辖市）的状况越好，反之则越差。

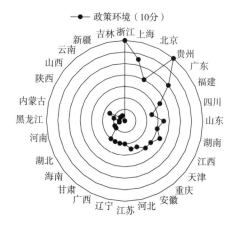
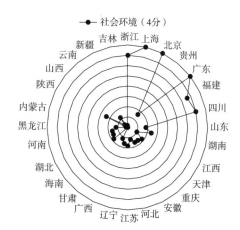
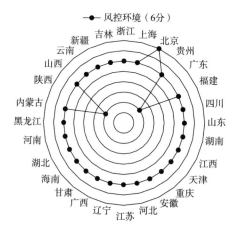

图 3-10   28 个省（区、直辖市）区块链生态环境指数雷达图

资料来源：根据相关资料整理。

二、2018 中国省级区块链生态环境指数的评价

1. 生态环境指数排名的纵向比较及分析

综观 28 个省（区、直辖市）在生态环境方面的图表及统计数据分析，可以发现以下几个特点：

（1）值得注意的是浙江在这个指标上领先全国。浙江省政府尤其是杭州市政府在打造信息产业、互联网产业方面的态度一直都非常积极，区块链作为互联网的升级技术，也受到了杭州政府的高度关注。杭州市政府前后共出台了将近

20 条专门针对区块链或和区块链相关的产业政策，积极扶植区块链产业的发展，其政策的数量、质量和频次在全国都绝无仅有。

（2）贵州在这个项目上的得分排名第四。这对无论是在经济实力、基础产业、科研教育等方面都不占优势的贵州来说是相当不容易的成就。

这个成就的取得直接来自贵州省政府和贵阳市政府的努力。贵州近年来在大数据产业方面的发展有目共睹，这为贵州打造了信息产业一定的基础，也让贵州的经济在信息产业方面实现了高增长，区块链技术和产业与大数据紧密相关，因此贵州省政府继续在区块链产业方面发力，出台政策支持和鼓励企业的发展。

（3）北京在这个指标上的排名较为落后。进一步观察各细分项指标，我们发现北京在政策环境这项上不仅大幅落后排名前列的浙江和上海，还大幅落后总体排名其后的贵州和广东，这明显体现出北京市政府在产业政策方面做的工作比不上其他省份。北京市政府在区块链产业的发展方面，态度显得有些保守。

（4）和其他指标类似，内陆省份、西北、西南等经济较落后的省份在这一点上表现也很一般。

产业政策的制定和执行主动权完全在政府的手上，这一个指标反映的就是当地政府的主观能动性和发展区块链产业的积极性。笔者认为，对于大多数经济落后地区而言，当地政府的工作重点还不在发展高科技，因此对区块链产业并没有过多关注以及加强了解。

2. 对各省（区、直辖市）在生态环境方面的发展建议

浙江：在这个项目的排名第一，但在细分项上，在社会环境方面尚落后于排名第二的上海。社会环境主要反映当地举办的各类活动对社会大众的影响，因此我们建议浙江多在群众和各类大众广泛接触的媒介上对区块链技术进行普及、介绍，让大众进一步增强对这方面的认识和了解。

此外，浙江省制定政策最积极的城市主要是杭州，其他地市则发展较为落后，因此浙江省要多鼓励其他地市出台区块链产业政策，扶植本地区块链产业的发展。

上海：在这个领域排名第二，和第一名浙江的差距就在政策环境。因此，建议上海市政府进一步加强在区块链产业政策方面的出台力度，加大对区块链产业的扶植。

北京：在这一项排名第三，落后于浙江和上海，差距最大的地方就在于政策环境。因此，我们建议北京市政府要大力加强在区块链产业政策方面的出台力度，注重对区块链产业的扶植。

贵州：在这一项排名第四，在取得显著成绩的情况下也能很明显看到问题：

那就是在社会环境方面，得分很低。因此建议贵阳市政府多在群众和各类大众广泛接触的媒介上对区块链技术进行普及介绍，多举办相关的论坛、会议等，让大众增强对区块链技术和应用的认识和了解。

贵州省的区块链产业政策也主要集中在贵阳，其他地市几乎是空白，因此建议贵州省其他地市也要积极出台区块链产业政策。

广东：在这一项排名第五，与排名前列的省份主要差距在政策环境和风控环境，因此对广东的建议一方面与北京类似，政府要大力加强在区块链产业政策方面的出台力度，加大对区块链产业的扶植；另一方面要加强对省内利用区块链进行诈骗、违法的活动进行严厉监管和治理。

广东省政策制定比较积极的是广州，深圳市政府在这方面表现差强人意。其他地市的表现就更加乏善可陈，因此深圳市政府以及其他地市政府也要加强在区块链产业政策方面的出台力度。

福建、四川、天津、山东、江西、重庆、河北、湖南、广西、安徽、辽宁、江苏、海南、湖北：这些省份在这一项的得分排名有先有后，但总体而言，在各方面都取得了一定的成效，但各方面的表现又都不如发达省份，它们与发达省份差距较大的地方在政策环境和社会环境。

因此对这些省的建议是在政策出台和社会环境的营造方面都要下功夫，一方面加大对区块链产业政策的出台力度，另一方面加大对区块链技术的宣传、普及，多举办相关的论坛会议等，在当地形成良好的氛围，让大众增强对区块链技术和应用的认识和了解。

这些省份的区块链政策也非常集中，几乎都集中在某一个或两个城市，因此建议这些省其他的地市要积极推出区块链产业政策，支持区块链产业发展。

河南、黑龙江、甘肃、山西、内蒙古、云南、陕西、新疆、吉林：这几个省的排名非常落后，且政策环境大多弱于社会环境，说明这些省份的民间机构开始活跃了，但政府部门的扶植政策尚未跟进。

3. 生态环境指数细分项的横向比较及分析

在表3-16中我们对生态环境指数和各细分项指数都做了统计分析，其中生态环境指数的标准离差率为0.439，我们以此为标准衡量其他各细分项指数的离差率，如果某项指数的离差率高于0.439，则认为那一项指标上28个省（区、直辖市）的发展不均衡，省份间差距较大；如果某项指数的离差率低于0.439，则认为那一项的指标上28个省（区、直辖市）的发展较均衡，省份间差距较小。离差率的值越大则表示发展越不均衡，离差率的值越小则表示发展越均衡。

图3-10中我们对28个省（区、直辖市）在生态环境指数的各个细分项上进行了图形展示，每个轴表示每个省（区、直辖市）在那个指标上的表现，如

果得分离顶点越近则那个省（区、直辖市）在那个指标上发展越好；如果离顶点越远则那个省（区、直辖市）在那个指标上发展越差。

从表 3-16 各项细分指数的统计分析和图 3-10 中可以看出，这 28 个省（区、直辖市）在生态环境、社会环境和风控环境三个细分领域的发展上有以下特点。

（1）28 个省（区、直辖市）在区块链社会环境方面发展最不均衡，差异最大，我们认为这和当地的区块链企业的发展状况密切相关，只有当地企业发展起来，实力变强，本地的媒体及各种组织才能趁势一起发展。如果没有区块链企业的发展，媒体和各种组织也不会关注区块链产业的发展，更不会形成当地社会对区块链技术和应用友好的氛围。

（2）28 个省（区、直辖市）在区块链政策环境方面的发展不均衡，差异较大。反映了各地政府对区块链产业的态度差异极大，因此政府出台的政策和力度就差异极大。这一项指标相对而言比较独立，它和本地区的经济实力、科研实力等没有绝对的关系，而主动权掌握在当地政府手里。

政府如果积极主动，经济落后的省份也可以发展迅速，贵州就是这样的例子。政府如果态度不够积极，即便本地的先天条件较好，也无法发挥那些优势，北京就是这样的例子。

（3）28 个省（区、直辖市）在风控的发展方面最均衡，差异不大。我们认为这和国家自上而下出台了各项监管措施和条文有关。

有了这些条文和措施，各地政府就会严格依法依规对区块链涉及风险和欺诈方面的应用及活动进行管控，以维护当地的金融安全和社会稳定。

（4）28 个省（区、直辖市）在政策环境方面的发展总体偏弱。虽然有浙江、贵州那样积极采取措施支持区块链产业发展的省份，但绝大多数省份政府在政策的制定和推出方面还有很大的提升空间。

（5）28 个省（区、直辖市）在社会环境方面总体得分也偏弱。笔者认为，这和区块链产业的发展阶段有关。现在区块链产业尚处在发展初期，从业的企业都还很少，区块链技术的应用还没有触及普通大众，大家对这项新技术的了解和认识都很有限，甚至还可能有些误解。区块链技术要在社会上广泛被大家认识需要一定的时间，需要技术进一步成熟，这都不是一蹴而就的事。

（6）28 个省（区、直辖市）在风控环境方面相对而言做得最好。笔者认为，这是因为风控涉及的监管和奖惩都是由国家层面出台的政策和法律条文，带有强制性和权威性，因此各地政府必须严格执行，所以这一项普遍得分不错。

4. 对整体生态环境发展的宏观建议

从以上分析观察来看，我们认为当前要促进区块链生态环境的发展。宏观方面，最重要也是最有效的方法就是各地政府要因地制宜积极出台政策，对区块链企业进行扶植，促进产业的发展，尤其是态度不太积极的地区政府要积极转变态度，认识到区块链技术的革命性意义以及将带来的颠覆性效应，只有认识到了这项技术的意义，才会从实际需求出发主动制定政策。

第六节　2018中国省级区块链社会贡献指数的测算结果及评价

本节我们将给出28个省（区、直辖市）在区块链社会贡献指数的得分和排名。社会贡献指数包含的细分指数项有场景应用和社会贡献。我们会对这些细分项的发展情况进行分析比较。

一、2018中国省级区块链社会贡献指数测算结果排名

如图3-11所示，这28个省（区、直辖市）在区块链创新能力指数的排名结果依次是：北京、广东、上海、浙江、四川、江苏、湖北、山东、天津、福建、陕西、海南、安徽、贵州、湖南、重庆、河南、辽宁、江西、河北、广西、黑龙江、云南、新疆、吉林、内蒙古、山西、甘肃。

排名第一的北京得分为9.5；排名最后的甘肃得分0.2。

表3-17为28个省（区、直辖市）区块链社会贡献指数的统计分析，我们选取了"标准离差率"作为衡量省份之间发展水平差距的指标。标准离差率越大的群体，该群体内省份之间的发展水平相差较大，标准离差率越小的省份说明该群体内省份之间的发展水平相差越小。

表3-17　28个省（区、直辖市）区块链社会贡献指数统计分析

社会贡献指数	28个省 （区、直辖市）	排名第一至 四的省	排名第六至 十七的省	排名第十八至 二十八的省
最大值	9.5	9.5	5.75	0.65
最小值	0.2	8.8	2.05	0.2
平均值	3.021	9.125	3.058	0.391
标准离差率	1.024	0.033	0.397	0.328

资料来源：根据相关资料整理。

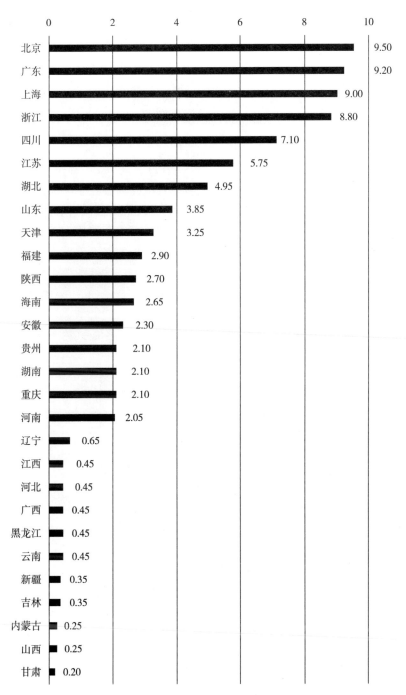

图3-11 28个省（区、直辖市）区块链社会贡献指数排名

资料来源：根据相关资料整理。

经过计算，这28个省（区、直辖市）社会贡献的标准离差率为1.024，由此可以看出这28个省（区、直辖市）之间整体发展水平差距较大。笔者进一步计算了几个省份群之间的标准离差率，找到一些发展水平比较接近的省份群。

排名第一至四的省、排名第六至十七的省、排名第十八至二十八的省标准离差率都较小，分别为0.033、0.397和0.328，这三个省份群可以各自归为一类。

排名前四位的省（区、直辖市）：北京、广东、上海、浙江这几个省之间的得分相差在0.5分左右，可以归为第一个群体。

江苏、湖北、山东、天津、福建、陕西、海南、安徽、贵州、湖南、重庆、河南这几个省之间普遍得分相差在1分左右，可以归为第二个群体。

辽宁、江西、河北、广西、黑龙江、云南、新疆、吉林、内蒙古、山西、甘肃这几个省之间得分相差在0.2分以内，可以归为第三个群体。

这几个省份群之间在社会贡献指数的得分方面相差较大，层次分明。

为了更详细分析这28个省（区、直辖市）在社会贡献指数中每个细分项的表现，我们罗列了包含每个细分项的生态环境指数排名，如表3-18所示。

表3-18 28个省（区、直辖市）区块链社会贡献及各细分项指数排名

	社会贡献指数（10分）	场景应用（6分）	社会贡献（4分）
北京	9.50	6.00	3.50
广东	9.20	6.00	3.20
上海	9.00	5.80	3.20
浙江	8.80	6.00	2.80
四川	7.10	5.00	2.10
江苏	5.75	4.60	1.15
湖北	4.95	3.80	1.15
山东	3.85	2.23	1.63
天津	3.25	1.75	1.50
福建	2.90	1.75	1.15
陕西	2.70	1.55	1.15
海南	2.65	1.45	1.20
安徽	2.30	1.45	0.85
贵州	2.10	1.25	0.85
湖南	2.10	1.25	0.85
重庆	2.10	1.25	0.85

续表

	社会贡献指数（10分）	场景应用（6分）	社会贡献（4分）
河南	2.05	1.25	0.80
辽宁	0.65	0.55	0.10
江西	0.45	0.35	0.10
河北	0.45	0.35	0.10
广西	0.45	0.35	0.10
黑龙江	0.45	0.35	0.10
云南	0.45	0.35	0.10
新疆	0.35	0.25	0.10
吉林	0.35	0.25	0.10
内蒙古	0.25	0.25	0.00
山西	0.25	0.25	0.00
甘肃	0.20	0.20	0.00

资料来源：根据相关资料整理。

　　表3-18为28个省（区、直辖市）区块链社会贡献及各细分项指数的排名。社会贡献指数满分为10分，有两个组成部分：场景应用（6分）和社会贡献（4分）。

　　表3-18中的细分项场景应用主要反映当地区块链技术是否应用到了实际的场景、具体的项目。

　　表3-18中的细分项社会贡献主要反映当地区块链技术的应用及企业直接产生的产值以及拉动相关其他产业所产生的间接产值。

　　在表3-19中，我们统计了社会贡献指数及其包含的两项：场景应用和社会贡献的各个数据，这个表所反映的是28个省（区、直辖市）在各项细分指标上发展的均衡度及差异。

表3-19　28个省（区、直辖市）区块链社会贡献及各细分项指数统计分析

指数种类	社会贡献	场景应用	社会贡献
最大值	9.5	6	3.5
最小值	0.2	0.2	0
平均值	3.021	1.995	1.026
标准离差率	1.024	1.038	1.040

资料来源：根据相关资料整理。

为了直观和进一步分析研究 28 个省（区、直辖市）区块链社会贡献指数所包含的每一项的发展状况，我们绘制了 28 个省（区、直辖市）在场景应用和社会贡献这两个方面的图，如图 3-12 所示。

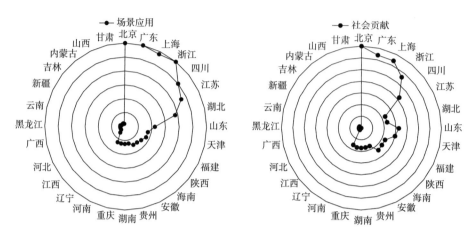

图 3-12　28 个省（区、直辖市）区块链社会贡献指数雷达图
资料来源：根据相关资料整理。

二、2018 中国省级区块链社会贡献指数的评价

1. 社会贡献指数排名的纵向比较及分析

综观 28 个省（区、直辖市）在社会贡献方面的图表及统计数据分析，我们可以发现以下几个特点：

（1）整体来看北京和东南沿海省份整体水平普遍高出其他省份。

（2）中部和西南省份的发展水平处于中间。

（3）东三省、华北和西北省份的发展最为落后。

我们认为这个水平的分布和各地区的经济发达程度有密切的关系。区块链技术最终要带来社会价值必须要结合各行各业并走入到具体的应用场景中，发达地区给区块链技术的应用提供了丰富的场景和大量的实践机会，因此区块链技术最先落地也会在发达地区，最先表现出效果和收益也会在发达地区。

北京和东南沿海省份在经济发展水平上位居全国前列，因此这一项的得分普遍高；中部和西南省份的经济发展水平稍逊，因此排中位；东三省和西北省份发展较为落后，因此在这一项的得分也最低。

2. 对各省（区、直辖市）在社会贡献方面的发展建议

北京、广东、上海、浙江、四川、江苏、湖北：这几个省（区、直辖市）

排名为第一到第七。这几个省的主要问题都表现在社会贡献不够也就是区块链技术带来的直接和间接经济效益都不够，因此建议这几个省鼓励企业探索区块链技术在最快、最高效带来经济效益的领域使用，让技术优势尽快发挥出来。

山东、天津、福建、陕西、海南、安徽、贵州、湖南、重庆、河南：这几个省在场景应用和社会贡献方面都较为落后，但主要问题是场景应用方面和先进省份差距较大，因此除了建议这几个省鼓励企业探索区块链技术的最佳高效应用领域外，更建议要注重区块链技术的场景应用，要鼓励企业结合当地的实际发展情况，多找区块链技术在实体经济中的应用切入点，多结合实际应用区块链技术。

辽宁、江西、河北、广西、黑龙江、云南、新疆、吉林、内蒙古、山西、甘肃：这几个省无论在场景应用还是社会贡献方面都是最为落后的，因此建议这些省份先重点鼓励企业结合当地的实际发展情况，多结合实际应用区块链技术，另外也要注意创造好的外界环境和条件，扶植鼓励更多的区块链企业在当地发展。

3. 社会贡献指数细分项的横向比较及分析

在表 3-19 中我们对社会贡献指数和各细分项指数都做了统计分析，其中整体社会贡献指数的标准离差率为 1.024，我们以此为标准衡量其他各细分项指数的离差率，如果某项指数的离差率高于 1.024，则认为那一项指标上 28 个省（区、直辖市）的发展不均衡，省份间差距较大；如果某项指数的离差率低于 1.024，则认为那一项的指标上 28 个省（区、直辖市）的发展较均衡，省份间差距较小。离差率的值越大则表示发展越不均衡，离差率的值越小则表示发展越均衡。

从表 3-19 各项细分指数的统计分析可以看出这 28 个省（区、直辖市）在两个细分领域的发展上有以下特点：

（1）28 个省（区、直辖市）在场景应用方面的发展不太均衡，省份之间差异较大。我们认为这和区块链技术目前的发展状况有关。区块链技术目前还不是很成熟，并且和实体经济以及应用的结合还在探索当中，在这种状况下，各地的场景应用都还处在起步阶段，因此经济发达地区区块链技术结合实体经济的应用和发挥相对容易，而经济落后地区则还需要一段时期，因此差异较大，但即便是有些省份领先，但领先的幅度也不太大。

（2）28 个省（区、直辖市）在社会贡献方面的发展最不均衡，省份之间的差异最大。笔者认为这和省份的先天条件有关。在经济发达，尤其是信息产业发达的地区，区块链技术和应用的探索进展得比较好，并且能结合当地各领域的实际情况进行实践，对社会产生的直接和间接的经济效益就比较明显。

（3）28 个省（区、直辖市）在应用场景方面的发展强于在社会贡献方面的发展。笔者认为这和区块链产业现阶段的发展有关。区块链技术和产业现阶段还在发展初期，场景的应用和技术的落地虽然在积极开展，但要见到广泛和显著的成效还需要假以时日，因此社会贡献要表现出来有一定的滞后性。

4. 对整体社会贡献发展的宏观建议

从以上分析观察来看，我们认为当前要促进区块链社会贡献的发展，从宏观方面主要还是要鼓励区块链企业的创业和发展。

只有有了大量高水平的企业在行业中发展，积极使用区块链技术结合各种场景和应用环境才能将这项技术的潜力发挥出来，经过一段时间的积累和实践才能对经济和生活等各方面产生实质的影响和作用，所以鼓励和支持区块链企业的发展才是根本。

第四章

2018 中国中心城市区块链产业指数排名与评价

根据本书第二章选择的 32 座中心城市作为测评对象，本章将给出这些中心城市的区块链发展整体指数进行测算，并将测算结果得分进行排名和评价。同时，分门别类给出这些城市在整体指数的细分项：规模基础、资金实力、创新能力、生态环境、社会贡献五个二级指数指标进行测算，并将测算结果进行排名及评价。

第一节   2018 中国中心城市区块链产业整体指数的测算结果及评价

本书选择测算的 32 座中心城市，有"4 家直辖市+15 座副省级中心城市+部分省会城市"。具体名册如表 4-1 所示。

表 4-1   本书选择测算的 32 座中心城市

地区	城市名单
直辖市（4 座）	北京、上海、天津、重庆
华北地区（3 座）	石家庄、太原、呼和浩特
东北地区（4 座）	沈阳、哈尔滨、长春、大连
华东地区（6 座）	南京、杭州、济南、宁波、青岛、合肥
华中地区（4 座）	武汉、长沙、郑州、南昌
华南地区（4 座）	广州、深圳、厦门、海口
西南地区（4 座）	成都、贵阳、昆明、南宁
西北地区（3 座）	西安、兰州、乌鲁木齐

资料来源：根据相关资料整理。

一、2018 中国中心城市区块链产业整体指数测算结果排名

如图 4-1 所示，这 32 个中心城市区块链整体指数的排名结果依次是：北京、上海、杭州、深圳、广州、成都、天津、贵阳、青岛、西安、武汉、重庆、厦门、长沙、郑州、合肥、海口、南京、宁波、大连、石家庄、南宁、哈尔滨、沈阳、南昌、昆明、长春、乌鲁木齐、兰州、呼和浩特、太原、济南。

排名第一的北京得分 65.86，排名最后的济南得分 4.8。

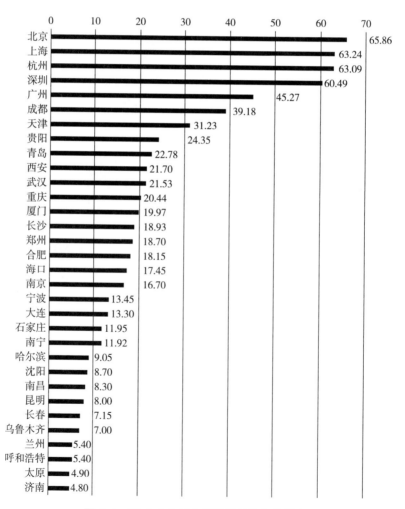

图 4-1 32 个中心城市区块链整体指数排名

资料来源：根据相关资料整理。

　　表 4-2 为 32 个中心城市区块链整体指数的统计分析，我们选取了"标准离差率"作为衡量城市之间整体指数发展水平差距的指标。标准离差率越大表明该群体内城市之间的发展水平相差越大，标准离差率越小说明该群体内城市之间的发展水平相差越小。

表 4-2　32 个中心城市区块链整体指数统计分析

整体指数	32 个中心城市	排名第一至四的城市	排名第八至十八的城市	排名第十九至三十二的城市
最大值	65.86	65.86	24.35	13.45
最小值	4.80	60.49	16.70	4.80
平均值	22.137	63.17	20.062	17.046
标准离差率	0.830	0.035	0.118	0.180

　　资料来源：根据相关资料整理。

　　经过计算，这 32 个城市的标准离差率为 0.830，我们进一步计算了几个城市群之间的标准离差率，找到一些发展水平比较接近的城市群。

　　排名前四的城市、排名第八至十八的城市、排名第十九至三十二的城市之间标准离差率都相当小，分别为 0.035、0.118 和 0.180，这三个城市群可以各自归为一类。

　　北京、上海、杭州、深圳为第一个城市群。广州、成都、天津之间分差较大，各自单独罗列。从贵阳开始，青岛、西安、武汉、重庆、厦门、长沙、郑州、合肥、海口、南京这 11 个城市可作为第二个城市群。从宁波开始、大连、石家庄、南宁、哈尔滨、沈阳、南昌、昆明、长春、乌鲁木齐、兰州、呼和浩特、太原、济南这 14 个城市可作为第三个城市群。

　　第一个城市群中各城市之间分差在 3 分以内，群中排名最后的深圳比紧随其后的广州高出 15 分多。第一个城市群中的四大城市在整体实力上遥遥领先于其他城市。

　　排名第六的成都领先排名第七的天津 7 分多，天津领先第二个城市群中的贵阳 6 分多。

　　第二个城市群中各城市之间分差在 2 分以内。群中最后一名南京高出紧随其后的宁波 3 分多。

　　第三个城市群中绝大部分相互之间分差不到 0.5 分。

　　这几个群体之间壁垒分明，相差很大。从这几个城市群看出，经济最发达的沿海城市和北京遥遥领先，西南城市成都异军突起，中东部城市和部分西南城市紧随其后，而大部分华北、西北城市排名最后。

为了更详细分析这32个城市在整体指数中各个细分项的表现，我们罗列了包含每个细分项的整体指数排名，如表4-3所示。

表4-3为32个城市整体指数及各细分项指数的排名。整体指数满分为100分，有五个组成部分：规模基础（30分）、资金实力（20分）、创新能力（25分）、生态环境（15分）和社会贡献（10分）。

表4-3　32个中心城市整体指数及各细分项指数排名

	整体指数 （100分）	规模基础 （30分）	资金实力 （20分）	创新能力 （25分）	生态环境 （15分）	社会贡献 （10分）
北京	65.86	19.00	12.80	13.16	11.00	9.90
上海	63.24	18.30	12.60	10.54	12.80	9.00
杭州	63.09	18.45	10.70	10.14	14.80	9.00
深圳	60.49	16.85	17.00	12.44	4.90	9.30
广州	45.27	18.45	6.10	8.52	4.80	7.40
成都	39.18	12.90	3.70	8.18	6.30	8.10
天津	31.23	13.65	0.00	6.48	6.90	4.20
贵阳	24.35	11.60	0.00	2.90	8.80	1.05
青岛	22.78	12.65	0.00	5.68	1.40	3.05
西安	21.70	12.25	0.50	5.10	1.40	2.45
武汉	21.53	9.35	0.20	5.68	1.90	4.40
重庆	20.44	8.10	0.10	5.24	4.90	2.10
厦门	19.97	10.52	1.50	4.90	0.80	2.25
长沙	18.93	11.00	0.00	3.98	1.80	2.15
郑州	18.70	11.25	0.00	4.40	0.90	2.15
合肥	18.15	10.50	0.00	3.80	3.30	0.55
海口	17.45	10.50	0.00	2.80	2.80	1.35
南京	16.70	6.17	0.00	4.20	1.40	5.00
宁波	13.45	9.25	0.00	2.80	0.90	0.50
大连	13.30	8.20	0.00	3.80	0.80	0.50
石家庄	11.95	5.00	0.00	1.80	4.80	0.35
南宁	11.92	8.17	0.00	2.30	0.90	0.55
哈尔滨	9.05	5.00	0.00	2.90	0.80	0.35
沈阳	8.70	3.60	0.00	1.80	2.90	0.40
南昌	8.30	2.50	0.00	1.30	4.30	0.20

	整体指数 （100 分）	规模基础 （30 分）	资金实力 （20 分）	创新能力 （25 分）	生态环境 （15 分）	社会贡献 （10 分）
昆明	8.00	5.00	0.00	1.80	0.80	0.40
长春	7.15	4.00	0.00	2.00	0.80	0.35
乌鲁木齐	7.00	3.50	0.00	1.80	1.30	0.40
兰州	5.40	1.00	0.00	1.30	2.80	0.30
呼和浩特	5.40	1.00	0.00	1.30	2.80	0.30
太原	4.90	2.50	0.00	1.30	0.80	0.30
济南	4.80	1.00	0.00	2.30	1.30	0.20

资料来源：根据相关资料整理。

　　表 4-3 中的规模基础主要反映的是当地区块链企业、区块链服务机构和组织的数量与质量，是一个综合的生态。区块链产业并不是一个单独的产业，它依赖于软件、互联网、大数据、人工智能等相关产业和学科，因此它所依赖的这些产业的发展状况将直接影响区块链产业的发展，规模基础就是这些产业在当地长期发展和积累的成果，是综合实力的表现。这一项得分越高表示当地区块链企业及相关服务机构组织的数量和质量综合实力就越强。

　　表 4-3 中的资金实力主要反映的是当地投资机构对区块链产业的投资状况，区块链企业的融资状况以及投融资的资金绩效。高科技产业离不开风险投资的投入。互联网、人工智能、大数据等高科技产业的发展如果没有风险投资的大规模投入，不可能发展到今天的地步，取得今天的成就。区块链产业也一样，离不开风险投资的投入，区块链初创公司的发展也离不开融资。这一项得分越高反映当地风险投资对区块链产业的投资力度越大，当地企业的融资规模越大，以及资金绩效越高。

　　表 4-3 中的创新能力主要反映人才、专利及科研成果。区块链产业是高科技产业，它的发展完全依赖人才，尤其是高素质人才的从业。这一项的得分越高反映当地的人才数量和质量的综合水平就越高，专利及科研成果的获得也越多。

　　表 4-3 中的生态环境主要反映当地对区块链产业的支持力度和形成的产业氛围。只有好的产业氛围，积极的引导政策，才能吸引区块链企业的入驻，才能形成产业规模。这一项的得分越高反映当地政府、民间对区块链技术的接纳度越高，了解越多，氛围也越友好。

　　表 4-3 中的社会贡献主要反映当地区块链产业实际产生的经济效益以及对相关产业的拉动。区块链技术只有应用到具体行业和实体经济中，提高其效益，切

实给社会和人民的生活带来好处才能真正普及，这是任何一项科技必须具备的特性，"科学技术是第一生产力"说的就是这个道理。这一项得分越高反映区块链技术对实体产业、人民生活带来的实际效益越高。

在表4-4中，我们罗列了32个中心城市的整体指数和整体指数所包含的五个细分项的统计数据。这五个细分项是：规模基础、资金实力、创新能力、生态环境和社会贡献。这个表所反映的是32个中心城市在区块链整体指数的各项细分指标上发展的均衡度及差异。

表4-4 32个中心城市整体指数及各细分项指数统计分析

指数种类	整体指数	规模基础	资金实力	创新能力	生态环境	社会贡献
最大值	65.86	19	17	13.16	14.8	9.9
最小值	4.8	1	0	1.3	0.8	0.2
平均值	22.137	9.100	2.038	4.583	3.653	2.766
标准离差率	0.830	0.602	2.242	0.725	1.007	1.168

资料来源：根据相关资料整理。

为了直观和进一步分析研究32个中心城市整体指数所包含的每一项的发展状况，我们绘制了32个城市在规模基础、资金实力、创新能力、生态环境、社会贡献这五个方面的雷达图，如图4-2所示。

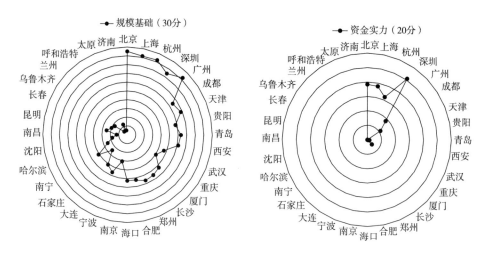

图4-2 32个中心城市区块链整体指数雷达图

资料来源：根据相关资料整理。

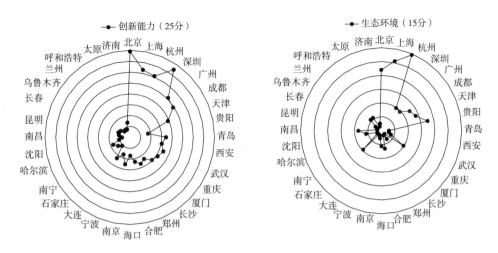

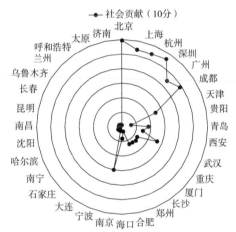

图 4-2 32 个中心城市区块链整体指数雷达图（续）

资料来源：根据相关资料整理。

雷达图共有 32 个轴，每个轴代表一个城市在该项的得分。轴上的点越接近轴顶点则表示那个城市的状况越好，反之则越差。

二、2018 中国中心城市区块链产业整体指数的评价

1. 整体指数排名的纵向比较及分析

综观 32 个城市在整体指数方面的图表及统计数据分析，可以发现以下几个特点：

（1）几个城市群之间的整体发展水平差距较大，已经形成了壁垒分明的层次。普遍来说，东南沿海城市的发展水平领先，中部和西南城市紧随其后，东三

省、华北和西北城市的发展水平最为落后。

（2）第一个城市群和排名其后的城市之间差距最大的是资金实力和生态环境，这说明东南沿海发达城市主要在资金实力和生态环境方面领先中部和西南城市。资金实力所反映的主要是当地投资机构投融资的活力，这和当地的产业氛围以及营商环境密切相关；生态环境反映企业成长的外部环境。这两项大幅领先，一方面说明东南沿海城市长期形成了良好的风投氛围，另一方面也表明这些城市形成了良好的营商氛围，并为企业创造了良好的经营环境。

（3）广州虽然排名第五，但和第一个城市群之间排名最后的深圳之间在得分上差距已经较大，尤其在资金实力方面差距最大。这表明广州的风投不够活跃，区块链企业的融资也不够顺畅。

（4）成都在这个排名中位列第六。虽然在得分上与排名前五的城市有较大差距，但作为一个典型的西南内陆城市，其脱颖而出，领先于其他中部和西南城市甚至包括一些东南沿海城市，证明成都这些年为区块链产业的发展营造了良好的环境和氛围，因此吸引了不少风险投资者积极投入这个新兴产业。

（5）第二个城市群中各城市在各细分项指标上的得分都非常接近，主要是中部内陆城市、西北发达城市和部分沿海城市。它们在发展水平上呈承上启下的表现，各方面与排名前列的城市都有差距，而在这些方面又与排名其后的城市拉开了差距。

（6）第三个城市群中除了石家庄、大连、宁波、济南，其他城市都是东北、华北、西北、西南等不发达地区的省会城市。这些城市在高科技发展方面本身就实力弱、基础差，因此在区块链产业发展方面也落后于全国。

济南作为经济大省是山东的首府，排名最末尾有点让人意外，因为同为山东省的青岛在这份名单中排名第九，大幅领先济南。济南几乎在所有的指标中都完全垫底，这似乎反映出济南在高科技产业方面的发展长期落后于全国，被本省的青岛大幅度拉开了距离。

（7）传统印象中的四个一线城市"北上广深"在区块链产业发展中被打破，杭州不仅挤进了一线城市，而且跃居第三位，仅次于北京、上海，而超过了深圳、广州。

在五个分项指标中，杭州在生态环境方面领先所有城市。

（8）贵阳在传统印象中是经济落后的西南内陆城市，但在区块链产业的发展方面进步迅速。在这份表单中，贵阳的整体排名已跃居第八，甩开了不少无论在规模基础还是创新能力都要强很多的城市比如厦门和西安。

2. 对各城市在整体指数方面的发展建议

北京：在整体指数的得分上排名第一，但是仔细观察各细分项得分会发现北京在生态环境上的得分较为落后，落后于排名第二的上海接近 2 分，排名第三的杭州接近 4 分，表明北京在这方面的努力明显不够。区块链作为一个新兴的产业，各地的起点都相差不大，在这种情况下，生态环境的营造在很大程度上有赖于政府的推动和努力。因此我们对北京的建议是政府要积极行动起来努力出台政策为区块链企业创造好的氛围：一方面包括营造对企业发展有利的营商环境，鼓励区块链企业的创业和发展；另一方面包括营造良好的社会氛围，对大众做区块链技术的普及推广，让全社会都增进对区块链技术和应用的理解，让大众尽快接纳新技术。

上海：在整体指数的得分上排名第二，仔细观察各细分项得分会发现上海在创新能力方面与北京差距较大。创新能力的发展主要依赖于人才和科研成果，最根本的还是人才，虽然北京因为是全国的科研和教育中心而有着先天的优势，但上海在这方面也有很强的优势。因此，我们对上海的建议是积极培养和引进区块链人才。具体来说可以从以下两方面入手：

首先，重视高等学校和社会培训机构在人才培养中的作用，积极培养适合区块链产业的人才。

其次，积极引进区块链技术人才和相关服务人才，出台政策吸引区块链人才到上海创业和发展。

杭州：在整体指数的得分上排名第三，是很亮眼的成绩。但仔细观察各细分项会发现杭州在创新能力方面弱于北京和上海，是所有细分项指标中落后前两位城市最多的地方。因此，我们对杭州市政府的建议和上海类似，就是要积极培养和引进区块链人才。

深圳：在整体指数的排名上位居第四，仔细观察各细分项指标会发现深圳在生态环境方面大幅落后前三位的城市，甚至落后于排名其后的成都、天津、贵阳等城市。因此我们对深圳的建议和北京类似，就是政府要积极行动为区块链企业的创业和发展营造良好的社会氛围和生态环境。

广州：在整体指数的得分上排名第五，仔细观察各细分项指标会发现广州在资金实力、创新能力和生态环境上相较于同级别的城市落后较多。因此，我们对广州的建议是在创新能力和生态环境上下功夫，既要出台政策积极培养和引进区块链人才，也要推出更多政策为企业的发展创造良好的外部生态环境。有了好的外部环境，本地的风投和融资活动也会积极发展起来，也会自然而然提高资金实力的发展水平。

成都：在整体指数的得分上排名第六，仔细观察各细分项指标会发现成都在资金实力和创新能力上与前五名的城市差距最大。因此我们对成都的建议是一方面政府出台更多政策帮助区块链企业的融资，同时大力鼓励风险投资者对区块链产业的投入；另一方面要积极培养和引进区块链人才。

天津、贵阳、青岛、西安、武汉、重庆、厦门、长沙、郑州、合肥、海口、南京、宁波、大连、石家庄、南宁、哈尔滨、沈阳、南昌、昆明、长春、乌鲁木齐、兰州、呼和浩特、太原、济南这些城市之间排名虽然差距较大，但是普遍在资金实力、创新能力和生态环境上较欠缺，这三项和排名前六的城市差距较大。因此我们对这些城市的建议是从资金实力、创新能力和生态环境方面入手。

资金实力主要反映的是当地风险投资对区块链企业的投资以及当地企业进行的融资，这和当地高科技产业的发展有关。一般而言高科技产业发达的地区会有较成熟的风险投资氛围和经验，而欠发达的地区高科技行业较少，风险投资以及初创企业的融资也不太活跃。这些地区除了武汉以外普遍高科技产业不算发达，因此风险投资氛围和融资氛围较弱可以理解。在这方面政府可以以积极的态度出台政策鼓励风险投资对当地区块链企业的投资和融资，为有融资和投资需求的企业架起桥梁。

在创新能力的培养方面，我们的建议类似上海，政府要积极出台政策培养区块链人才，吸引区块链人才。

在生态环境方面，主要还在于当地政府推出积极政策，采取行动为企业的发展和产业的发展创造好的外部环境。这些城市中，除了贵阳、重庆、南昌、石家庄，其他的城市在生态环境方面的得分都普遍偏低，不少城市甚至是空白。因此在这方面，我们的建议类似深圳，政府要积极行动为区块链企业的创业和发展营造良好的社会氛围和生态环境。

3. 整体指数细分项的横向比较及分析

在表4-4中我们对整体指数和各细分项指数都做了统计分析，其中整体指数的标准离差率为0.83，我们以此为标准衡量其他各细分项指数的离差率，如果某项指数的离差率高于0.83，则认为那一项指标上32个城市的发展不均衡，城市间差距较大；如果某项指数的离差率低于0.83，则认为那一项的指标上32个城市的发展较均衡，城市间差距较小。离差率的值越大则表示发展越不均衡，离差率的值越小则表示发展越均衡。

图4-2中，我们对32个城市在整体指数的各个细分项上进行了图形展示，每个轴表示每个城市在那个指标上的表现，如果得分离顶点越近则那个城市在那个城市在那个指标上发展越好；如果离顶点越远则那个城市在那个指标上发展越差。

从表4-4各项细分指数的统计分析和图4-2的雷达图可以看出这32个中心城市在五个细分领域的发展上有以下特点：

（1）32 个城市在规模基础方面差距最小，而在资金实力方面差距最大。

（2）32 个城市在创新能力、生态环境和社会贡献方面各都有一定差距。

（3）32 个城市在规模基础方面普遍表现强于其他指标，而在资金实力方面普遍表现弱于其他指标。

（4）区块链产业整体指数的满分是 100 分。32 个城市即便是排名第一的城市北京得分都不到 70 分，绝大部分城市的得分都在 60 分以下，这说明我国城市区块链产业的发展水平还处于极其初级的阶段，未来的发展还任重道远。

4. 对整体指数发展的宏观建议

区块链产业在我国还处于极为初级的发展阶段，政府应该把这个产业作为长期发展的产业看待，要有长远的规划和发展方向，不能仅仅着眼于短期效应和短期目标。

从以上数据来看，我国 32 个中心城市区块链产业目前整体面临的问题和发展特点与第三章中省（区、直辖市）区块链产业的状况非常类似，因此我们对各城市发展区块链产业的整体宏观建议与第三章第一节所述建议类似，读者可参考相关内容。

第二节 2018 中国中心城市区块链规模基础指数的测算结果及评价

2018 中国中心城市区块链规模基础，主要是指区块链的实体经营单位，其中以企业数量为主体，以及包括区块链的服务机构和区块链产业园。本节主要是对这些实体经营单位的指数进行测算，之后根据测算结果对 32 座中心城市进行排名，最后进行分析比较和评价及指出今后发展方向和重点。

一、2018 中国中心城市区块链规模基础指数测算结果排名

如图 4-3 所示，这 32 个中心城市区块链规模基础指数的排名结果依次是：北京、杭州、广州、上海、深圳、天津、成都、青岛、西安、贵阳、郑州、长沙、厦门、合肥、海口、武汉、宁波、大连、南宁、重庆、南京、石家庄、哈尔滨、昆明、长春、沈阳、乌鲁木齐、南昌、太原、兰州、呼和浩特、济南。

排名第一的北京得分为 19，排名最后的济南得分为 1。

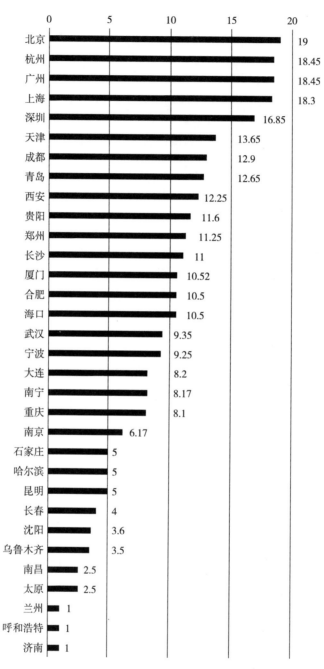

图 4-3 32 个中心城市区块链规模基础指数排名

资料来源：根据相关资料整理。

表 4-5　32 个中心城市区块链规模基础指数统计分析

规模基础指数	32 个中心城市	排名第一至五的城市	排名第六至十五的城市	排名第十六至二十九的城市
最大值	19	19	13.65	9.35
最小值	1	16.85	10.5	2.5
平均值	9.100	18.21	11.682	5.739
标准离差率	0.602	0.044	0.096	0.428

资料来源：根据相关资料整理。

表 4-5 为 32 个中心城市区块链规模基础指数的统计分析。我们选取了"标准离差率"作为衡量城市之间发展水平差距的指标，标准离差率越大，则该群体内城市之间的发展水平相差较大；标准离差率越小，则该群体内城市之间的发展水平相差就越小。

经过计算，这 32 个城市的标准离差率为 0.602，我们进一步计算了几个城市群之间的标准离差率，找到一些发展水平比较接近的城市群。

排名第一至五的城市、排名六至十五的城市、排名十六至二十九的城市标准离差率都较小，分别为 0.044、0.096 和 0.428，这三个群体可以各自归为一类。

北京、杭州、广州、上海、深圳为第一个发展水平较接近的城市群；天津、成都、青岛、西安、贵阳、郑州、长沙、厦门、合肥、海口为第二个发展水平较接近的城市群；武汉、宁波、大连、南宁、重庆、南京、石家庄、哈尔滨、昆明、长春、沈阳、乌鲁木齐、南昌、太原为第三个发展水平较接近的城市群。

第一个城市群中各城市的得分差距在 1.5 分以内，群体中排名最后的深圳比紧随其后的天津高出了超过 3 分。这个群体中的五大城市在规模基础上遥遥领先于其他城市。

第二个城市群中各城市的得分差距在 1 分以内，排名最后的海口比第三个城市群中排名第一的武汉高出 1 分多。

第三个城市群中各城市的得分差距大部分在 1 分以内。

这几个城市群之间在规模基础上相差很大，也明显呈现出东南沿海城市实力遥遥领先，但除去最发达的五个城市，紧随其后的城市群中既有内陆城市贵阳、长沙，也有沿海城市青岛、厦门，还有西北城市西安，城市的分布比较分散。

东北、华北和西北城市总体而言仍然处于较落后的水平。

值得注意的是传统经济领域并不算太落后的济南在这一项的排名处于垫底。

为了更详细分析这 32 个城市在规模基础指数中每个细分项的表现，我们罗列了包含每个细分项的整体指数排名，如表 4-6 所示。

表4-6　32个中心城市区块链规模基础及各细分项指数排名

	规模基础指数 （30分）	区块链企业规模 （17分）	区块链服务机构 （7分）	区块链产业园区 （6分）
北京	19	15.5	3	0.5
杭州	18.45	15	2.25	1.2
广州	18.45	15	1.15	2.3
上海	18.3	13.5	3.1	1.7
深圳	16.85	16	0.85	0
天津	13.65	13	0.65	0
成都	12.9	11.5	1.4	0
青岛	12.65	11.5	0.15	1
西安	12.25	12	0.25	0
贵阳	11.6	11.5	0.1	0
郑州	11.25	11	0.25	0
长沙	11	10	0	1
厦门	10.52	10	0.52	0
合肥	10.5	10.5	0	0
海口	10.5	10.5	0	0
武汉	9.35	8	0.35	1
宁波	9.25	9	0.25	0
大连	8.2	8	0.2	0
南宁	8.17	8	0.17	0
重庆	8.1	6	0.1	2
南京	6.17	6	0.17	0
石家庄	5	5	0	0
哈尔滨	5	5	0	0
昆明	5	5	0	0
长春	4	4	0	0
沈阳	3.6	3.5	0.1	0
乌鲁木齐	3.5	3.5	0	0
南昌	2.5	2.5	0	0
太原	2.5	2.5	0	0
兰州	1	1	0	0
呼和浩特	1	1	0	0
济南	1	1	0	0

资料来源：根据相关资料整理。

表 4-6 为 32 个中心城市规模基础及各细分项指数的排名。规模基础指数满分为 30 分，有三个组成部分：区块链企业规模（17 分）、区块链服务机构（7 分）、区块链产业园（6 分）。

表 4-6 中的区块链企业规模主要反映的是当地区块链企业的数量和质量，这是决定区块链产业发展水平最核心的要素，也是区块链产业发展的主体。区块链产业中企业的数量和质量直接关系产业发展的整体水平，因此这一项占的分数也最高。这一项的得分越高反映当地区块链企业的数量和质量综合水平越高。

表 4-6 中的区块链服务机构主要指当地的区块链媒体、行业组织和行业协会、研究机构等，这些组织和机构对促进和协助产业的发展有着巨大的作用，它们是区块链产业发展中不可缺少的有机组成部分，是整个产业生态中的重要一员，它们对区块链知识的普及、促进行业间交流起着重要作用。在我国互联网产业的发展过程中，民间服务机构、媒体的广泛宣传就起到了巨大的助推作用，使民众更容易接受互联网带来的新的行为方式和生活方式，区块链产业的发展同样离不开这个部分。这一项的得分越高反映当地媒体、行业组织、协会等机构越多，举办的相关专业活动也越多，这会直接或间接促进产业的发展。

表 4-6 中的区块链产业园主要指当地由政府，民间或企业成立创建的用于发展和聚集区块链企业的科技园区。区块链产业园有助于让企业间更方便地交流，协同发展，形成规模效应，更好更快地发挥企业能力，助力产业发展。这一项的得分越高反映当地区块链产业园的数量和质量综合水平就越高。

表 4-7 32 个中心城市规模基础及各细分项指数统计分析

指数种类	规模基础	企业规模	服务机构	产业园区
最大值	19	15.5	3	0.5
最小值	1	1	0	0
平均值	9.100	8.297	0.469	0.334
标准离差率	0.602	0.553	1.787	1.958

资料来源：根据相关资料整理。

在表 4-7 中，我们统计了规模基础指数及其包含的三项：区块链企业规模、区块链服务机构、区块链产业园区的各个数据。这个表所反映的是 32 个中心城市在规模基础各项细分指标上发展的均衡度及差异。

为了直观和进一步分析研究 32 个城市规模基础指数所包含的每一项的发展状况，我们绘制了 32 个城市在区块链企业规模、区块链服务机构、区块链产业园区这三个方面的雷达图，如图 4-4 所示。

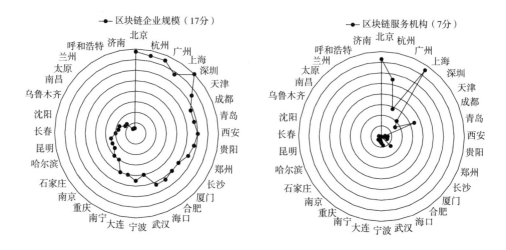

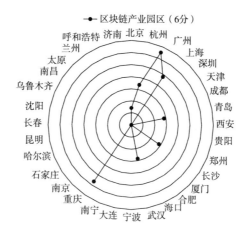

图4-4 32个中心城市区块链规模基础指数雷达图

资料来源：根据相关资料整理。

图4-4中我们对32个城市在规模基础指数的各个细分项上进行了图形展示，每个轴表示一个城市的表现。轴上的点越接近轴顶点则表示那个城市的状况越好，反之则越差。

二、2018中国中心城市区块链规模基础指数的评价

1. 规模基础指数排名的纵向比较及分析

综观32个城市在规模基础方面的图表及统计数据分析，可以发现以下几个

特点：

（1）几个城市群之间的整体发展水平差距较大，层次分明。四个一线城市"北上广深"加上杭州的发展水平大幅领先其他城市很多。

杭州入围前五，位居第二，除了产业园区这一项，杭州在其他项的得分普遍较为领先。

在排名前五的城市中，深圳垫底。但深圳在区块链企业规模方面的得分在五个城市中最高，这说明深圳的民间企业相当活跃，但政府对区块链产业的重视和扶植与民间对区块链企业的服务和重视仍然不及其他四个城市。

（2）紧随其后的排名第六至十五的城市分布广泛，包括天津、成都、青岛、西安、贵阳、长沙、厦门。值得注意的是贵阳进入这个城市群，并且在排名中跃居第十。贵阳在传统经济领域的发展一直在全国都是比较落后的地区，但在区块链产业的规模基础上能冲进前十，应该是得益于近些年贵阳在信息产业尤其是大数据产业上发力的结果。贵阳筹建了全国的大数据中心，大数据和区块链有密切的联系，因此贵阳的大数据产业对区块链产业助力颇多。

（3）排名第十六至二十九的城市为下一个城市群，值得注意的是在这个城市群中，南宁的排名超过重庆和南京。南宁作为西南内陆城市，无论在传统产业还是在信息产业、高科技产业上和南京、重庆相比都较为落后，但在区块链产业上迅速发展，并一跃向前，我们认为这主要还是南宁当地企业愿意积极投身区块链产业的发展，愿意积极探索产业和实际应用相结合。

（4）济南再次在这个排名中垫底，无论是企业规模、服务机构以及产业园区方面都是 32 个城市的最低分，与同在本省的青岛相比，差距都相当大。这说明济南无论是在企业界还是政府层面都还欠缺对区块链产业的重视和认识。

2. 对各城市在规模基础方面的发展建议

北京：在这一项排名全国第一，但仔细分析各细分项，我们发现北京在区块链产业园这一项的得分非常低，落后于上海、杭州、广州、青岛、长沙、武汉和重庆，由此可见北京在这方面有相当的差距。区块链产业园的设立和发展主要的推手还是在政府，在这一项得分高的城市都是政府在积极地运作和努力。区块链产业园的设立能起到聚集效应和规模效应。因此，我们对北京市的建议是政府要以积极的态度对待区块链产业园，尽快出台政策并积极行动起来设立产业园，吸引企业入园创业和发展，更好地帮助企业，推动产业的发展。

杭州：在这一项的总体得分排名第二，我们从细分项得分可以发现杭州在区块链服务机构方面与排名第一的北京有差距。因此，我们对杭州的建议是加强对区块链服务机构的培养和扶植。杭州市政府在出台产业政策，设立区块链产业园方面已经下了不少功夫，还可以在培养服务机构方面出台政策鼓励民间机构多提供对区块链企业的服务和协助，补齐这个缺憾，杭州的企业会有更好的成长环境，成长和发展得会更快。

广州：在这一项的总体得分与杭州并列排名第二，这主要是得益于区块链产业园的得分高，但是在区块链服务机构这项的得分上和同级别层次的城市比如北京、杭州和上海相比就较为落后。因此，我们对广州的建议是政府除了在区块链产业园方面的政策外，还要鼓励民间机构和企业多提供对区块链产业的辅助性工作和服务，为区块链企业创造配套的条件，营造良好的外部氛围。

上海：虽然在这一项的排名第四，我们从细分项得分可以看到上海在区块链企业规模方面得分较为落后。因此，我们对上海的建议是大力扶持区块链企业，尽快出台更多、力度更大的政策，鼓励区块链企业创业，并帮助企业成长，为企业的成长和发展提供便利条件，创造良好的外部环境。通过这样的措施在区块链企业数量和质量上双管齐下，取得更好的成效。

深圳：虽然在这一项的得分排名第五，但有个非常明显的"短板"，那就是区块链产业园得分很低，这表明深圳现在区块链企业的发展，产业的发展主要还是企业自己在努力，尤其得益于深圳拥有的一大批顶尖互联网和信息行业的巨头比如华为、腾讯等。政府在区块链产业园方面的作为几乎为零，这也表明深圳在这方面还有很大的潜力和提升的空间。因此，我们对深圳的建议和北京类似，就是政府要用积极的态度对待区块链产业园，尽快出台政策并拿出行动设立区块链产业园，尽快弥补在这一项上的"短板"。

天津、成都、青岛、西安、贵阳、郑州、长沙、厦门、合肥、海口、武汉、宁波、大连、南宁、重庆、南京：这几个城市属于排名居中的城市。它们中除了个别城市外主要的特点是在区块链服务机构和产业园方面得分很低，在区块链企业规模方面得分也不高。明显说明这些地方的政府对区块链产业园的态度不够积极，因此少有区块链产业园；另外当地企业的规模还不大，因此对区块链服务机构的需求很少。我们对这些城市的建议是政府要转变对区块链产业园的态度，积极出台政策支持区块链产业园的发展，设立一批产业园，吸引企业入园创业和发展，一方面带动整个产业的发展，另一方面也带动区块链服务机构的发展。

石家庄、哈尔滨、昆明、长春、沈阳、乌鲁木齐、南昌、太原、兰州、呼和浩特、济南：这几个城市在这一项的得分排名最后；这些城市基本都是经济欠发达的东三省、华北和西北城市；这几个城市无论在区块链企业规模、区块链服务机构还是产业园区方面得分都较低。因此，我们对这几个城市的建议是政府从设立区块链产业园入手，以设立产业园的方式鼓励企业在园区创业，吸引企业到园区发展，以此形成一定的产业氛围，然后重点对这些企业进行帮扶，以此带动其他方面如区块链服务机构的发展。

3. 规模基础指数细分项的横向比较及分析

在表 4-7 中我们对规模基础指数和各细分项指数都做了统计分析，其中规模基础指数的标准离差率为 0.602，我们以此为标准衡量其他各细分项指数的离差率，如果某项指数的离差率高于 0.602，则认为那一项指标上 32 个城市的发展不均衡，城市间差距较大；如果某项指数的离差率低于 0.602，则认为那一项的指标上 32 个城市的发展较均衡，城市间差距较小。离差率的值越大则表示发展越不均衡，离差率的值越小则表示发展越均衡。

图 4-4 中，我们对 32 个城市在规模基础指数的各个细分项上进行了展示，每个轴表示每个城市在那个指标上的表现，如果得分离顶点越近则那个城市在那个指标上发展越好；如果离顶点越远则那个城市在那个指标上发展越差。

从表 4-7 各项细分指数的统计分析和图 4-4 中可以看出这 32 个中心城市在三个细分领域的发展上有以下特点：

（1）32 个城市在区块链企业规模方面差距最小，而在区块链产业园方面差距最大。

（2）32 个城市普遍在企业规模方面表现最强，而在产业园方面表现最弱。

（3）规模基础这一项的满分是 30 分，32 个城市中只有四个城市的得分超过 18 分的及格线，即便是排名第一的北京得分也不高。总体而言，绝大部分城市的区块链产业规模仍然非常小，还有待进一步发展和壮大。

4. 对规模基础发展的宏观建议

从以上数据看，我国 32 个中心城市区块链产业的规模基础整体存在的问题和发展特点与第三章中省及直辖市区块链产业的规模基础现状非常类似，因此我们对各城市提升区块链产业规模基础的宏观建议与第三章第二节所述建议类似，读者可参考相关内容

第三节　2018 中国中心城市区块链资本实力 指数的测算结果及评价

本书这里所讲的资本实力，主要是指 2018 中国中心城市对区块链产业所有资本投入、融资情况和资金绩效。本节主要是对这些资本投入和融资情况及资本效益的指数进行测算，然后根据测算结果对 32 座中心城市进行排名，最后进行分析比较和评价及指出今后发展方向和重点。

一、2018 中国中心城市区块链资金实力指数测算结果排名

如图 4-5 所示，这 32 个中心城市区块链资金实力指数的排名结果依次是：深圳、北京、上海、杭州、广州、成都、厦门、西安、武汉、重庆、天津、贵阳、青岛、长沙、郑州、合肥、海口、南京、宁波、大连、石家庄、南宁、哈尔滨、沈阳、南昌、昆明、长春、乌鲁木齐、兰州、呼和浩特、太原、济南。

排名第一的深圳得分为 17，排名最后的济南得分 0。

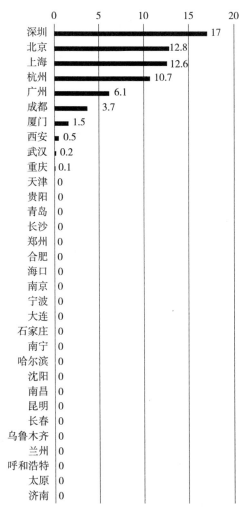

图 4-5 32 个中心城市区块链资金实力指数排名

资料来源：根据相关资料整理。

表 4-8 为 32 个中心城市区块链资金实力指数的统计分析，我们选取了"标准离差率"作为衡量城市之间发展水平差距的指标。标准离差率越大的群体，说明该群体内城市之间的发展水平相差较大，标准离差率越小的城市，说明该群体内城市之间的发展水平相差越小。

表 4-8　32 个中心城市区块链资金实力指数统计分析

资金实力指数	32 个中心城市	排名第一至四的城市	排名第八至十的城市
最大值	17	17	0.5
最小值	0	10.7	0.1
平均值	2.038	13.275	0.267
标准离差率	2.242	0.200	0.781

资料来源：根据相关资料整理。

经过计算，这 32 个城市的标准离差率为 2.242，由此可以看出这 32 个城市之间整体发展水平差距较大。我们进一步计算了几个城市群之间的标准离差率，找到一些发展水平比较接近的城市群。

排名第一至四的城市、排名第八至十的城市标准离差率都较小，分别为 0.200 和 0.781，此外排名第十一至三十二的城市得分都为 0。这三个群体可以各自归为一类。

深圳、北京、上海、杭州为第一个发展水平较接近的城市群。广州、成都、厦门、西安、武汉、重庆为第二个城市群。天津、贵阳、青岛、长沙、郑州、合肥、海口、南京、宁波、大连、石家庄、南宁、哈尔滨、沈阳、南昌、昆明、长春、乌鲁木齐、兰州、呼和浩特、太原、济南为第三个发展水平较接近的城市群。

第一个城市群中各城市之间的得分差距都在 4.5 分以内，第一个群体中排名最后的杭州比紧随其后的广州高 4.6 分。这个群体中的四大城市在资金实力上遥遥领先于其他城市。

第二个城市群中除了广州、成都、厦门之间差距较大外，其他各城市之间的得分差距都在 1 分以内。

其后从天津开始直到济南为第三个城市群。这个城市群在资金实力上的得分完全一样，分数都为零。分数为零表明在这些城市，风险投资和企业融资活动相当落后，几乎没有典型的投资融资案例。

这几个城市群之间的资金实力相差很大，也明显呈现出东南沿海城市实力遥遥领先。除去东南沿海城市之外，超过半数的城市在区块链资金实力上都相当弱。

为了更详细地分析这32个城市在资金实力指数中每个细分项的表现，我们罗列了包含每个细分项的资金实力指数排名，如表4-9所示。

表4-9　32个中心城市区块链资金实力及各细分项指数排名

	资金实力指数（20分）	资本投入（10分）	融资情况（8分）	资金绩效（2分）
深圳	17	9	8	0
北京	12.8	4	8	0.8
上海	12.6	5.5	7	0.1
杭州	10.7	5.1	5.5	0.1
广州	6.1	1	4.1	1
成都	3.7	1.1	2.1	0.5
厦门	1.5	1.5	0	0
西安	0.5	0	0.5	0
武汉	0.2	0	0.2	0
重庆	0.1	0	0.1	0
天津	0	0	0	0
贵阳	0	0	0	0
青岛	0	0	0	0
长沙	0	0	0	0
郑州	0	0	0	0
合肥	0	0	0	0
海口	0	0	0	0
南京	0	0	0	0
宁波	0	0	0	0
大连	0	0	0	0
石家庄	0	0	0	0
南宁	0	0	0	0
哈尔滨	0	0	0	0
沈阳	0	0	0	0
南昌	0	0	0	0
昆明	0	0	0	0
长春	0	0	0	0
乌鲁木齐	0	0	0	0

续表

	资金实力指数（20分）	资本投入（10分）	融资情况（8分）	资金绩效（2分）
兰州	0	0	0	0
呼和浩特	0	0	0	0
太原	0	0	0	0
济南	0	0	0	0

资料来源：根据相关资料整理。

表4-9为32个中心城市区块链资金实力及各细分项指数的排名。资金实力指数满分为20分，有三个组成部分：资本投入（10分）、融资情况（8分）和资金绩效（2分）。

表4-9中的资本投入主要反映的是当地投资机构主要是风险投资对区块链行业企业进行投资的频次和金额。一个产业的发展离不开资金的投入，尤其是对区块链这个新兴的高科技产业，其现在还处于行业的初始发展阶段，更加离不开风险投资的作用，风险投资是区块链初创企业成长壮大的核心推动要素之一。这一项的得分越高，反映当地风投的投资频数和投资金额综合水平也越高。

表4-9中的融资情况主要反映当地的区块链企业的融资状况，主要包括融资的频次和融资的金额。一般而言，融资分为若干轮次，有企业处于孵化阶段的天使轮，产品成型阶段的A轮，发展阶段的A+轮、B轮、B+轮等。企业在不同的发展阶段都会随着自身需求的变化而进行规模和频次不同的融资，企业的融资状况直接表现为业界对企业的项目前景、市场潜力等各方面的发展是否看好。我国所有上市的顶级互联网产业巨头全部都经历过若干轮的融资，区块链产业企业的发展也一定如此。这一项的得分越高反映当地区块链企业融资的频次和金额综合水平就越高。

表4-9中的资金绩效主要反映的是投资和融资是否带来了收益，这是衡量资金使用效率的一个主要指标。这一项的得分越高反映投资和融资带来的效果就越好。

在表4-10中，我们统计了资金实力指数及其包含的三项：资本投入、融资情况和资金绩效的各个数据。这个表所反映的是32个中心城市在各项细分指标上发展的均衡度及差异。

表4-10　32个中心城市区块链资金实力及各细分项指数统计分析

指数种类	资金实力	资本投入	融资情况	资金绩效
最大值	17	9	8	0
最小值	0	0	0	0

续表

指数种类	资金实力	资本投入	融资情况	资金绩效
平均值	2.038	0.85	1.109	0.078
标准离差率	2.242	2.451	2.228	3.0104

资料来源：根据相关资料整理。

为了直观和进一步分析研究 32 个城市资金实力指数所包含的每一项的发展状况，我们绘制了 32 个城市在资本投入、融资情况和资金绩效这三个方面的雷达图，如图 4-6 所示。

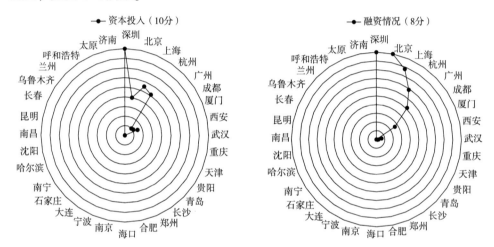

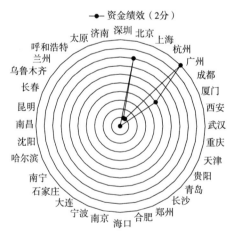

图 4-6　32 个中心城市区块链资金实力指数雷达图

资料来源：根据相关资料整理。

图 4-6 中我们对 32 个城市在规模基础指数的各个细分项上进行了展示，每个轴表示一个城市的表现。轴上的点越接近轴顶点则表示那个城市的状况越好；反之则越差。

二、2018 中国中心城市区块链资金实力指数的评价

1. 资金实力指数排名的纵向比较及分析

综观 32 个城市在资金实力方面的图表及统计数据分析，我们可以发现以下几个特点：

（1）几个城市群之间的整体发展水平差距较大，层次分明。四个城市"深北上杭"的发展水平大幅领先其他城市很多。

深圳跃居首位，这说明深圳已经在区块链产业的风险投资和融资方面走在了全国的前列。我们认为，这一方面和深圳一直以来有着优秀的创投氛围有关，另一方面也和深圳本地企业有着良好的融资渠道有关。

杭州在这一项的排名位居第四，说明杭州近些年在区块链产业的风投和融资方面发展较快。我们认为，这和杭州有以阿里巴巴为首的高科技公司发展所带动起来的氛围和环境有关。

在资金绩效方面，北京得分最高。北京一直以来就是我国的风投重镇，在长期的发展和实践中，北京的风投企业对投资融资回报会有更好的经验和评估，因此在区块链产业的投融资回报表现也非常亮眼。

（2）广州在此项上和前四个城市差距较大，成都紧跟广州。

虽然整体得分上广州仍然排第五，但分数与排名与前一位的杭州已经有了较大差距，落后了 4 分。进一步观察细分项，我们发现在资本投入方面，广州落后杭州达 4 分。这说明广州地区的风险投资明显不够活跃，对区块链产业的参与度不够积极。

（3）成都在排名上紧随广州之后，且在资本投入这一项上超过广州。

（4）我们注意到厦门在这个排名上跃居第七，并且在资本投入这一个细分项上排名第五。这说明厦门当地的风投在区块链产业的活跃度已经在全国排在前列。

（5）整个排名中有 22 个城市的资金实力得分一样，并且相当低，只有 0 分。这个分数实际上表示在该地，风险投资的活跃度几乎为 0，区块链企业的融资也可以忽略不计。

值得注意的是，这些城市中，不仅有本身在经济实力和产业实力上较弱的东北、西北和西南城市，连经济实力较强的沿海城市，比如青岛、宁波、大连，还

有在整体指数上排名不错的贵阳。我们认为形成这个局面的因素很多，一是某些地方本身经济实力就较弱，因此也不太可能有活跃的风险投资；二是即便是当地的经济实力较强，但如果缺乏风投发展的氛围，也难以带动风投对区块链产业的投资。

2. 对各城市在资金实力方面的发展建议

深圳：在这一项上得分虽然排名第一，但我们观察细分项可以发现深圳在资金绩效方面较为落后。因此，我们建议深圳的企业和投资机构向在这方面表现好的北京、上海及杭州的相关机构和企业学习，提高投资和融资的授予，提升资金的利用率。

北京：在这一项上排名第二，但我们查看各细分项得分后发现北京在资本投入这一项上不仅落后于总体排名第一的深圳而且还落后于排名其后的上海和杭州，这说明北京的风投机构在活跃度上明显不如实力和发展状况在同级别的城市。因此，我们建议北京要鼓励风险投资对区块链企业的投资，另外政府也要配合政策上的措施加大对区块链企业本身的扶持和帮助，形成更好的利于区块链企业和产业发展的氛围，这样投资机构也会更有信心加强对这个产业的投入。

上海：在这一项上得分排名第三，落后的主要原因也在资金投入方面。因此我们对上海的建议与北京类似，就是政府要鼓励风险投资对区块链企业的投资，另外政府也要配合政策上的措施加大对区块链企业本身的扶持和帮助。形成更有利于区块链企业和产业发展的氛围，这样投资机构也会更有信心加强对这个产业的投入。

杭州、广州、成都：杭州在这一项上的得分排名第四，广州排名第五，成都排名第六。我们仔细查看各细分项的得分，发现杭州、广州和成都在资本投入和融资状况方面表现均较为落后。因此，我们建议三地既要大力出台政策加强对区块链企业和产业的投资，也要多鼓励本地区块链企业进行必要的融资，政府可以牵线搭桥帮助需要融资的企业进行融资。

厦门：在这一项的总体得分排名靠前，主要是在资本投入方面表现良好，但在融资情况和资金绩效方面就很弱。因此，我们对厦门的建议是：加强企业融资和提高资金绩效。在融资方面，多鼓励本地区块链企业进行必要的融资，政府可以牵线搭桥帮助需要融资的企业进行融；在加强资金绩效方面，厦门的企业要多向北京、广州的相关机构和企业学习，提高投资和融资的收益，提升资金的利用效率。

西安、武汉、重庆：这几个城市在这一项的总体得分较一般，普遍在资本投入和资金绩效方面表现都和排名前列的城市有较大差距。因此，我们建议这些城市可以根据自己的状况在资本投入和资金绩效方面努力下功夫，多在宏观政策协助企业进行融资，形成良好的投资和融资氛围，另外多向先进城市考察学习提高资金绩效的方法。

天津、贵阳、青岛、长沙、郑州、合肥、海口、南京、宁波、大连、石家庄、南宁、哈尔滨、沈阳、南昌、昆明、长春、乌鲁木齐、兰州、呼和浩特、太原、济南：这些城市在这一项的得分都为零。这些城市中大部分都是内地、东北、华北、西南和西北城市，都是传统上经济较不发达的地区。这些城市本身在风险投资和融资方面就不是太积极、不太活跃，因此有着先天的弱势。我们给这些城市的建议是根据自身的情况从一些小的领域和局部先努力，可以在某个领域先鼓励和扶植区块链企业的发展和成长，在这些领域鼓励风险投资对企业进行投资，政府搭建桥梁协助需要融资的企业进行融资。

这些城市因为先天就有很多不足的地方，因此更需要政府的积极引导和推动。贵阳在区块链政策的制定和推动方面就是一个好的榜样，由于政府的努力，贵阳在区块链政策方面的发展在全国都处于领先地位，这个经验同样值得各个政府在这个领域参考和学习。

3. 资金实力指数细分项的横向比较及分析

在表 4-10 中我们对资金实力指数和各细分项指数都做了统计分析。资金实力指数的标准离差率为 2.242，我们以此为标准衡量其他各细分项指数的离差率，如果某项指数的离差率高于 2.242，则认为那一项指标上 32 个城市的发展不均衡，城市间差距较大；如果某项指数的离差率低于 2.242，则认为那一项的指标上 32 个城市的发展较均衡，城市间差距较小。离差率的值越大则表示发展越不均衡，离差率的值越小则表示发展越均衡。

图 4-6 中我们对 32 个城市在资金实力指数的各个细分项上进行了展示，每个轴表示每个城市在那个指标上的表现，如果得分离顶点越近则那个城市在那个指标上发展越好；如果离顶点越远则那个城市在那个指标上发展越差。

从表 4-10 各项细分指数的统计分析和图 4-6 中可以看出这 32 个中心城市在三个细分领域的发展上有以下特点：

（1）32 个城市在区块链产业的资金绩效方面差距最大，在资本投入和融资方面差距较大。

（2）在资本投入方面，32 个城市中排名前七的城市表现良好，大部分城市表现很差。

（3）在融资情况方面，32 个城市中排名前六的城市发展势头良好，大部分城市发展很差。

（4）资金实力这一项的满分为 20 分，32 个城市中有 25 个城市的得分不到 1 分，说明在这个产业的发展上，绝大部分城市极度缺乏资金投入和融资支持。

4. 对资金实力发展的宏观建议

从以上数据看，我国 32 个中心城市区块链产业的资金实力整体存在的问题和发展特点与第三章中省（区、直辖市）区块链产业的资金实力状况非常类似，因此我们对各城市加强区块链产业资金实力的宏观建议与第三章第三节所述建议类似，读者可参考相关内容。

第四节　2018 中国中心城市区块链创新能力指数的测算结果及评价

本书这里所讲的创新能力，主要是指 2018 中国中心城市对区块链产业所具备的区块链人才、区块链专利、区块链技术和区块链顶层设计。本节主要是对这些创新能力的指数进行测算，而后根据测算结果对 32 个中心城市进行排名，最后进行分析比较和评价及指出今后发展方向和重点。

一、2018 中国中心城市区块链创新能力指数测算结果排名

如图 4-7 所示，这 32 个中心城市区块链创新能力指数的排名结果依次是：北京、深圳、上海、杭州、广州、成都、天津、青岛、武汉、重庆、西安、厦门、郑州、南京、长沙、合肥、大连、贵阳、哈尔滨、海口、宁波、南宁、济南、长春、石家庄、沈阳、昆明、乌鲁木齐、南昌、兰州、呼和浩特、太原。

排名第一的北京得分为 13.16，排名最后的太原得分为 1.3。

表 4-11 为 32 个中心城市区块链创新能力指数的统计分析。我们选取了"标准离差率"作为衡量城市之间发展水平差距的指标。标准离差率越大的群体，该群体内城市之间的发展水平相差较大，标准离差率越小的群体，说明该群体内城市之间的发展水平相差越小。

表 4-11　32 个中心城市区块链创新能力指数统计分析

创新能力指数	32 个中心城市	排名第七至十七的城市	排名第十八至三十二的城市
最大值	13.16	6.48	2.9
最小值	1.3	3.8	1.3
平均值	4.583	4.842	2.027
标准离差率	0.725	0.183	0.300

资料来源：根据相关资料整理。

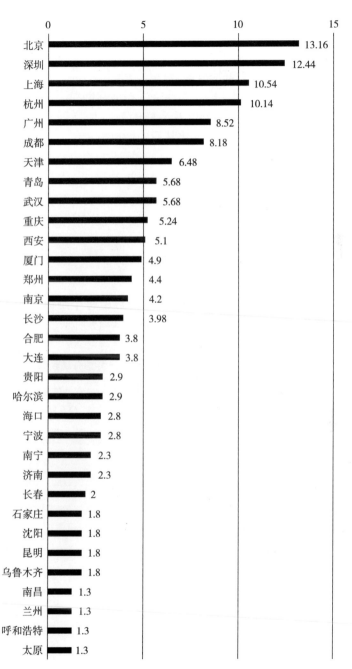

图 4-7 32 个中心城市区块链创新能力指数排名

资料来源：根据相关资料整理。

经过计算，这 32 个城市的标准离差率为 0.725。我们进一步计算了几个城市群之间的标准离差率，找到一些发展水平比较接近的城市群。

排名第七至十七的城市、排名第十八至三十二的城市标准离差率都较小，分别为 0.183 和 0.300。这两个群体可以各自归为一类。

北京、深圳、上海、杭州、广州和成都排名前六的城市之间得分差距有大有小，从 0.5 分到 1.5 分不等，其中排名最后的成都比紧随其后的天津高出 1.7 分。这六个城市为第一个城市群，且比其后的城市大幅领先。

天津、青岛、武汉、重庆、西安、厦门、郑州、南京、长沙、合肥和大连这十一个城市为第二个城市群。城市之间的得分相差都在 1 分以内。

贵阳、哈尔滨、海口、宁波、南宁、济南、长春、石家庄、沈阳、昆明、乌鲁木齐、南昌、兰州、呼和浩特和太原为第三个城市群体，城市之间的得分相差都在 0.5 分以内。

这几个城市群之间在创新能力方面相差较大，明显呈现出教育及科研基础较好的大城市及发达城市的创新能力遥遥领先。

为了更详细分析这 32 个城市在创新能力指数中每个细分项的表现，我们罗列了包含每个细分项的创新能力指数排名，如表 4-12 所示。

表 4-12　32 个中心城市区块链创新能力及各细分项指数排名

	创新能力指数 （25 分）	区块链人才 （10 分）	区块链专利 （7 分）	区块链技术 （6 分）	区块链顶层设计 （2 分）
北京	13.16	7.16	5	0	1
深圳	12.44	6.94	4.5	0	1
上海	10.54	7.04	3.5	0	0
杭州	10.14	6.64	3.5	0	0
广州	8.52	6.52	2	0	0
成都	8.18	6.18	2	0	0
天津	6.48	5.48	1	0	0
青岛	5.68	4.68	1	0	0
武汉	5.68	4.18	1.5	0	0
重庆	5.24	4.24	1	0	0
西安	5.1	4.1	1	0	0
厦门	4.9	3.4	1.5	0	0
郑州	4.4	3.4	1	0	0

	创新能力指数 （25 分）	区块链人才 （10 分）	区块链专利 （7 分）	区块链技术 （6 分）	区块链顶层设计 （2 分）
南京	4.2	3.2	1	0	0
长沙	3.98	3.48	0.5	0	0
合肥	3.8	2.8	1	0	0
大连	3.8	3.3	0.5	0	0
贵阳	2.9	2.8	0.1	0	0
哈尔滨	2.9	2.8	0.1	0	0
海口	2.8	2.8	0	0	0
宁波	2.8	2.3	0.5	0	0
南宁	2.3	2.3	0	0	0
济南	2.3	1.3	1	0	0
长春	2	1.8	0.2	0	0
石家庄	1.8	1.8	0	0	0
沈阳	1.8	1.8	0	0	0
昆明	1.8	1.8	0	0	0
乌鲁木齐	1.8	1.8	0	0	0
南昌	1.3	1.3	0	0	0
兰州	1.3	1.3	0	0	0
呼和浩特	1.3	1.3	0	0	0
太原	1.3	1.3	0	0	0

资料来源：根据相关资料整理。

表 4-12 为 32 个中心城市区块链创新能力及各细分项指数的排名。创新能力指数满分为 25 分，有四个组成部分：区块链人才（10 分）、区块链专利（7分）、区块链技术（6 分）和区块链顶层设计（2 分）。

表 4-12 中的区块链人才主要反映当地区块链企业中从业的人员及学历层次。区块链产业是高科技产业，需要大量的区块链开发人才，更需要高层次的开发人才。这一项的得分越高反映当地区块链从业人员的数量和学历综合水平就越高。

表 4-12 中的区块链专利主要反映当地申请的专利和得到的专利数，这是科研成果最直接的反映。这一项得分越高反映当地申请和获得的专利数越多。

表 4-12 中的区块链技术主要反映当地科研机构、组织或企业获得的省级及

国家级的科研成果奖，这是当地综合科技实力的表现。这一项得分越高反映当地企业或组织机构取得的国家或省级科技奖越多。

表4-12中的区块链顶层设计主要反映当地制定和出台的区块链行业标准文件数量。这一项的得分越高反映当地出台和制定出的区块链行业标准文件越多。在表4-13中，我们只统计了创新能力指数及其包含的三项：区块链人才、区块链专利和区块链顶层设计的各个数据。这个表所反映的是32个中心城市在各项细分指标上发展的均衡度及差异。在这个表里没有统计区块链技术这一项，因为这一项目前各个城市都还没有取得重大成果，因此得分为0。

表4-13 32个中心城市区块链创新能力及各细分项指数统计分析

指数种类	创新能力	区块链人才	区块链专利	区块链顶层设计
最大值	13.16	7.16	5	1
最小值	1.3	1.3	0	0
平均值	4.583	3.476	1.044	0.063
标准离差率	0.725	0.552	1.290	3.935

资料来源：根据相关资料整理。

为了直观和进一步分析研究32个城市区块链创新能力指数所包含的每一项的发展状况，我们绘制了32个城市在区块链人才、区块链专利、区块链技术和区块链顶层设计这四个方面的雷达图，如图4-8所示。

图4-8中我们对32个城市在规模基础指数的各个细分项上进行了展示，每个轴表示一个城市的表现。轴上的点越接近轴顶点则表示那个城市的状况越好，反之则越差。

二、2018中国中心城市区块链创新能力指数的评价

1. 创新能力指数排名的纵向比较及分析

综观32个城市在创新能力方面的图表及统计数据分析，我们可以发现以下几个特点：

（1）排名前六的城市之间的发展水平差距较大，层次分明。北京、深圳、上海、杭州、广州和成都这前六位的城市之间得分阶梯明显。

进一步观察各细分项指标，我们发现北京在各个指标上全面领先，而且全部都是排名第一，这充分反映出北京在科研和人才方面在全国首屈一指的优势。深圳和上海紧随其后，但在区块链人才和专利上和北京差距较大。深圳和上海相比

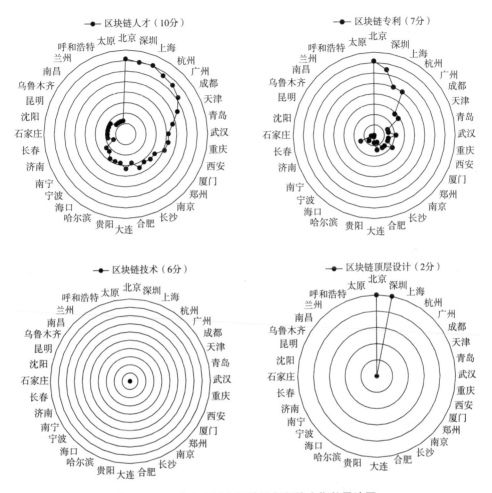

图4-8 32个中心城市区块链创新能力指数雷达图

资料来源：根据相关资料整理。

主要领先在专利和顶层设计上，这表明深圳的科研机构、组织和企业在区块链专利申请和顶层设计方面强于上海。我们认为，这和深圳拥有一系列信息产业的科技巨头，如华为、腾讯等有关，而且这些企业在大动作布局区块链产业。杭州和广州在人才上落后于上海，广州在区块链专利方面落后于杭州较多。

我们认为这个指标反映的是这几个城市在信息产业方面的综合实力，这具体体现在企业的科研能力、人才竞争力、专利数等方面。

（2）在这个指标中，广州和同在一省的深圳相比已经有较大差距了，而且是在所有指标上全面落后于深圳。这体现了广州在信息产业及高科技产业方面的综合实力已经落后于深圳较大幅度，直接影响了广州在区块链产业方面的发展。

（3）在这个排名中，成都排名紧随广州，仅仅在区块链人才方面稍有落后，但差距并不大，有赶超的势头，在这方面发展迅速。

（4）有着"中国光谷"之称的武汉在信息产业方面有很好的基础，但这个优势似乎没有发挥在区块链产业，而且武汉本身有很强的教育和科研实力，但在区块链专利方面得分仅为1.5分，武汉的这几大优势都没有发挥出来。我们认为，武汉地区的企业和高校等机构在这方面还不够积极，对区块链产业的重视度还不够高。

（5）同样有着很强科研和教育优势的西安和南京在区块链创新方面表现也不尽如人意，它们的优势没有发挥出来。这两个城市的高校和企业对区块链产业的重视也不够。

（6）在传统经济领域较落后的东三省、华北、西北、西南城市在创新方面表现排位最后。我们认为，这主要是因为这些城市的先天不足导致它们在这个项目上得分落后。

在排名中，我们发现贵阳的得分较低，排名比较靠后。我们认为在区块链产业发展方面，贵阳政府和当地企业这些年的努力有目共睹，但在创新能力方面还是需要长期的积累和发展，并且其高度依赖当地的科研和教育发展状况，而科研和教育是贵阳长期比较落后的方面，是先天的劣势，因此，这一项得分低可以理解。

（7）创新能力指数的满分为32分，而32个城市中无一达到及格分数15分，这说明我国城市在区块链产业发展的创新能力方面极度缺乏，是一个极大的"短板"。

2. 对各城市在创新能力方面的发展建议

北京：在这一项的得分排名，并且在几个细分项上得分都为第一。创新能力的核心无论是人才数量、质量还是专利申请以及科技成果的取得，最核心的方面还是在人才。北京市虽然在这一项排第一，但如果要保持这个优势并进一步发挥这个优势，我们认为可以在以下几个方面下功夫：一是加强区块链人才的培养，尤其是在高等学校中加强对人才的培养。鼓励高校开设区块链课程甚至是区块链专业。二是鼓励民间机构在社会上办区块链专业和技术方面的培训。三是鼓励各类IT人才积极从事区块链产业。四是可以出台政策鼓励企业和组织机构加强研发，多申请区块链方面的专利。

深圳、上海：这两个城市在该项得分上紧随北京，并且在区块链人才和专利申请上得分也紧随北京。因此，我们对这两个城市的建议和北京类似。

杭州、广州：杭州和广州分列第四、第五。从各细分项看出这两个城市明显在区块链人才方面、专利申请和顶层设计上要落后。因此建议杭州和广州政府一方面采取和北京市政府一样的政策，加大对人才的培养和引进，从源头上加强人才方面的积累，另一方面鼓励企业和科研单位加强专利的申请，并积极投入到顶层规范和行业标准的制定中。

成都、天津、青岛、武汉、重庆、西安、厦门、郑州、南京、长沙、合肥、大连：这几个城市在区块链人才和区块链专利方面得分都较弱。因此建议这些城市两手都要抓，一方面要积极布局和鼓励本地对区块链人才的培养；另一方面也要积极出台政策鼓励企业和各组织机构努力加强对区块链技术的研发和专利的申请。

这里特别要指出的是成都、天津、武汉、西安、南京、大连都是高等教育和科研机构比较发达的城市，但在这一项的得分很普通，这是当地的高校和机构不太重视区块链技术和应用的表现。这些城市要利用好自身的教育和科研优势，在区块链领域发挥这些优势培养人才，加强科研实力。

贵阳、哈尔滨、海口、宁波、南宁、济南、长春、石家庄、沈阳、昆明、乌鲁木齐、南昌、兰州、呼和浩特、太原：这些城市无论是在区块链人才还是在区块链专利申请获得方面都表现较弱；这些城市中大部分都是经济实力和科研较弱的城市，存在先天不足。因此，我们对这些城市的建议是力所能及地利用本地的教育资源和科研资源培养区块链人才，鼓励本地企业和科研从事这方面的研发。

这里值得注意的是济南、沈阳、哈尔滨，兰州有着不错的教育资源，但在这一项得分仍然很低，这显然是没有重视区块链技术和产业的表现，当地政府应该积极出台措施，努力发挥教育资源的优势培养区块链人才。

3. 创新能力指数细分项的横向比较及分析

在表 4-13 中我们对创新能力指数和各细分项指数都做了统计分析。创新能力指数的标准离差率为 0.725，我们以此为标准衡量其他各细分项指数的离差率，如果某项指数的离差率高于 0.725，则认为那一项指标上 32 个城市的发展不均衡，城市间差距较大；如果某项指数的离差率低于 0.725，则认为那一项的指标上 32 个城市的发展较均衡，城市间差距较小。离差率的值越大则表示发展越不均衡，离差率的值越小则表示发展越均衡。

图 4-8 中，我们对 32 个城市在创新能力指数的各个细分项上进行了展示，每个轴表示每个城市在那个指标上的表现，如果得分离顶点越近则那个城市在那个指标上发展越好；如果离顶点越远则那个城市在那个指标上发展越差。

从表 4-13 各项细分指数的统计分析和图 4-8 中可以看出这 32 个中心城市在区块链人才、区块链专利和区块链技术三个细分领域的发展上有以下特点：

（1）32 个城市在区块链顶层设计方面的发展最不均衡，差异较大。这里区块链顶层设计的指标反映了科研机构和企业在区块链行业标准和规范制定方面所作出的贡献及取得的成果。这一项得分的高低直接表明某地区产业发展是否占据了行业发展的制高点，是核心竞争力的关键体现。

科研教育发达的地区在这一方面会有先天的优势，但并不代表就一定会在这方面取得好的成果，如武汉、南京和西安就没有发挥出优势。不具备先天优势的地区在这方面往往得分也不高，贵州就是典型，尽管贵州政府在各方面花了大力气，但这一项的得分仍然很低。

（2）32个城市在区块链专利方面发展不太均衡，差异较大。这主要反映为各城市在专利申请和获得方面有差异。

申请专利和获得专利一般最活跃的是企业和高校，而区块链技术和信息科学、数学、计算机、软件、互联网等学科密切相关，因此当地企业和高校在这些领域的科研实力会直接影响当地在区块链专利的研发和申请。这32个城市包含了水平发展参差不齐的东南沿海城市、内地城市、西北和西南城市。因此，这些城市差异较大的科研实力会直接影响这一项的得分。

（3）32个城市在区块链人才方面的发展差异不大。虽然32个城市有些先天就有人才优势比如北京，有些先天就人才不足比如贵州，但我们认为由于区块链产业还处在发展初期，各地都急需大量的专业人才，不仅有数量上的需求还有质量上的需求。因此，即便是在人才方面有先天优势的地区，区块链人才的供给也呈严重短缺的状况，进入区块链产业的人无论在数量上还是在质量上都不够。

（4）32个城市在区块链技术方面都没有表现比较突出的城市，甚至北京表现都不好，普遍集中在水平比较低的层次。大部分城市无论是企业还是高校及科研机构都还没有开始重视对区块链技术的深度研发，因此还没有拿到国家或省级科技奖。

（5）32个城市在区块链专利方面的发展差强人意。虽然有些城市比如北京表现突出，但整体水平仍然偏弱，包括一些在科研方面有很好基础的城市比如武汉、南京、西安等得分都较低。

我们认为一方面是因为区块链产业是新兴行业，在这个行业申请和取得大量的专利需要时间的积累，目前的积累还不够；另一方面很多地区对区块链技术的认识不够，尤其是高校和科研机构，尚没有投入足够的精力和资源从事这个领域的研发，因此目前的专利申请和获得表现不好。

（6）32个城市普遍在人才发展方面处于较低水平，我们认为这和区块链产业的发展现状有关。区块链技术的落地目前虽然进步很快，但大多数还在探索的过程中，因此企业的盈利模式、技术的应用场景仍然不明确，大众对区块链的认识很有限，甚至还有不少误区，因此，在这种情况下，企业即便是开出高薪，也无法吸引大量的人才加入这个企业。另外，培养高科技人才的高校目前在区块链技术的教育和培训方面也很落后，尚没有一套完整的培养人才的机制，这也限制了人才的批量培养和输送。这不是个别地区的问题，而是普遍存在的问题。

（7）32个城市中只有北京和深圳在区块链顶层设计方面取得了分数。这反映出绝大部分城市的企业和科研机构还没有认识到参与区块链行业标准和规范制定的重要性。

（8）32个城市在区块链技术方面都为零。这反映了区块链产业目前在技术发展方面极度缺乏有深度的研究，没有取得过重大、有突破性的科研成果，这方面还属于空白。

4. 对创新能力发展的宏观建议

从以上分析观察来看，我们认为当前要促进区块链创新能力的发展，要根据各地情况的不同综合采取因地制宜的措施，对科研教育实力强的地区和欠发达地区措施的侧重点会不同。从宏观方面，有以下几点建议：

（1）对科研教育发达但在这一项得分落后的地区而言，尤其像武汉、南京、西安，应该大力鼓励并制定政策引导和推动相关机构和企业积极利用好自身的优势从事区块链技术的研发和专利的申请。

（2）对科研教育欠发达地区而言，由于先天不足，在这方面缺乏基本的条件，但也可以出台政策，一方面鼓励本地企业和科研机构从事区块链技术的研发，另一方面也可以鼓励本地企业和机构与发达地区的机构及高校进行技术的联合研发和专利申请，以这样的方式逐步带动和发展本地企业及高校的科研能力和实力。

（3）积极鼓励企业和科研机构加强重大技术的攻关和突破，进行深入的研究，争取取得重大的科研成果，同时积极参与全国及全球区块链行业规范和标准的制定。

（4）任何高科技产业的发展，其核心动力和要素就是人，尤其是高素质的人才，有了高素质人才才会有高质量的科研成果。在创新能力方面，32个城市的得分总体都不尽如人意，这应该引起政府部门的高度重视，要从长远角度来规划和制定人才发展策略和政策，尽快推出相关措施，培养和吸引人才，这是一个要长期贯彻努力的方向，只有保证了人才源源不断的供给才能从根本上给区块链产业的发展注入原动力和活水。

第五节 2018中国中心城市区块链产业生态 环境指数的测算结果及评价

本书这里所讲的生态，主要是指 2018 中国中心城市对区块链产业所具备有的政策环境、社会环境和风控环境。本节主要是对这些生态环境的指数进行测算，而后根据测算结果对 32 个中心城市进行排名，最后在排名的基础上进行评价及指出今后发展方向和重点。

一、2018中国中心城市区块链产业生态环境指数测算结果排名

如图 4-9 所示，这 32 个中心城市区块链创新能力指数的排名结果依次是：杭州、上海、北京、贵阳、天津、成都、深圳、重庆、广州、石家庄、南昌、合肥、沈阳、海口、兰州、呼和浩特、武汉、长沙、青岛、西安、南京、乌鲁木齐、济南、郑州、宁波、南宁、大连、厦门、哈尔滨、昆明、长春、太原。

排名第一的杭州得分为 14.8，排名最后的太原得分为 0.8。

表 4-14 为 32 个中心城市区块链生态环境指数的统计分析，我们选取了"标准离差率"作为衡量城市之间发展水平差距的指标。标准离差率越大的群体，说明该群体内城市之间的发展水平相差较大；标准离差率越小的城市，说明该群体内城市之间的发展水平相差越小。

表 4-14 32 个中心城市区块链生态环境指数统计分析

生态环境指数	32 个中心城市	排名第七至十一的城市	排名第十二至十六的城市	排名第十七至三十二的城市
最大值	14.8	4.9	3.3	1.9
最小值	0.8	4.3	2.8	0.8
平均值	3.653	4.74	2.920	1.125
标准离差率	1.007	0.053	0.074	0.335

资料来源：根据相关资料整理。

经过计算，这 32 个城市的标准离差率为 1.007，由此可以看出这 32 个城市之间整体发展水平差距较大。我们进一步计算了几个城市群之间的标准离差率，

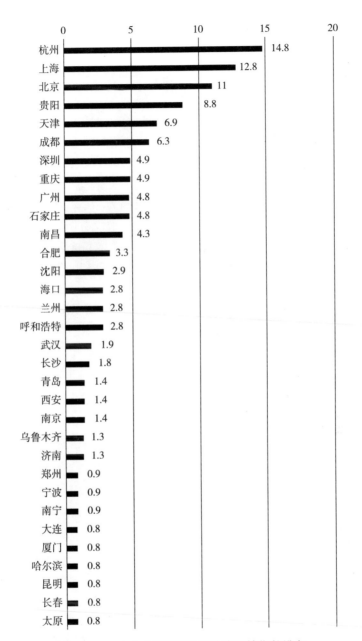

图4-9 32个中心城市区块链生态环境指数排名

资料来源：根据相关资料整理。

找到一些发展水平比较接近的城市群。

排名第七至十一的城市、排名第十二至十六的城市、排名第十七至三十二的城市标准离差率都较小，分别为 0.053、0.074 和 0.335。这三个城市群可以各自归为一类。

杭州、上海、北京、贵阳、天津、成都排名前六位，并且相互之间得分差距较大，有些超过 2 分。

从深圳开始，重庆、广州、石家庄、南昌这五个城市之间得分差距不超过 0.5 分，可归为一个群体。这个群体中排名最后的南昌超过紧随其后的合肥 1 分。

从沈阳开始，海口、兰州、呼和浩特、武汉、长沙、青岛、西安、南京、乌鲁木齐、济南、郑州、宁波、南宁、大连、厦门、哈尔滨、昆明、长春、太原这些城市之间绝大部分得分差距不超过 0.5 分，可归为一个群体。

这几个城市群之间在生态环境方面相差较大，层次分明。

为了更详细地分析这 32 个城市在生态环境指数中每个细分项的表现，我们罗列了包含每个细分项的生态环境指数排名，如表 4-15 所示。

表 4-15　32 个中心城市区块链生态环境及各细分项指数排名

	生态环境指数（15 分）	政策环境（10 分）	社会环境（2 分）	风控环境（3 分）
杭州	14.8	12	2	0.8
上海	12.8	10	2	0.8
北京	11	8	2	1
贵阳	8.8	8	0	0.8
天津	6.9	6	0.1	0.8
成都	6.3	4	1.5	0.8
深圳	4.9	4	0.1	0.8
重庆	4.9	4	0.1	0.8
广州	4.8	3.5	0.5	0.8
石家庄	4.8	4	0	0.8
南昌	4.3	3.5	0	0.8
合肥	3.3	2.5	0	0.8
沈阳	2.9	2	0.1	0.8
海口	2.8	2	0	0.8
兰州	2.8	2	0	0.8
呼和浩特	2.8	2	0	0.8

续表

	生态环境指数（15 分）	政策环境（10 分）	社会环境（2 分）	风控环境（3 分）
武汉	1.9	1	0.1	0.8
长沙	1.8	1	0	0.8
青岛	1.4	0.5	0.1	0.8
西安	1.4	0.5	0.1	0.8
南京	1.4	0.5	0.1	0.8
乌鲁木齐	1.3	0.5	0	0.8
济南	1.3	0.5	0	0.8
郑州	0.9	0	0.1	0.8
宁波	0.9	0	0.1	0.8
南宁	0.9	0	0.1	0.8
大连	0.8	0	0	0.8
厦门	0.8	0	0	0.8
哈尔滨	0.8	0	0	0.8
昆明	0.8	0	0	0.8
长春	0.8	0	0	0.8
太原	0.8	0	0	0.8

资料来源：根据相关资料整理。

表 4-15 为 32 个中心城市区块链生态环境及各细分项指数的排名。生态环境指数满分为 15 分，有三个组成部分：政策环境（10 分）、社会环境（2 分）和风控环境（3 分）。

表 4-15 中的政策环境主要反映当地政府对区块链产业出台的各种政策，分为专门的区块链政策和关联的区块链政策。专门的区块链政策分值比关联区块链政策分值要高，省级区块链政策的分值比市级区块链政策的分值要高。政策越多分数也越高。这一项的得分越高反映当地出台的政策数量和质量综合水平越高。

表 4-15 中的社会环境主要反映当地所举办的各类区块链活动和会议等宣传区块链技术、产业和应用的活动以及当地民众区块链技术的了解度和认知度，这反映的是社会大众对区块链技术的认识和了解程度。一项新技术在群众中普及度越高，误区越少，就越利于技术的推广和使用。这一项得分越高反映当地的社会环境对区块链技术和产业的态度就越友好。

表 4-15 中的风控环境主要反映当地对利用区块链技术进行违法活动以及打着区块链幌子进行金融诈骗等案件的查处和监管。

区块链技术自诞生起就和金融业密切相关。在区块链技术这些年的发展历程中，数字货币价格的疯狂投机，利用以太坊进行代币融资的狂潮给各国的金融稳定和经济发展造成了严重的隐患，这使全球各国政府纷纷出台政策对区块链技术的应用进行监管。我国政府也不例外，自 2017 年 9 月 4 日出台全国性政策后控制住了可能的风险，从此我国也开始把区块链纳入法律体系的监管。

风控环境这一项中，如果某地曾发生严重的利用区块链进行诈骗和违法活动的案例，则这一项会倒扣分。

在表 4-16 中，我们统计了生态环境指数及其包含的三项：政策环境、社会环境和风控环境的各个数据。这个表所反映的是 32 个中心城市在各项细分指标上发展的均衡度及差异。

表 4-16　32 个中心城市区块链生态环境及各细分项指数统计分析

指数种类	生态环境	政策环境	社会环境	风控环境
最大值	14.8	12	2	0.8
最小值	0.8	0	0	0.8
平均值	3.653	2.563	0.284	0.806
标准离差率	1.007	1.238	2.190	0.044

资料来源：根据相关资料整理。

为了直观和进一步分析研究 32 个城市区块链生态环境指数所包含的每一项的发展状况，我们绘制了 32 个城市在政策环境、社会环境和风控环境这三个方面的雷达图，如图 4-10 所示。

图 4-10 中我们对 32 个城市在规模基础指数的各个细分项进行了展示，每个轴表示一个城市的表现。轴上的点越接近轴顶点则表示那个城市的状况越好；反之则越差。

二、2018 中国中心城市区块链产业生态环境指数的评价

1. 生态环境指数排名的纵向比较及分析

综观 32 个城市在生态环境方面的图表及统计数据分析，我们可以发现以下几个特点：

（1）在区块链整体指数的细分项指标中，北京在这个指标上的排名最落后。

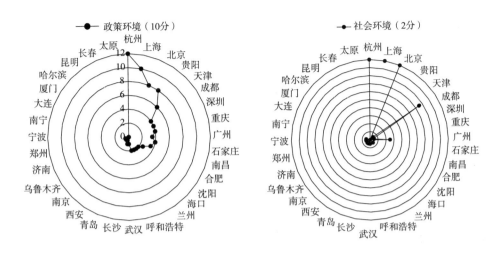

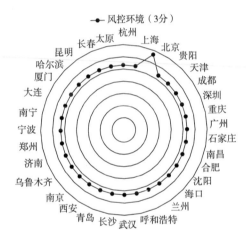

图 4-10　32 个中心城市区块链生态环境指数雷达图

资料来源：根据相关资料整理。

不仅落后而且落后于两个城市。

　　进一步观察各细分项指标，我们发现北京在政策环境这项上大幅落后杭州和上海，而其他两个指标仍然保持领先或持平。这明显体现出北京市政府在产业政策方面做的工作比不上杭州和上海，不仅比不上而且相对这两个城市落后得太多。北京市政府在区块链产业的发展方面，态度显得有些保守。

　　（2）值得注意的是，杭州在这个指标上领先全国。

　　杭州市政府在打造信息产业和互联网产业方面的态度一直都非常积极，区块链作为互联网的升级技术，也受到了杭州政府的高度关注。杭州市政府前后共出台了将近 20 条专门针对区块链或和区块链相关的产业政策，积极扶植区块链产业的发展。政策的数量、质量和频次在全国都绝无仅有。

（3）贵阳在这个项目上的得分排名第四，区块链整体指数的细分项中这是唯一一个得分进入前五的指标。这对无论是在经济实力、基础产业、科研教育等方面都不占优势的贵阳来说是相当不容易的成就。

这个成就的取得直接来自贵阳政府的努力。贵阳近年来在大数据产业方面的发展有目共睹，这为贵阳信息产业打造了一定的基础，也让贵阳的经济实现了高增长。区块链技术和产业与大数据紧密相关，因此贵阳市政府再接再厉继续在区块链产业方面发力，出台政策支持和鼓励企业的发展。

（4）深圳和广州在这方面相对落后。广州市政府是出台区块链扶植政策较早的国家，但后继政策推出的力度和频次不及其他城市，因此被其他城市迎头赶上。

值得注意的是，深圳在这个指标上只排到了第七位，明显不符合深圳高科技城市的定位和印象。尽管在其他方面深圳的表现都相当亮眼，和北京、上海、杭州相比毫不逊色，但在这一点上，差距就太大。这说明深圳市政府对区块链产业出台的数量和质量明显落后于很多城市。

（5）和其他指标类似，内陆城市、西北、华北、西南等经济较落后的城市在这一点上表现也很一般。

产业政策的制定和执行主动权完全在政府的手上。这个指标反映的就是当地政府的主观能动性和发展区块链产业的积极性。我们认为，对于大多数经济落后地区而言，当地政府的工作重点还不在发展高科技，因此对区块链产业并没有过多关注以及加强了解。

（6）生态环境这一项的满分为 20 分，而 32 个城市中仅有两个城市达到了及格分数 12 分，连北京都不到 12 分。这说明，我国各大城市在区块链产业发展的生态环境建设方面还有很长的路要走，离理想状态差距还很大。

2. 对各城市在生态环境方面的发展建议

杭州：在这个项目的排名第一，但细分项上，在社会环境和风控环境方面并不领先。社会环境主要反映当地举办的各类活动对社会大众的影响，风控环境反映当地监管和法规对区块链产业的规范。建议杭州政府多在群众和各类大众广泛接触的媒介对区块链技术进行普及、介绍，让大众进一步增强对这方面的认识和了解。另外，对大众进行利用区块链和数字货币进行欺诈和非法活动的行为提高警惕，增强全社会的风控意识。

上海：在这个领域排名第二，和第一名杭州的差距就在政策环境。因此建议上海市政府进一步加强在区块链产业政策方面的出台力度，加大对区块链产业的扶植。

北京：在这一项的排名只排第三，落后于杭州和上海。北京和杭州、上海差距最大的地方就在于政策环境。因此，建议北京市政府要大力加强在区块链产业政策方面的出台力度，加大对区块链产业的扶植。

贵阳：在这一项的表现相当耀眼，排名第四，但在社会环境方面得分很低。因此建议贵阳市政府多在群众和各类大众广泛接触的媒介对区块链技术进行普及介绍，多举办相关的论坛、会议等，让大众增强对区块链技术和应用的认识和了解。

天津、成都、深圳、重庆、广州、石家庄、南昌：这几个城市的表现较平均，在政策环境和社会环境上都比较欠缺，但在政策环境方面的欠缺更大。因此我们建议这几个城市政府重点注意加强出台扶植区块链企业和产业的政策，积极推动区块链产业的发展，同时多举办宣讲和普及区块链技术和应用的活动，让大众了解和认识区块链技术。

合肥、沈阳、海口、兰州、呼和浩特、武汉、长沙：这几个城市在政策环境和社会环境方面发展居中。建议当地政府积极参与区块链技术和产业的宣讲和普及，扶植区块链企业和产业的发展。

青岛、西安、南京、乌鲁木齐、济南、郑州、宁波、南宁、大连、厦门、哈尔滨、昆明、长春、太原：这几个城市排名较后，且政策环境比社会环境还要弱。建议这些地方的政府提高对区块链产业的重视力度，出台对区块链产业的扶植政策。

3. 生态环境指数细分项的横向比较及分析

在表 4-16 中，我们对生态环境指数和各细分项指数都做了统计分析。生态环境指数的标准离差率为 1.007，我们以此为标准衡量其他各细分项指数的离差率，如果某项指数的离差率高于 1.007，则认为在那一项指标上 32 个城市的发展不均衡，城市间差距较大；如果某项指数的离差率低于 1.007，则认为在那一项的指标上 32 个城市的发展较均衡，城市间差距较小。离差率的值越大则表示发展越不均衡，离差率的值越小则表示发展越均衡。

图 4-10 中，我们对 32 个城市在生态环境指数的各个细分项上进行了展示，每个轴表示每个城市在那个指标上的表现，如果得分离顶点越近则那个城市在那个指标上发展越好；如果离顶点越远则那个城市在那个指标上发展越差。

从表 4-16 各项细分指数的统计分析和图 4-10 中可以看出这 32 个中心城市在生态环境、社会环境和风控环境三个细分领域的发展上有以下特点：

（1）32 个城市在区块链社会环境方面发展差异最大，在风控方面差异最小。

（2）32 个城市在政策环境和社会环境方面的发展偏弱，在风控方面做得最好。

4.对整体生态环境发展的宏观建议

从以上分析观察来看，我们认为当前要促进区块链生态环境的发展，宏观方面，最重要也是最有效的方法就是各地政府要因地制宜积极出台政策，对区块链企业进行扶植，促进产业的发展，尤其是态度不太积极的地区政府要积极转变态度，认识到区块链技术的革命性意义以及将带来的颠覆性效应，只有认识到了这项技术的意义，才会从实际需求出发主动制定政策。

各地政府要把对区块链产业发展的生态环境建设作为中长期目标来对待，要有中长期的规划和发展方向。只有持续推进生态环境的建设才能不断为产业发展创造良好的外部环境，才能促进产业健康持久地发展。

第六节 2018中国中心城市区块链产业社会贡献指数的测算结果及评价

本书这里所讲的社会贡献，主要是指2018中国中心城市对区块链产业对社会的贡献率，重点是区块链技术的场景应用。本节主要是对区块链产业社会贡献的指数进行测算，而后根据测算结果对32个中心城市进行排名，最后在排名的基础上进行评价及指出今后发展方向和重点。

一、2018中国中心城市区块链社会贡献指数测算结果排名

如图4-11所示，这32个中心城市区块链创新能力指数的排名结果依次是：北京、深圳、杭州、上海、成都、广州、南京、武汉、天津、青岛、西安、厦门、长沙、郑州、重庆、海口、贵阳、合肥、南宁、宁波、大连、沈阳、昆明、乌鲁木齐、石家庄、哈尔滨、长春、兰州、呼和浩特、太原、南昌、济南。

排名第一的北京得分为9.90，排名最后的济南得分为0.20。

表4-17为32个中心城市区块链社会贡献指数的统计分析，我们选取了"标准离差率"作为衡量城市之间发展水平差距的指标。标准离差率越大的群体，说明该群体内城市之间的发展水平相差较大；标准离差率越小的群体，说明该群体内城市之间的发展水平相差越小。

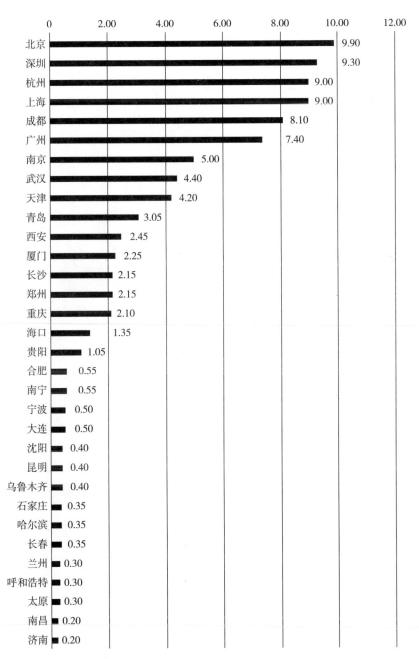

图 4-11　32 个中心城市区块链社会贡献指数排名

资料来源：根据相关资料整理。

表4-17　32个中心城市区块链社会贡献指数统计分析

整体指数	32个中心城市	排名第一至六的城市	排名第七至九的城市	排名第十至十五的城市	排名第十六至三十二的城市
最大值	9.9	9.9	5.00	3.05	1.35
平均值	2.766	8.784	4.533	2.357	0.474
标准离差率	1.168	0.102	0.091	0.154	0.628

资料来源：根据相关资料整理。

经过计算，这32个城市社会贡献的标准离差率为1.168，由此可以看出这32个城市之间整体发展水平差距较大。我们进一步计算了几个城市群之间的标准离差率，找到一些发展水平比较接近的城市群。

排名第一至六的城市、排名第七至九的城市、排名第十至十五的城市、排名第十六至三十二的城市标准离差率都较小，分别为0.102、0.091、0.154和0.628。这四个城市群可以各自归为一类。

排名前六位的城市北京、深圳、杭州、上海、成都、广州这几个城市之间的得分相差较小，不超过1分为第一个群体。这个群体中排名最后的广州高出紧随其后的南京2分多。

南京、武汉、天津这几个城市之间得分差距不超过0.6分，为第二个群体。这个群体排名最后的天津高出紧随其后的青岛超过1分。

青岛、西安、厦门、长沙、郑州、重庆除青岛与西安间差距为0.6分其他几个城市之间得分差距不超过0.2分，为第三个群体。这个群体中排名最后的重庆高出紧随其后的海口0.75分。

海口、贵阳、合肥、南宁、宁波、大连、沈阳、昆明、乌鲁木齐、石家庄、哈尔滨、长春、兰州、呼和浩特、太原、南昌、济南这几个城市之间大部分得分差距不超过1分，为第四个群体。

这几个城市群之间在社会贡献指数的得分方面相差较大，层次分明。

为了更详细地分析这32个城市在社会贡献指数中每个细分项的表现，我们罗列了包含每个细分项的生态环境指数排名，如表4-18所示。

表4-18　32个中心城市区块链社会贡献及各细分项指数排名

	社会贡献指数（10分）	场景应用（6分）	社会贡献（4分）
北京	9.90	6.00	3.90
深圳	9.30	5.80	3.50

续表

	社会贡献指数（10 分）	场景应用（6 分）	社会贡献（4 分）
杭州	9.00	6.00	3.00
上海	9.00	5.80	3.20
成都	8.10	5.00	3.10
广州	7.40	5.30	2.10
南京	5.00	4.10	0.90
武汉	4.40	3.50	0.90
天津	4.20	2.23	1.98
青岛	3.05	1.55	1.50
西安	2.45	1.25	1.20
厦门	2.25	1.05	1.20
长沙	2.15	1.25	0.90
郑州	2.15	1.25	0.90
重庆	2.10	1.25	0.85
海口	1.35	0.55	0.80
贵阳	1.05	0.55	0.50
合肥	0.55	0.55	0.00
南宁	0.55	0.35	0.20
宁波	0.50	0.35	0.15
大连	0.50	0.35	0.15
沈阳	0.40	0.25	0.15
昆明	0.40	0.25	0.15
乌鲁木齐	0.40	0.25	0.15
石家庄	0.35	0.25	0.10
哈尔滨	0.35	0.25	0.10
长春	0.35	0.25	0.10
兰州	0.30	0.25	0.10
呼和浩特	0.30	0.20	0.10
太原	0.30	0.20	0.10
南昌	0.20	0.20	0.00
济南	0.20	0.20	0.00

资料来源：根据相关资料整理。

表 4-18 为 32 个中心城市区块链社会贡献及各细分项指数的排名。社会贡献

指数满分为10分，有两个组成部分：场景应用（6分）和社会贡献（4分）。

表4-18中的细分项场景应用主要反映当地区块链技术是否应用到了实际的场景、具体的项目。

表4-18中的细分项社会贡献主要反映当地区块链技术的应用及企业直接产生的产值以及拉动相关其他产业所产生的间接产值。

在表4-19中，我们统计了社会贡献指数及其包含的两项：场景应用和社会贡献的各个数据。这个表所反映的是32个中心城市在各项细分指标上发展的均衡度及差异。

表4-19 32个中心城市区块链社会贡献及各细分项指数统计分析

指数种类	社会贡献	场景应用	社会贡献
最大值	9.9	6	3.9
最小值	0.2	0.2	0
平均值	2.766	1.766	0.999
标准离差率	1.168	1.195	1.177

资料来源：根据相关资料整理。

为了直观和进一步分析研究32个中心城市区块链社会贡献指数所包含的每一项的发展状况，我们绘制了32个中心城市在场景应用和社会贡献这两个方面的图，如图4-12所示。

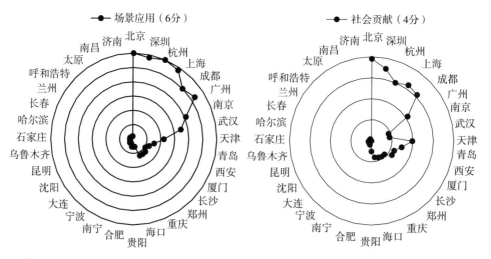

图4-12 32个中心城市区块链社会贡献指数雷达图
资料来源：根据相关资料整理。

二、2018 中国中心城市区块链社会贡献指数的评价

1. 社会贡献指数排名的纵向比较及分析

综观 32 个城市在社会贡献方面的图表及统计数据分析，我们可以发现以下几个特点：

（1）整体来看北京和东南沿海城市整体水平普遍高出其他城市。

（2）中部和西南城市的发展水平处于中间。

（3）东三省城市和西北城市的发展最为落后。值得注意的是，经济大省山东的省会济南处于垫底的位置。

我们认为这个水平的分布和各地区的经济发达程度有密切的关系。区块链技术最终要带来社会价值必须要结合各行各业并走入到具体的应用场景中，而发达地区可以为区块链技术的应用提供丰富的场景和大量的实践机会，因此区块链技术最先落地会在发达地区，最先表现出效果和收益也会在发达地区。

北京和东南沿海城市在经济发展水平上位居全国前列，因此这一项的得分普遍偏高；中部和西南城市的经济发展水平稍逊，因此排中位；东三省和西北城市发展较为落后，因此在这一项的得分最低。

2. 对各城市在社会贡献方面的发展建议

北京、深圳、杭州、上海、成都、广州：这几个城市排名为第一到第六。这几个城市的场景应用和社会贡献之间差距都不大，主要问题都表现在社会贡献稍微欠缺，也就是区块链技术带来的直接和间接经济效益都不够。因此，建议这几个城市鼓励企业探索区块链技术在最快、最高效带来经济效益的领域使用，让技术优势尽快发挥出来。

南京、武汉、天津、青岛、西安、厦门、长沙、郑州、重庆：这几个城市在场景应用和社会贡献方面都较为落后，但主要问题是场景应用方面和先进城市差距较大。因此，我们除了建议这几个城市鼓励企业探索区块链技术的最佳高效应用领域外，更建议要注重区块链技术的场景应用。鼓励企业结合当地的实际发展情况，多找区块链技术在实体经济中的应用切入点，多结合实际应用区块链技术。

海口、贵阳、合肥、南宁、宁波、大连、沈阳、昆明、乌鲁木齐、石家庄、哈尔滨、长春、兰州、呼和浩特、太原、南昌、济南：这几个城市无论在场景应用还是社会贡献方面都是最为落后的。因此建议这些城市先重点鼓励企业结合当地的实际发展情况，多结合实际应用区块链技术，另外也要注意创造好的外界环境和条件，扶植鼓励更多的区块链企业在当地发展。

3. 社会贡献指数细分项的横向比较及分析

在表4-19中，我们对社会贡献指数和各细分项指数都做了统计分析。社会贡献指数的标准离差率为1.168，我们以此为标准衡量其他各细分项指数的离差率，如果某项指数的离差率高于1.168，则认为在那一项指标上32个城市的发展不均衡，城市间差距较大；如果某项指数的离差率低于1.168，则认为在那一项的指标上32个城市的发展较均衡，城市间差距较小。离差率的值越大则表示发展越不均衡，离差率的值越小则表示发展越均衡。

从表4-19各项细分指数的统计分析中可以看出这32个中心城市在两个细分领域的发展上有以下几个特点：

（1）32个城市在场景应用方面的发展，两极分化明显：排名前六的城市之间发展较好，也比较均衡，城市之间差异不大；排名第七到九、第十到十五的城市之间差异均不大，水平居中；排名第十六到三十二的城市之间发展很差，城市之间得分差异不大。

我们认为，这和区块链技术目前的发展状况有关。区块链技术目前还不是很成熟，并且和实体经济以及应用的结合还在探索当中。在这种状况下，有产业优势，经济发达的城市在场景应用上就有先天优势，而产业较落后的城市在场景应用方面就还处在起步阶段，因此地区差异呈阶梯状表现。

（2）32个城市在社会贡献方面的发展不均衡，城市之间的差异较大。我们认为这和城市的先天条件有关。在经济发达，尤其是信息产业发达的地区，区块链技术和应用的探索进展得比较好，并且能结合当地各领域的实际情况进行实践，对社会产生的直接和间接的经济效益就比较明显。

（3）32个城市在应用场景方面的发展略微强于在社会贡献方面的发展。我们认为，这和区块链产业现阶段的发展有关。区块链技术和产业现阶段还在发展初期，场景的应用和技术的落地虽然在积极开展，但要见到广泛和显著的成效还需要假以时日，因此社会贡献要表现出来有一定的滞后性。

4. 对整体社会贡献发展的宏观建议

从以上分析观察来看，我们认为当前要促进区块链社会贡献的发展，从宏观方面还是要鼓励区块链企业的创业和发展。

只有有了大量高水平的企业在行业中发展，积极使用区块链技术结合各种场景和应用环境才能将这项技术的潜力发挥出来，经过一段时间的积累和实践才能对经济和生活等各方面产生实质的影响和作用，所以鼓励和支持区块链企业的发展才是根本。

第五章

2018 中国区块链产业指数分梯队排名与评价

本书第三章对 28 个省（区、直辖市）、第四章对 32 个中心城市 2018 年区块链产业指数进行了测算和排名，由于各省区和各中心城市发展水平差距较大，被评估出来的区块链发展水平和指数指标具有明显的"阶梯化"特征。为了深化研究区块链产业指数体系，更好地推进区块链产业的实务发展，本章将对各省和各中心城市进一步划分为三个梯队进行系统研究，找出彼此之间的差距和各梯队发展的方向及重点，以推进整个区块链产业前行。

第一节　2018 中国省级区块链产业指数
分梯队的排名、评价及建议

一、2018 中国省级区块链产业指数三个梯队划分的对象和依据

1. 2018 中国省级区块链产业指数三个梯队划分的对象

在第三章对省级区块链指数测评中，选取了 28 个省（区、直辖市），这 28 个省（区、直辖市）就是三个梯队划分的对象。具体如表 5-1 所示。

表 5-1　本书选择测算的 28 个省（区、直辖市）

地区	省级名单
直辖市（4 个）	北京、上海、天津、重庆
华东地区（4 个）	安徽、江苏、山东、浙江
华南地区（4 个）	福建、广东、广西、海南

续表

地区	省级名单
华北地区（3个）	河北、内蒙古、山西
华中地区（4个）	河南、湖南、湖北、江西
西南地区（3个）	贵州、四川、云南
西北地区（3个）	陕西、甘肃、新疆
东北地区（3个）	吉林、辽宁、黑龙江

资料来源：根据相关资料整理。

2. 2018 中国省级区块链产业指数三个梯队划分的依据

我们综合考虑上述 28 个省（区、直辖市）在区块链技术整体指数上的排名（见表5-2）以及在其行政区域方面的代表性意义将它们分为三个梯队。

表5-2　2018年28个省（区、直辖市）区块链产业指数排名

	整体指数 （100分）	规模基础 （28分）	资金实力 （17分）	创新能力 （25分）	生态环境 （20分）	社会贡献 （10分）
广东	64.04	19.20	13.10	12.54	10.00	9.20
北京	62.61	18.15	9.80	13.16	12.00	9.50
上海	58.34	16.20	9.60	11.04	12.50	9.00
浙江	58.29	17.25	8.60	10.14	13.50	8.80
四川	39.03	11.55	3.20	8.18	9.00	7.10
福建	33.70	13.00	2.10	5.90	9.80	2.90
山东	31.78	13.75	0.10	6.68	7.40	3.85
江苏	30.48	12.25	0.60	5.98	5.90	5.75
天津	27.58	12.45	0.00	4.98	6.90	3.25
贵州	26.85	10.55	0.10	3.30	10.80	2.10
湖北	25.28	9.65	0.20	5.68	4.80	4.95
湖南	25.10	11.00	0.20	4.60	7.20	2.10
安徽	23.90	10.50	0.00	4.80	6.30	2.30
海南	22.10	10.75	0.00	3.80	4.90	2.65
重庆	21.79	7.55	0.10	5.24	6.80	2.10
陕西	21.50	9.80	0.20	5.10	3.70	2.70
河南	20.35	10.20	0.00	3.80	4.30	2.05
江西	18.85	8.10	0.00	3.30	7.00	0.45
辽宁	18.45	8.20	0.00	3.80	5.80	0.65

续表

	整体指数 （100 分）	规模基础 （28 分）	资金实力 （17 分）	创新能力 （25 分）	生态环境 （20 分）	社会贡献 （10 分）
河北	17.15	7.80	0.00	2.80	6.10	0.45
广西	15.55	6.70	0.00	2.80	5.60	0.45
黑龙江	13.00	5.65	0.00	2.80	4.10	0.45
云南	12.50	6.05	0.00	2.40	3.60	0.45
新疆	10.75	5.00	0.00	1.80	3.60	0.35
吉林	10.35	5.00	0.00	1.90	3.10	0.35
内蒙古	10.15	3.50	0.00	2.30	4.10	0.25
山西	9.30	3.45	0.00	1.90	3.70	0.25
甘肃	8.10	1.50	0.00	1.40	5.00	0.20

资料来源：根据相关资料整理。

第一个梯队所代表的省份是我国有全球竞争力的省份，这些省份区块链产业的发展将直接比拼全球顶尖科技国家，它们所代表的也是我国在区块链产业方面发展水平和综合实力最高的省份。因此，这一梯队的省份是 28 个省（区、直辖市）在区块链整体指数排名顶尖的省份。

第二个梯队所代表的省份是我国整体在区块链产业综合实力处于中等发展水平的省份。同时，兼顾考虑在七个经济区域中都有代表性的省份。

第三个梯队所代表的省份是我国各地在区块链产业综合实力和发展水平方面处于相对欠缺、落后的省份。

按照上述指数排名标准，我们对三个梯队的省（区、直辖市）选取如下梯队：

第一梯队 4 个：广东、北京、上海、浙江。以 100 分计算，广东省整体指数为 64.04 分，北京市整体指数为 62.61 分，上海整体指数为 58.34 分，浙江整体指数为 58.29 分。

第二梯队 12 个：天津、江苏、山东、福建、河北、湖北、湖南、四川、贵州、海南、陕西、辽宁。以 100 分计算，分数在 39.03 分（四川）和 18.45 分（辽宁省）之间。同时，兼顾了 7 个经济区域都有代表省份，其中，华东地区（江苏省、山东省）；华北地区（天津市、河北省）；华中地区（湖北省、湖南省）；华南地区（海南省）；西南地区（四川省、贵州省）；西北地区（陕西省）；东北地区（辽宁省）。

第三梯队 12 个：重庆、安徽、广西、内蒙古、山西、河南、江西、云南、甘肃、新疆、吉林、黑龙江。

二、第一梯队省级区块链产业指数的排名、评价及建议

下面我们将给出第一梯队的省（区、直辖市）区块链发展整体指数的得分和排名，也会分门别类地给出这些省（区、直辖市）在整体指数的细分项：规模基础、资金实力、创新能力、生态环境、社会贡献这几方面的发展概况。

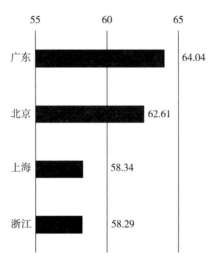

图5-1 第一梯队省（区、直辖市）整体指数排名

资料来源：根据相关资料整理。

1. 第一梯队省级指数测算及排名

如图5-1所示，第一梯队的省（区、直辖市）有四个：广东、北京、上海和浙江。广东得分为64.04，浙江得分为58.29。

为了详细分析第一梯队省（区、直辖市）作为一个整体的表现，我们采用平均值的方式来衡量第一梯队省（区、直辖市）在指数各个细分项方面的得分。如表5-3所示。

表5-3 第一梯队省（区、直辖市）整体指数及各细分项指数均值

	整体指数 （100分）	规模基础 （28分）	资金实力 （17分）	创新能力 （25分）	生态环境 （20分）	社会贡献 （10分）
第一梯队均值	60.82	17.7	10.275	11.72	12	9.125

资料来源：根据相关资料整理。

表5-3为第一梯队省（区、直辖市）整体指数及各细分项指数的排名。整

体指数满分为 100 分，有五个组成部分：规模基础（28 分）、资金实力（17
分）、创新能力（25 分）、生态环境（20 分）和社会贡献（10 分）。

我们在这里对不同梯队的省（区、直辖市）区块链产业发展所使用的评价
标准和本书第三章所使用的标准完全一样，所以关于规模基础、资金实力、创新
能力、生态环境和社会贡献这五个标准的定义及评判可以参考第三章。

为了直观和进一步分析研究第一梯队各个省（区、直辖市）整体指数所包
含的每一项的发展状况，我们绘制了它们在规模基础、资金实力、创新能力、生
态环境、社会贡献这五个方面均值的雷达图，如图 5-2 所示。

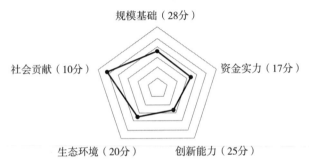

图 5-2　第一梯队省（区、直辖市）整体指数的各细分项指数均值雷达图
资料来源：根据相关资料整理。

如图 5-2 所示，共有五个轴，每个轴显示了整体指数中的一个细分项以及该
细分项的满分和第一梯队省（区、直辖市）在该轴上的得分均值。在一个轴上，
数据点越接近该轴的顶点，则那个轴所反映的发展状况就越好；数据点离该轴的
顶点越远，则那个轴所反映的发展状况就越差。

表 5-4 为第一梯队省（区、直辖市）在规模基础及各细分项指数的均值。
规模基础指数满分为 28 分，有三个组成部分：区块链企业规模（16 分）、区块
链服务机构（6 分）、区块链产业园（6 分）。

表 5-4　第一梯队省（区、直辖市）规模基础指数及各细分项指数均值

	规模基础指数 （28 分）	区块链企业规模 （16 分）	区块链服务机构 （6 分）	区块链产业园区 （6 分）
第一梯队均值	17.7	14.125	2.15	1.425

资料来源：根据相关资料整理。

我们在这里对不同梯队的省（区、直辖市）区块链产业发展所使用的评价

标准和本书第三章所使用的标准完全一样，所以关于规模基础各细分项的定义及评判可以参考第三章。

为了直观和进一步分析研究第一梯队省（区、直辖市）在规模基础指数所包含的每一项的发展状况，我们绘制了它们在区块链企业规模、区块链服务机构、区块链产业园区这三个方面均值表现的雷达图，如图5-3所示。

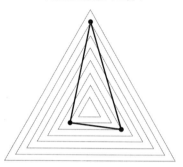

图5-3 第一梯队省（区、直辖市）规模基础指数的各细分项指数均值雷达图
资料来源：根据相关资料整理。

图5-3中我们对第一梯队省（区、直辖市）在规模基础指数的各个细分项上的均值表现进行了图形展示，每个轴（顶点）表示一个细分项。如果在某个轴上，得分均值越接近那个轴的顶点则表示在那个指标上，第一梯队省（区、直辖市）发展越好；如果离顶点越远而离中心点越近则表示在那个指标上，第一梯队省（区、直辖市）的发展越差。

表5-5为第一梯队省（区、直辖市）区块链资金实力及各细分项指数的均值。资金实力指数满分为17分，有三个组成部分：资本投入（9分）、融资情况（6分）和资金绩效（2分）。

表5-5 第一梯队省（区、直辖市）资金实力指数及各细分项指数均值

	资金实力指数（17分）	资本投入（9分）	融资情况（6分）	资金绩效（2分）
第一梯队均值	10.275	5.275	4.625	0.375

资料来源：根据相关资料整理。

我们在这里对不同梯队的省（区、直辖市）区块链产业发展所使用的评价标准和本书第三章所使用的标准完全一样，所以关于资金实力各细分项的定义及评判可以参考第三章。

　　为了直观和进一步分析研究第一梯队省（区、直辖市）资金实力指数所包含的每一项的发展状况，我们绘制了它们在资本投入、融资情况和资金绩效这三个方面得分均值的雷达图，如图5-4所示。

图5-4　第一梯队省（区、直辖市）资金实力指数的各细分项指数均值雷达图
资料来源：根据相关资料整理。

　　图5-4中我们对第一梯队省（区、直辖市）在资金实力指数的各个细分项上的均值表现进行了图形展示，每个轴（顶点）表示一个细分项。如果在某个轴上，得分均值越接近那个轴的顶点则表示在那个指标上，第一梯队省（区、直辖市）发展越好；如果离顶点越远而离中心点越近则表示在那个指标上，第一梯队省（区、直辖市）的发展越差。

表5-6　第一梯队省（区、直辖市）创新能力指数及各细分项指数均值

	创新能力指数（25分）	区块链人才（10分）	区块链专利（7分）	区块链技术（6分）	区块链顶层设计（2分）
第一梯队均值	11.72	7.095	4.125	0	0.5

资料来源：根据相关资料整理。

　　表5-6为第一梯队省（区、直辖市）区块链创新能力及各细分项指数的均值。创新能力指数满分为25分，有四个组成部分：区块链人才（10分）、区块链专利（7分）、区块链技术（6分）和区块链顶层设计（2分）。

　　我们在这里对不同梯队的省（区、直辖市）区块链产业发展所使用的评价标准和本书第三章所使用的标准完全一样，所以关于创新能力各细分项的定义及评判可以参考第三章。

为了直观和进一步分析研究第一梯队省（区、直辖市）区块链创新能力指数所包含的每一项的发展状况，我们绘制了它们在区块链人才、区块链专利、区块链技术和区块链顶层设计这四个方面得分均值的雷达图，如图5-5所示。

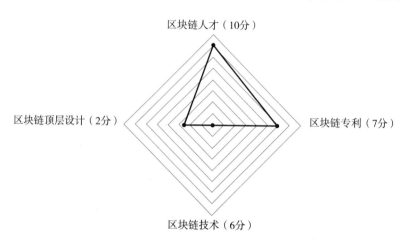

图5-5 第一梯队省（区、直辖市）创新能力指数的各细分项指数均值雷达图
资料来源：根据相关资料整理。

图5-5中我们对第一梯队省（区、直辖市）在创新能力指数的各个细分项上的均值表现进行了图形展示，每个轴（顶点）表示一个细分项。如果在某个轴上，得分均值越接近那个轴的顶点则表示在那个指标上，第一梯队省（区、直辖市）发展越好；如果离顶点越远而离中心点越近则表示在那个指标上，第一梯队省（区、直辖市）的发展越差。

表5-7为第一梯队省（区、直辖市）在区块链生态环境及各细分项指数的均值。生态环境指数满分为20分，有三个组成部分：政策环境（10分）、社会环境（4分）和风控环境（6分）。

表5-7 第一梯队省（区、直辖市）生态环境指数及各细分项指数均值

	生态环境指数（20分）	政策环境（10分）	社会环境（4分）	风控环境（6分）
第一梯队均值	12	5.375	3.875	2.75

资料来源：根据相关资料整理。

我们在这里对不同梯队的省（区、直辖市）区块链产业发展所使用的评价标准和本书第三章所使用的标准完全一样，所以关于生态环境各细分项的定义及评判可以参考第三章。

区块链技术自诞生起就和金融业密切相关。在区块链技术过去这些年的发展历程中，数字货币价格的疯狂投机，利用以太坊进行代币融资的狂潮给各国的金融稳定和经济发展造成了严重的隐患，这使全球各国政府纷纷出台政策对区块链技术的应用进行监管。我国政府也不例外，自2017年9月4日出台全国性政策后控制住了可能的风险，从此我国也开始把区块链纳入法律体系的监管。

风控环境这一项中，如果某地曾发生严重的利用区块链进行诈骗和违法活动的案例，则这一项会倒扣分。

为了直观和进一步分析研究第一梯队省（区、直辖市）区块链生态环境指数所包含的每一项的发展状况，我们绘制了它们在政策环境、社会环境和风控环境这三个方面得分均值的雷达图，如图5-6所示。

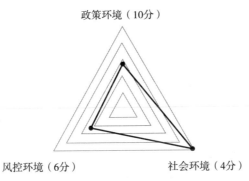

图5-6 第一梯队省（区、直辖市）生态环境指数的各细分项指数均值雷达图
资料来源：根据相关资料整理。

图5-6中我们对第一梯队省（区、直辖市）在生态环境指数的各个细分项上的均值表现进行了图形展示，每个轴（顶点）表示一个细分项。如果在某个轴上，得分均值越接近那个轴的顶点则表示在那个指标上，第一梯队省（区、直辖市）发展越好；如果离顶点越远而离中心点越近则表示在那个指标上，第一梯队省（区、直辖市）的发展越差。

表5-8为第一梯队省（区、直辖市）区块链社会贡献及各细分项指数的排名。社会贡献指数满分为10分，有两个组成部分：场景应用（6分）和社会贡献（4分）。

表5-8 第一梯队省（区、直辖市）社会贡献指数及各细分项指数均值

	社会贡献指数（10分）	场景应用（6分）	社会贡献（4分）
第一梯队均值	9.125	5.95	3.175

资料来源：根据相关资料整理。

表5-8中的细分项场景应用主要反映当地区块链技术是否应用到了实际的场景和具体的项目中。

表5-8中的细分项社会贡献主要反映当地区块链技术的应用及企业直接产生的产值以及拉动相关其他产业所产生的间接产值。

2. 对第一梯队指数均值排名的比较及分析

通过对上述各综合指数的均值，细分项指数的均值和雷达图，我们可以看出第一梯队的省（区、直辖市）在区块链发展方面有以下特点：

（1）在一级指标中，第一梯队省（区、直辖市）在区块链产业的社会贡献方面表现最好。我们认为，这主要是因为第一梯队省份及直辖市是我国经济各方面最为发达的城市，有着丰富的应用场景和实践环境，区块链技术作为一门全新的技术，要发挥具体作用必须要具体结合实际场景和案例，第一梯队省（区、直辖市）在这方面所具备的场景和环境给区块链技术的应用提供了广阔天地，因此区块链技术也能在社会贡献方面有较好的表现。

但通过观察规模基础和社会贡献的细分项表现，我们会发现第一梯队在具体的社会贡献细分项方面表现不足。

（2）在一级指标中，第一梯队省（区、直辖市）在区块链产业的规模基础方面表现较好。我们认为，这主要是因为第一梯（区、直辖市）是我国信息产业和高科技产业最发达的城市，有着一大批在高科技产业方面的巨头。这些产业巨头早就在积极布局区块链产业，同时在巨头的影响下，一大批中小企业投入了区块链产业的创业和发展。因此，第一梯队在这方面有良好的基础和先天优势。

但通过观察规模基础的细分项表现，我们会发现第一梯队在区块链产业园方面表现不足。

（3）在一级指标中，第一梯队省（区、直辖市）在区块链资金实力方面表现较弱。通过观察资金实力的细分项指标我们发现对区块链产业的资本投入表现较弱，而资金绩效则表现最弱。我们认为，这一方面和区块链产业目前的发展阶段有关，另一方面也和目前社会上对区块链产业的重视不够也有关。

区块链产业目前尚处在发展初期，因此产业的盈利模式和发展形态尚处在摸索期，对于资本而言风险相对较高，另外即便现在投入可能在一段时间内也不一定能看到立竿见影的效果，因此社会资金对此的投入和其他行业相比不够积极，力度也不大。

（4）从一级指标来看，第一梯队整体而言在生态环境方面表现较弱。这反映了这个梯队中各省（区、直辖市）的政府在推动区块链产业发展，扶植区块链企业的成长方面下的功夫还不够，从产业政策方面给予的支持还欠缺。

通过观察生态环境的细分项均值表现，我们会发现社会环境表现较好，风控环境表现一般，但政策环境表现最弱。

（5）在一级指标中，第一梯队省（区、直辖市）在区块链创新能力方面表现最弱。通过观察创新能力的细分项指标我们发现第一梯队省（区、直辖市）在区块链技术方面为0，也就是说这些省（区、直辖市）尚没有取得有重大意义的科技成果。

此外在区块链人才和区块链专利方面，第一梯队表现也较弱；在区块链顶层设计，也就是行业规范和标准的制定方面表现也差强人意。

（6）第一梯队省（区、直辖市）代表我国区块链产业发展的最高水平。这些省的国民生产总值在世界上都可以匹敌一些中型国家，对这样的经济体，它们在区块链产业的整体平均得分才刚刚及格。这反映出我国最发达的经济体在区块链这个产业方面无论是在技术、产业规模、人才等方面都还处于非常薄弱的水平，产业还在成长的初期。

3. 对第一梯队省（区、直辖市）在指数方面的发展建议

第一梯队的省（区、直辖市）代表的是我国区块链产业发展的最高水准，这些省（区、直辖市）的国民生产总值甚至可以匹敌不少国家。从全球视野层面看，对第一梯队的省（区、直辖市）发展区块链产业我们有以下建议：

（1）在社会环境一项得分较弱的风控要尤其警惕，政策上要继续加强对区块链技术和应用的监管，防止技术的滥用导致对我国在经济和金融方面产生风险和冲击。

作为全球性的省份，其影响不仅仅是国内而且会在全球都有一定影响，因此对于风险的把控和警惕显得尤为重要，尤其是曾经ICO的疯狂导致不受监管的金融活动泛滥，会给国家和地区都带来严重的后果，第一梯队在这方面要特别加强。

（2）继续加强出台对区块链产业和企业的扶持政策。对第一梯队推出和制定的政策，不仅是面向梯队中的省（区、直辖市），而且要对标全球的顶尖国家，要推出在全球都有吸引力和竞争力的政策，吸引全球顶尖的企业在第一梯队省（区、直辖市）发展，吸引全球顶尖团队在这里创业。

（3）积极重视对区块链产业园的建设和发展。区块链产业园对于形成产业效应和规模效应有着重要的作用，对发展区块链产业和促进区块链企业的发展都有巨大的助推作用。

作为第一梯队，要尽量设立高标准的产业园，不仅吸引和帮助国内企业的发展和创业还要争取吸引全球的企业和团队来产业园创业。把第一梯队的产业园建成世界级的产业园，孵化出世界级的区块链科技公司。

（4）积极增加对区块链产业的资金投入，帮助和扶植区块链企业的发展，同时大力鼓励社会资金对这个产业的投入。一个新兴产业的发展离不开资金的支持，资金的支持也是对产业发展最直接最有力的支持，是产业发展必不可少的资源。

（5）积极参与区块链行业标准和规范的制定。行业标准和规范是行业发展的最顶层设计也是行业的最高端。抓住了行业标准和规范的制定也就掌握了行业发展的主动权和控制权，这对我国区块链产业的发展有着战略意义。

此外，第一梯队省（区、直辖市）要积极参与区块链国际标准和规范的制定和研发，在全球都发出自己的声音，作出自己的贡献。

（6）鼓励企业和科研机构深入技术研究，不仅在科研成果的数量上下功夫，更要在质量上下功夫，要取得有重大意义的科技成果。

尤其是要鼓励企业和科研机构对全球区块链技术痛点和难点的研究。区块链领域目前世界性的痛点和难点在于如何在保持去中心化和安全性的前提下尽量提高系统交易性能，这是困扰业界的全球性问题。作为全球性的第一梯队，应该在类似这样的问题上投入资源，进行深入的研究，争取在国际上占有一席之地。

（7）充分调动教育和培训资源积极鼓励对区块链人才的教育和培养，尤其是高端技术人才的教育和培养。具体而言，鼓励高校设立区块链课程、区块链专业，培养专门的区块链技术人才；另外鼓励社会培训机构参与对区块链人才的教育和培养，在社会上形成职业培养的路径为企业源源不断输入职业人才。

此外，还要鼓励第一梯队城市吸引全球顶尖人才来创业和发展，在培养人才方面视野和角度也要全球化，培养全球性人才。

（8）第一梯队省（区、直辖市）的区块链产业目前还处于非常小的规模，但区块链技术的重要性及这个产业未来可能带来的价值将是无法估量的。忽视区块链产业的发展将拖累我国的高科技产业及经济发展后劲，甚至影响我国在世界科技竞争中的地位。我国应该从战略高度重视区块链产业的发展，重视区块链技术的研究和应用，要制订中长期计划持续推进区块链技术和产业的发展；要有综合、全面、配套的措施保障从而促进产业的发展。

三、第二梯队省级区块链产业指数的排名、评价及建议

下面我们将给出第二梯队的省（区、直辖市）在区块链发展整体指数的得分和排名，也会分门别类地给出这些省份在整体指数的细分项：规模基础、资金实力、创新能力、生态环境、社会贡献这几方面的发展概况。

1. 第二梯队省级指数测算及排名

如图 5-7 所示，第二梯队的省（区、直辖市）有 12 个：四川、福建、山

东、江苏、天津、贵州、湖北、湖南、海南、陕西、辽宁和河北。

四川得分 39.03，河北得分 17.15。

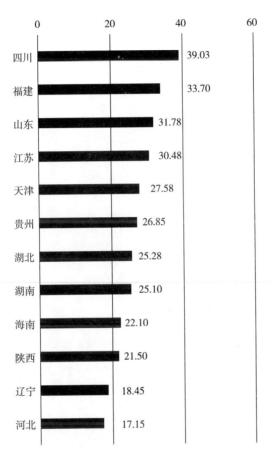

图 5-7　第二梯队省（区、直辖市）整体指数排名

资料来源：根据相关资料整理。

为了详细分析第二梯队省（区、直辖市）作为一个整体的表现，我们采用平均值的方式来衡量第二梯队在指数各个细分项方面的得分（见表 5-9 至表 5-14）。另外，我们为了分析第二梯队与第一梯队之间的差距，对第二梯队提升区块链产业实力提出建议，绘制了第二梯队与第一梯队在各细分项上对比的雷达图（见图 5-8 至图 5-12）。

表 5-9 显示了第一梯队和第二梯队的整体指数及各细分项指数均值。

表5-9　整体指数及各细分项指数均值：第一梯队 vs 第二梯队

	整体指数 （100分）	规模基础 （28分）	资金实力 （17分）	创新能力 （25分）	生态环境 （20分）	社会贡献 （10分）
第一梯队均值	60.82	17.70	10.28	11.72	12.00	9.13
第二梯队均值	26.58	10.90	0.56	5.07	6.86	3.20

资料来源：根据相关资料整理。

为了直观和进一步分析研究第二梯队各个省（区、直辖市）整体指数所包含的每一项的发展状况，以及它们与第一梯队之间的差距，我们绘制了两个梯队在规模基础、资金实力、创新能力、生态环境、社会贡献这五个方面均值的雷达图，如图5-8所示。

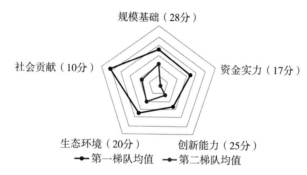

图5-8　整体指数细分项指数均值雷达图：第一梯队 vs 第二梯队省（区、直辖市）
资料来源：根据相关资料整理。

表5-10显示了第一梯队和第二梯队的规模基础指数及各细分项指数均值。

表5-10　规模基础指数及各细分项指数均值：第一梯队 vs 第二梯队

	规模基础指数 （28分）	区块链企业规模 （16分）	区块链服务机构 （6分）	区块链产业园区 （6分）
第一梯队均值	17.70	14.13	2.15	1.43
第二梯队均值	10.90	10.08	0.38	0.43

资料来源：根据相关资料整理。

为了直观和进一步分析研究第二梯队规模基础指数所包含的每一项的发展状况以及与第一梯队在这方面的差距，我们绘制了这两个梯队在区块链企业规模、区块链服务机构、区块链产业园区这三个方面均值的雷达图，如图5-9所示。

图5-9　规模基础指数细分项指数均值雷达图：第一梯队 vs 第二梯队

资料来源：根据相关资料整理。

表5-11 显示了第一梯队和第二梯队资金实力指数及各细分项指数均值。

表5-11　资金实力指数及各细分项指数均值：第一梯队 vs 第二梯队

	资金实力指数（17分）	资本投入（9分）	融资情况（6分）	资金绩效（2分）
第一梯队均值	10.28	5.28	4.63	0.38
第二梯队均值	0.56	0.22	0.30	0.04

为了直观和进一步分析研究第二梯队在资金实力指数所包含的每一项的发展状况以及与第一梯队在这方面的差距，我们绘制了这两个梯队在资本投入、融资情况、资金绩效这三个方面均值的雷达图，如图5-10所示。

表5-12 显示了第一梯队和第二梯队的创新能力指数及各细分项指数均值。

表5-12　创新能力指数及各细分项指数均值：第一梯队 vs 第二梯队

	创新能力指数（25分）	区块链人才（10分）	区块链专利（7分）	区块链技术（6分）	区块链顶层设计（2分）
第一梯队均值	11.72	7.10	4.13	0.00	0.50
第二梯队均值	5.07	3.86	1.21	0.00	0.00

资料来源：根据相关资料整理。

为了直观和进一步分析研究第二梯队在创新能力指数所包含的每一项的发展

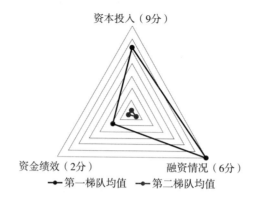

图 5-10　资金实力指数细分项指数均值雷达图：第一梯队 vs 第二梯队
资料来源：根据相关资料整理。

状况以及与第一梯队在这方面的差距，我们绘制了这两个梯队在区块链人才、区块链专利、区块链技术、区块链顶层设计这四个方面均值的雷达图，如图 5-11所示。

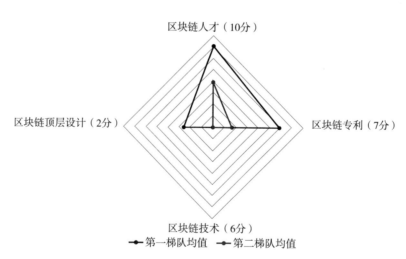

图 5-11　创新能力指数细分项指数均值雷达图：第一梯队 vs 第二梯队
资料来源：根据相关资料整理。

表 5-13 显示了第一梯队和第二梯队的生态环境指数及各细分项指数均值。

表 5-13   生态环境指数及各细分项指数均值：第一梯队 vs 第二梯队

	生态环境指数（20 分）	政策环境（10 分）	社会环境（4 分）	风控环境（6 分）
第一梯队均值	12.00	5.38	3.88	2.75
第二梯队均值	6.86	2.71	1.32	2.83

资料来源：根据相关资料整理。

为了直观和进一步分析研究第二梯队在生态环境指数所包含的每一项的发展状况以及与第一梯队在这方面的差距，我们绘制了这两个梯队在政策环境、社会环境、风控环境这三个方面均值的雷达图，如图 5-12 所示。

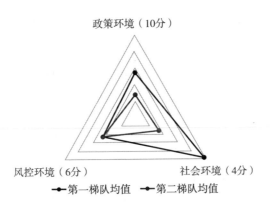

图 5-12   生态环境指数细分项指数均值雷达图：第一梯队 vs 第二梯队

资料来源：根据相关资料整理。

表 5-14 显示了第一梯队和第二梯队的社会贡献指数及各细分项指数均值。

表 5-14   社会贡献指数及各细分项指数均值：第一梯队 vs 第二梯队

	社会贡献指数（10 分）	场景应用（6 分）	社会贡献（4 分）
第一梯队均值	9.13	5.95	3.18
第二梯队均值	3.20	2.13	1.08

资料来源：根据相关资料整理。

由于只有两变量，无法绘制出社会贡献指数两个细分项的雷达图。

2. 对第二梯队指数均值排名的比较及分析

通过对上述各综合指数的均值、细分项指数的均值和雷达图，我们可以看出第二梯队的省（区、直辖市）在区块链发展方面有以下特点：

（1）从一级指标来看，第二梯队与第一梯队整体而言在社会贡献方面相差最小，两者均值相差不到5分（见表5-14）。

我们认为这和区块链产业目前发展所处的阶段以及客观环境有关。区块链产业目前还处于发展的初期，技术还没有广泛落地应用于实体经济，对社会的贡献也相当有限。因此，虽然发达地区区块链技术已经开始落地并初显对社会的贡献，但领先的幅度并不大。

（2）在生态环境方面，第二梯队与第一梯队差距较大，两者均值相差超过5分（见表5-13）。

生态环境的建设一方面与当地固有的产业氛围有关，另一方面也在相当大程度上受当地的政策影响。由于区块链产业是个新兴的产业，因此不存在固有的产业氛围，各地的产业氛围都还处在初始的建设阶段，在这个阶段大量的工作需要政府出力和投入。因此，这一项的差距表明第二梯队大部分省份一方面自然发展的产业氛围比较薄弱，另一方面政府在这方面的动作和举动也不够积极。

进一步观察生态环境的各细分项，我们发现第二梯队在政策环境方面落后第一梯队较大，超过2分。表明两个梯队的政府在出台政策的积极性和力度上差距较大。

（3）在创新能力方面，第二梯队与第一梯队有一定差距，两者均值相差超过6分（见表5-12）。

创新能力主要体现在人才、科研和专利方面。第一梯队的省（区、直辖市）集中了全国最优秀的教育资源和科研资源，因此在基础和先天上占有无可比拟的优势。这个优势会在创新能力方面表现出来，拉开两个梯队的差距。

进一步观察创新能力各细分项，第二梯队在区块链人才上与第一梯队差距最大，均值相差超过3分，这表明第二梯队在区块链人才方面无论是在数量还是在质量上都与第一梯队有较大差距。另外，两个梯队在区块链专利和顶层设计方面的差距也较大。

（4）在规模基础方面，第二梯队与第一梯队有一定差距，两者均值相差6.8分（见表5-10）。

我们认为，这受两个梯队的先天因素所影响。区块链技术和产业根植于互联网、软件和计算机等信息产业，信息产业发达的地区有良好的产业基础。第二梯队省（区、直辖市）大部分在信息产业方面与第一梯队有较大差距。

进一步观察规模基础各细分项，我们发现两个梯队在区块链企业规模这一项上均值差距最大，均值差距超过4分。这说明无论是在区块链企业数量还是在质量上，第二梯队都落后于第一梯队。

（5）在资金实力方面，第二梯队与第一梯队差距最大，两者均值相差接近10分（见表5-11）。

我们认为这受两个梯队的先天因素所影响，也和区块链发展所处的阶段有关。资金实力表示本地区块链投资和企业融资的活跃状况。高科技产业和信息产业发达的地区，投融资的氛围普遍较热，而落后地区则投融资氛围比较冷。这自然也表现在区块链产业。区块链产业是高科技行业，并且处在发展初期，因此对投融资的依赖非常大。第二梯队省（区、直辖市）大部分在这个先天条件方面要次于第一梯队。

进一步观察资金实力各细分项，我们发现第二梯队在资本投入这一项上与第一梯队相差最大，均值相差超过 5 分。这说明第二梯队大部分省（区、直辖市）区块链投资氛围较冷。

（6）第二梯队省份代表的是我国在区块链产业方面的综合实力。第二梯队的整体指数平均得分不到 30 分。由此可见，我国各省的区块链产业总体还处在一个相当低层次的水平。

3. 对第二梯队省（区、直辖市）在指数方面的发展建议

第二梯队的省（区、直辖市）选自我国各行政区划中比较典型，区块链产业发展比较突出的省份，它们整体代表的是我国区块链产业发展的综合水平。因此从国家层面看，要提升我国区块链产业发展的综合水平，对第二梯队的省（区、直辖市）发展区块链产业我们有以下建议：

（1）积极并加大力度出台产业政策鼓励在区块链产业的创业，扶植和帮助区块链企业成长，为企业成长和产业发展创造良好的外部环境。

第二梯队在生态环境方面落后第一梯队较多，而在生态环境这一项上，又在产业政策上落后第一梯队最多。这表明大部分第二梯队省（区、直辖市）出台的政策无论是在数量还是在力度上都远远不及第一梯队，因此改善这个方面是第二梯队的当务之急。各地政府要以更加积极的态度重视区块链产业，了解区块链技术将给经济社会等方面带来的颠覆性变革。这样出台的政策才会更有实际意义，真正促进企业数量的增长和规模的壮大。

另外，作为第二梯队的省（区、直辖市）代表的是国家区块链产业的综合实力。因此作为第二梯队城市在制定产业政策时要上升到国家高度，制定的产业政策不仅仅针对本地，而且要面向全国，积极鼓励和吸引全国优秀的团队来创业、全国优秀的企业来发展。

（2）注重区块链人才的培养，利用固有的教育资源并调动各种社会资源，发挥各种社会力量积极参与区块链技术人才的培养和塑造。在高校中开展区块链课程和区块链专业，在民间鼓励培训机构培养区块链人才。

此外，还要鼓励第二梯队吸引全国顶尖人才来创业和发展，在培养人才方面视野和角度也要上升到国家高度，即培养全国性人才。

（3）积极增加对区块链产业的**资金投入**，帮助和扶植区块链企业的发展，同时要鼓励社会资金对这个新兴产业的投入。一个新兴产业的发展离不开资金的支持，资金的支持也是对产业发展最直接最有力的支持，是产业发展必不可少的资源。

第二梯队和第一梯队在资金实力上差距最大，而在资金实力中，资本投入相差最大。因此如何鼓励和利用各种资金助力区块链企业和产业的发展是提升二梯队整体实力的关键。

（4）我国第二梯队省（区、直辖市）的整体区块链产业水平处于相当低的层次，也说明我国整体区块链产业水平处于很低的层次，这要引起各省的高度重视。区块链产业是极具颠覆性的高科技产业，如果我国在这个产业上落后，将会拖累我国整体高科技的发展。因此，各省政府必须意识到区块链产业发展的重要性和战略意义。各地政府要从长远目标和规划来制定综合政策，扶植和发展区块链产业，帮助区块链企业。

四、第三梯队省级区块链产业指数的排名、评价及建议

下面我们将给出第三梯队的省（区、直辖市）区块链发展整体指数的得分和排名。也会分门别类地给出这些省（区、直辖市）在整体指数的细分项：规模基础、资金实力、创新能力、生态环境、社会贡献这几方面的发展概况。

1. 第三梯队省级指数测算及排名

如图 5-13 所示，第三梯队的省（区、直辖市）有 12 个：安徽、重庆、河南、江西、广西、黑龙江、云南、新疆、吉林、内蒙古、山西和甘肃。

安徽得分 23.9，甘肃得分 8.1。

为了详细分析第三梯队省（区、直辖市）作为一个整体的表现，我们采用平均值的方式来衡量第三梯队省（区、直辖市）在指数各个细分项方面的得分。另外我们为了分析第三梯队与第二梯队之间的差距，对第三梯队提升区块链产业实力提出建议，绘制了第三梯队与第二梯队在各细分项上对比的雷达图。具体表格及雷达图如表 5-15 至表 5-20 和图 5-14 至图 5-18 所示。

表 5-15 显示了第二梯队和第三梯队的整体指数及各细分项指数均值。

表 5-15　整体指数及各细分项指数均值：第二梯队 vs 第三梯队

	整体指数 （100分）	规模基础 （28分）	资金实力 （17分）	创新能力 （25分）	生态环境 （20分）	社会贡献 （10分）
第二梯队均值	26.58	10.90	0.56	5.07	6.86	3.20
第三梯队均值	14.55	6.1	0.01	2.87	4.77	0.80

资料来源：根据相关资料整理。

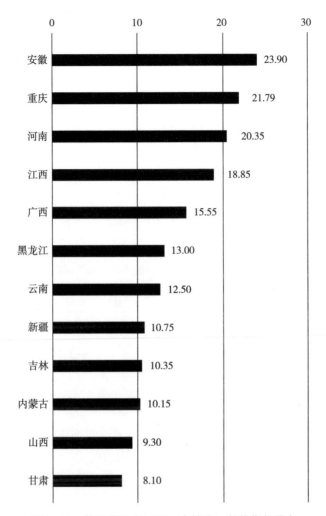

图5-13   第三梯队省（区、直辖市）整体指数排名
资料来源：根据相关资料整理。

为了直观和进一步分析研究第三梯队各个城市整体指数所包含的每一项的发展状况，以及它们与第二梯队之间的差距，我们绘制了两个梯队在规模基础、资金实力、创新能力、生态环境、社会贡献这五个方面均值的雷达图，如图5-14所示。

表5-16显示第二梯队和第三梯队的规模基础指数及各细分项指数均值。

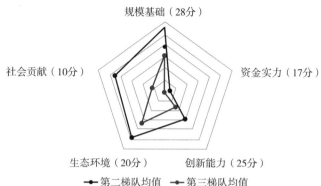

图5-14 整体指数细分项指数均值雷达图：第二梯队 vs 第三梯队

资料来源：根据相关资料整理。

表5-16 规模基础指数及各细分项指数均值：第二梯队 vs 第三梯队

	规模基础指数 （28分）	区块链企业规模 （16分）	区块链服务机构 （6分）	区块链产业园区 （6分）
第二梯队均值	10.90	10.08	0.38	0.43
第三梯队均值	6.10	5.75	0.10	0.25

资料来源：根据相关资料整理。

　　为了直观和进一步分析研究第三梯队规模基础指数所包含的每一项的发展状况以及与第二梯队在这方面的差距，我们绘制了这两个梯队在区块链企业规模、区块链服务机构、区块链产业园区这三个方面均值的雷达图，如图5-15所示。

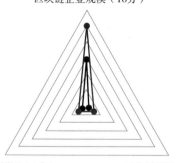

图5-15 规模基础指数细分项指数均值雷达图：第二梯队 vs 第三梯队

资料来源：根据相关资料整理。

表 5-17 显示了第二梯队和第三梯队的资金实力指数及各细分项指数均值。

表 5-17　资金实力指数及各细分项指数均值：第二梯队 vs 第三梯队

	资金实力指数（17分）	资本投入（9分）	融资情况（6分）	资金绩效（2分）
第二梯队均值	0.56	0.22	0.30	0.04
第三梯队均值	0.01	0.00	0.01	0.00

资料来源：根据相关资料整理。

为了直观和进一步分析研究第三梯队在资金实力指数所包含的每一项的发展状况以及与第二梯队在这方面的差距，我们绘制了这两个梯队在资本投入、融资情况、资金绩效这三个方面均值的雷达图，如图 5-16 所示。

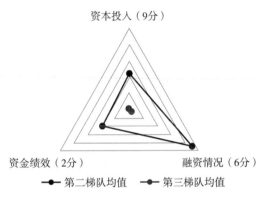

图 5-16　资金实力指数细分项指数均值雷达图：第二梯队 vs 第三梯队

资料来源：根据相关资料整理。

表 5-18 显示了第二梯队和第三梯队的创新能力指数及各细分项指数均值。

表 5-18　创新能力指数及各细分项指数均值：第二梯队 vs 第三梯队

	创新能力指数（25分）	区块链人才（10分）	区块链专利（7分）	区块链技术（6分）	区块链顶层设计（2分）
第二梯队均值	5.07	3.86	1.21	0.00	0.00
第三梯队均值	2.87	2.34	0.53	0.00	0.00

资料来源：根据相关资料整理。

为了直观和进一步分析研究第三梯队在创新能力指数所包含的每一项的发展状况以及与第二梯队在这方面的差距，我们绘制了这两个梯队在区块链人才、区块链专利、区块链技术、区块链顶层设计这四个方面均值的雷达图，如图5-17所示。

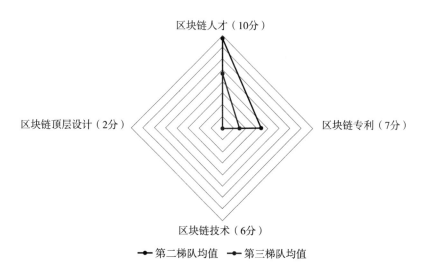

图 5-17 创新能力指数细分项指数均值雷达图：第二梯队 vs 第三梯队

资料来源：根据相关资料整理。

表5-19显示了第二梯队和第三梯队的生态环境指数及各细分项指数均值。

表 5-19 生态环境指数及各细分项指数均值：第二梯队 vs 第三梯队

	生态环境指数（20分）	政策环境（10分）	社会环境（4分）	风控环境（6分）
第二梯队均值	6.86	2.71	1.32	2.83
第三梯队均值	4.77	1.33	0.43	3.00

为了直观和进一步分析研究第三梯队在生态环境指数所包含的每一项的发展状况以及与第二梯队在这方面的差距，我们绘制了这两个梯队在政策环境、社会环境、风控环境这三个方面均值的雷达图，如图5-18所示。

表5-20显示了第二梯队和第三梯队的社会贡献指数及各细分项指数均值。

表 5-20 社会贡献指数及各细分项指数均值：第二梯队 vs 第三梯队

	社会贡献指数（10分）	场景应用（6分）	社会贡献（4分）
第二梯队均值	3.20	2.13	1.08
第三梯队均值	0.80	0.55	0.26

资料来源：根据相关资料整理。

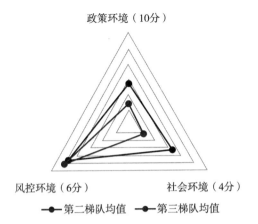

政策环境（10分）

风控环境（6分）   社会环境（4分）

●— 第二梯队均值   ●— 第三梯队均值

图 5-18 生态环境指数细分项指数均值雷达图：第二梯队 vs 第三梯队

资料来源：根据相关资料整理。

2. 对第三梯队指数均值排名的比较及分析

通过对上述各综合指数的均值，细分项指数的均值和雷达图，我们可以看出第三梯队的省（区、直辖市）在区块链发展方面有以下特点：

（1）在资金实力方面，第三梯队与第二梯队差距最小，两者均值相差不超过 0.6 分（见表 5-17）。

实际上这是因为两个梯队的资金实力都不强，而第三梯队的省（区、直辖市）表现更差。第三梯队对绝大部分在高科技产业和信息产业方面发展相当滞后，产业投资和融资氛围也处于垫底的位置，这自然也表现在区块链产业。区块链产业是高科技行业，并且处在发展初期，对投融资的依赖非常大。因此，第三梯队绝大部分在这个先天条件方面非常落后。

进一步观察资金实力各细分项，我们发现第三梯队在融资情况这一项上与第二梯队相差最大，均值相差接近 0.3 分。这说明第三梯队大部分省份几乎没有区块链企业融资需求或者有融资需求但几乎完全无法满足，区块链企业的发展非常薄弱。

（2）在生态环境方面，第三梯队与第二梯队有一定差距，两者均值相差超过 2 分（见表 5-19）。

这一项的差距表明第三梯队绝大部分省份一方面自然发展的产业氛围比较薄弱，另外一方面政府在这方面的动作和举动也非常小。

进一步观察生态环境的各细分项，我们发现第三梯队在政策环境方面落后第二梯队最多，超过 1 分。表明两个梯队的政府在出台政策上有不小的差距。

（3）在创新能力方面，第三梯队与第二梯队有一定差距，两者均值相差超过2分（见表5-18）。实际上这是由于第二梯队和第三梯队的省份在创新能力方面都不足的表现。

进一步观察创新能力各细分项，第三梯队在区块链人才上与第二梯队差距最大，两者均值相差超过1分。

（4）从一级指标来看，第三梯队与第二梯队整体而言在社会贡献方面差距较大，两者均值相差超过2分（见表5-20）。

第三梯队整体而言在区块链企业和产业发展方面都处于非常落后的地位，因此在现阶段，第三梯队中区块链技术的应用还谈不上大规模结合实体经济，也就没有体现出对国民经济及社会的贡献。

（5）在规模基础方面，第三梯队与第二梯队的差距最大，两者均值相差超过4分（见表5-16）。

区块链产业根植于互联网、计算机和软件等高科技行业，因此一个地区高科技产业和信息产业的发展程度就是那个地区区块链产业发展的基础。在这一点上，由于第三梯队大部分省份在这个基础上都处于极弱的水平，因此第三梯队受先天的因素制约太大，在短时间内不太容易改变这个状况。

进一步观察规模基础各细分项，我们发现两个梯队在区块链企业规模这一项上均值差距最大，均值差距接近4分。这说明无论是在区块链企业数量还是在质量上，第三梯队都落后于第二梯队。

（6）第三梯队省（区、直辖市）代表了我国各大行政区的省。第三梯队的区块链整体指数均分不到20分，表明第三梯队城市的区块链产业几乎还处于空白状态，即我国大部分地区的区块链产业尚处于空白。

3. 对第三梯队省（区、直辖市）在指数方面的发展建议

第三梯队的省（区、直辖市）选自我国各行政区划中比较有代表性地位的省或直辖市，它们整体代表的是我国各省级区块链产业发展的综合水平。第三梯队中大部分省份在综合实力、经济实力等各方面都属于比较落后的省份，在各方面都与前两个梯队存在较大差距，要在短时间内缩小这些差距难度相当大，但是可以集中力量在某一点或几点上努力，先从单点突破，再逐步发展兼顾其他方面。因此从各省层面看，要提升我国各省区块链产业发展的综合水平，对第三梯队发展区块链产业我们有以下建议：

（1）注重区块链人才的培养。尽管第三梯队的省（区、直辖市）不少在教育和科研方面都处于比较落后的地位，但也要尽量利用各种固有资源同时调动各种社会资源，发挥各种社会力量积极参与区块链技术人才的培养和塑造。在高校中开展区块链课程、区块链专业，在民间鼓励培训机构培养区块链人才。

（2）积极并加大力度出台产业政策鼓励在区块链产业的创业，扶植和帮助区块链企业成长，为企业成长和产业发展创造良好的外部环境。

产业政策的出台主要依靠政府，这也是落后地区要追赶发达地区最能发挥积极性和能动性的地方。第三梯队省（区、直辖市）中大部分政府要么出台的政策较弱，甚至在这方面是空白，这一方面说明了差距，另一方面也表明在这方面还大有潜力可挖。虽然第三梯队中不少省份都是传统产业和科技产业发展非常落后的地区，但是也可以结合本地的情况尽量出台政策，以积极的态度重视区块链产业，了解区块链技术将给经济社会等方方面面带来的颠覆性变革。

在这方面第二梯队中的贵州是个值得学习的典范。贵州无论在传统产业和高科技产业方面都是较为落后的西南省份，但贵州省政府大力出台政策扶植大数据和区块链产业的发展，使贵州近些年在这方面取得的进步有目共睹。

第三梯队省（区、直辖市）的区块链产业大部分还处于空白阶段，产业的发展和企业的成长任重道远。考虑到我国第三梯队省（区、直辖市）很多都是西北、华北、西南的落后省份，这些省份无论在整体经济实力还是在科技实力上相对于第一梯队和第二梯队都有较大差距。我们建议第三梯队省（区、直辖市）要提高对区块链产业和技术重要性的认识，在制定产业的长期发展规划方面考虑和重视区块链产业，将区块链产业纳入长远发展的目标和规划。

第二节　2018中国中心城市区块链产业指数分梯队的排名、评价及建议

一、2018中国中心城市区块链产业指数三个梯队划分的对象和依据

1. 2018中国中心城市区块链产业指数三个梯队划分的对象

我们在前面对区块链指数测评中，选取了32个中心城市。这32个城市包括4个直辖市、28个副省级中心城市、部分省会城市。具体名册如表5-21所示。

表5-21　本书选择测算的32个中心城市

地区	城市名单
直辖市（4个）	北京、上海、天津、重庆
华北地区（3个）	石家庄、太原、呼和浩特

地区	城市名单
东北地区（4个）	沈阳、哈尔滨、长春、大连
华东地区（6个）	南京、杭州、济南、宁波、青岛、合肥
华中地区（4个）	武汉、长沙、郑州、南昌
华南地区（4个）	广州、深圳、厦门、海口
西南地区（4个）	成都、贵阳、昆明、南宁
西北地区（3个）	西安、兰州、乌鲁木齐

资料来源：根据相关资料整理。

2. 2018 中国中心城市区块链产业指数三个梯队划分的依据

我们综合考虑上述 32 个中心城市在区块链技术整体指数上的排名以及在其行政区域方面的代表性意义将它们分为三个梯队。

第一个梯队所代表的中心城市是我国有全球竞争力的城市，这些城市区块链产业的发展将直接比拼全球顶尖科技国家，它们所代表的也是我国在区块链产业方面发展水平和综合实力最高的城市。

第二个梯队所代表的城市是我国整体在区块链产业综合实力处于很强发展水平的城市。同时，兼顾考虑在七个经济区域中都有代表性的城市。

第三个梯队所代表的城市，是在这 32 个中心城市中区块链产业综合实力和发展水平相对欠缺落后的城市，但在全国所有城市中，也是相对较强较好的城市。

表 5-22　32 个中心城市整体指数及各细分项指数排名

	整体指数 （100分）	规模基础 （30分）	资金实力 （20分）	创新能力 （25分）	生态环境 （15分）	社会贡献 （10分）
北京	65.86	19.00	12.80	13.16	11.00	9.90
上海	63.24	18.30	12.60	10.54	12.80	9.00
杭州	63.09	18.45	10.70	10.14	14.80	9.00
深圳	60.49	16.85	17.00	12.44	4.90	9.30
广州	45.27	18.45	6.10	8.52	4.80	7.40
成都	39.18	12.90	3.70	8.18	6.30	8.10
天津	31.23	13.65	0.00	6.48	6.90	4.20
贵阳	24.35	11.60	0.00	2.90	8.80	1.05
青岛	22.78	12.65	0.00	5.68	1.40	3.05
西安	21.70	12.25	0.50	5.10	1.40	2.45

续表

	整体指数 （100 分）	规模基础 （30 分）	资金实力 （20 分）	创新能力 （25 分）	生态环境 （15 分）	社会贡献 （10 分）
武汉	21.53	9.35	0.20	5.68	1.90	4.40
重庆	20.44	8.10	0.10	5.24	4.90	2.10
厦门	19.97	10.52	1.50	4.90	0.80	2.25
长沙	18.93	11.00	0.00	3.98	1.80	2.15
郑州	18.70	11.25	0.00	4.40	0.90	2.15
合肥	18.15	10.50	0.00	3.80	3.30	0.55
海口	17.45	10.50	0.00	2.80	2.80	1.35
南京	16.70	6.17	0.00	4.20	1.40	5.00
宁波	13.45	9.25	0.00	2.80	0.90	0.50
大连	13.30	8.20	0.00	3.80	0.80	0.50
石家庄	11.95	5.00	0.00	1.80	4.80	0.35
南宁	11.92	8.17	0.00	2.30	0.90	0.55
哈尔滨	9.05	5.00	0.00	2.90	0.80	0.35
沈阳	8.70	3.60	0.00	1.80	2.90	0.40
南昌	8.30	2.50	0.00	1.30	4.30	0.20
昆明	8.00	5.00	0.00	1.80	0.80	0.40
长春	7.15	4.00	0.00	2.00	0.80	0.35
乌鲁木齐	7.00	3.50	0.00	1.80	1.30	0.40
兰州	5.40	1.00	0.00	1.30	2.80	0.30
呼和浩特	5.40	1.00	0.00	1.30	2.80	0.30
太原	4.90	2.50	0.00	1.30	0.80	0.30
济南	4.80	1.00	0.00	2.30	1.30	0.20

资料来源：根据相关资料整理。

按照上述指数排名标准，我们对三个梯队区块链的中心城市选取如下梯队：

第一梯队 4 个：北京、上海、杭州、深圳。以 100 分计算，其中，北京市整体指数为 65.86 分，上海市整体指数为 63.24 分，杭州市整体指数为 63.09 分，深圳为 60.49 分。

第二梯队 15 个：广州、成都、天津、贵阳、青岛、西安、武汉、重庆、厦门、长沙、郑州、合肥、海口、南京、大连。以 100 分计算，分数在 45.27（广州）和 13.30 分（大连）之间。同时，兼顾了六个经济区域都有代表城市。华东地区（南京、厦门、青岛、合肥）；华中地区（武汉、长沙、郑州）；华南地区（广州、海口）；西南地区（成都、贵阳）；西北地区（西安）；东北地区（大连）；直辖市（天津、重庆）。

第三梯队 13 个：宁波、石家庄、南宁、哈尔滨、沈阳、南昌、昆明、长春、乌鲁木齐、兰州、呼和浩特、太原、济南。

二、第一梯队（全球级）中心城市区块链产业指数的排名、评价及建议

下面我们将给出第一梯队的中心城市区块链发展整体指数的得分和排名，也会分门别类地给出这些城市在整体指数的细分项：规模基础、资金实力、创新能力、生态环境、社会贡献这几方面的发展概况。

1. 第一梯队城市指数测算及排名

如图 5-19 所示，第一梯队的城市有 4 个：北京、上海、杭州和深圳。北京65.86 分、上海 63.24 分、杭州 63.09 分、深圳 60.49 分。

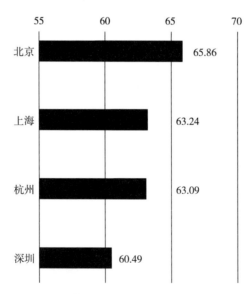

图 5-19 第一梯队中心城市整体指数排名

资料来源：根据相关资料整理。

为了详细分析第一梯队城市作为一个整体的表现，我们采用平均值的方式来衡量第一梯队城市在整体指数各个细分项方面的得分，如表 5-23 所示。

表5-23 第一梯队中心城市整体指数及各细分项指数均值

	整体指数 （100分）	规模基础 （30分）	资金实力 （20分）	创新能力 （25分）	生态环境 （15分）	社会贡献 （10分）
第一梯队均值	63.17	18.15	13.275	11.57	10.875	9.3

资料来源：根据相关资料整理。

表5-23为第一梯队中心城市整体指数及各细分项指数的排名。整体指数满分为100分，有五个组成部分：规模基础（30分）、资金实力（20分）、创新能力（25分）、生态环境（15分）和社会贡献（10分）。

我们在这里对不同梯队的中心城市区块链产业发展所使用的评价标准和本书第四章所使用的标准完全一样，所以关于规模基础、资金实力、创新能力、生态环境和社会贡献这五个标准的定义及评判可以参考第四章。

为了直观和进一步分析研究第一梯队城市整体指数所包含的每一项的发展状况，我们绘制了它们在规模基础、资金实力、创新能力、生态环境、社会贡献这五个方面均值的雷达图，如图5-20所示。

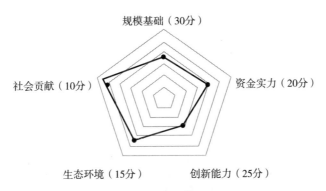

图5-20 第一梯队中心城市整体指数的各细分项指数均值雷达图

资料来源：根据相关资料整理。

如图5-20所示，雷达图共有五个轴，每个轴显示了整体指数中的一个细分项以及该细分项的满分和第一梯队城市在该轴上的得分均值。在一个轴上，数据点越接近该轴的顶点，则那个轴所反映的发展状况就越好；数据点离该轴的顶点越远，则那个轴所反映的发展状况就越差。

表5-24　第一梯队中心城市规模基础指数及各细分项指数均值

	规模基础指数 （30分）	区块链企业规模 （17分）	区块链服务机构 （7分）	区块链产业园区 （6分）
第一梯队均值	18.15	15	2.3	0.85

资料来源：根据相关资料整理。

　　表5-24为第一梯队中心城市规模基础及各细分项指数的均值。规模基础指数满分为30分，有三个组成部分：区块链企业规模（17分）、区块链服务机构（7分）、区块链产业园（6分）。

　　我们在这里对不同梯队的中心城市区块链产业发展所使用的评价标准和本书第四章所使用的标准完全一样，所以关于规模基础各细分项的定义及评判可以参考第四章。

　　表5-24中的区块链产业园主要指当地由政府、民间或企业成立创建的用于发展和聚集区块链企业的科技园区。区块链产业园有助于让企业间更方便地交流，协同其发展，形成规模效应，更好更快地发挥企业能力，助力产业发展。这一项的得分越高反映当地区块链产业园的数量和质量综合水平就越高。

　　为了直观和进一步分析研究第一梯队城市在规模基础指数所包含的每一项的发展状况，我们绘制了它们在区块链企业规模、区块链服务机构、区块链产业园区这三个方面均值表现的雷达图，如图5-21所示。

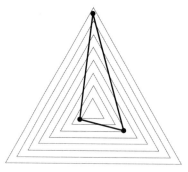

区块链企业规模（17分）

区块链产业园区（6分）　　　　区块链服务机构（7分）

图5-21　第一梯队中心城市规模基础指数的各细分项指数均值雷达图
资料来源：根据相关资料整理。

　　图5-21中我们对第一梯队城市在规模基础指数的各个细分项上的均值表现

进行了展示，每个轴（顶点）表示一个细分项。如果在某个轴上，得分均值越接近那个轴的顶点则表示在那个指标上，第一梯队城市发展越好；如果离顶点越远而离中心点越近则表示在那个指标上，第一梯队城市的发展越差。

表 5-25 为第一梯队中心城市区块链资金实力及各细分项指数的均值。资金实力指数满分为 20 分，有三个组成部分：资本投入（10 分）、融资情况（8 分）和资金绩效（2 分）。

表 5-25　第一梯队中心城市区块链资金实力指数及各细分项指数均值

	资金实力指数（20 分）	资本投入（10 分）	融资情况（8 分）	资金绩效（2 分）
第一梯队均值	13.275	5.9	7.125	0.25

资料来源：根据相关资料整理。

我们在这里对不同梯队的中心城市区块链产业发展所使用的评价标准和本书第四章所使用的标准完全一样，所以关于资金实力各细分项的定义及评判可以参考第四章。

为了直观和进一步分析研究第一梯队城市资金实力指数所包含的每一项的发展状况，我们绘制了它们在资本投入、融资情况和资金绩效这三个方面得分均值的雷达图，如图 5-22 所示。

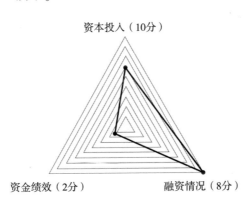

图 5-22　第一梯队中心城市区块链资金实力指数的各细分项指数均值雷达图
资料来源：据相关资料整理。

图 5-22 中我们对第一梯队城市在资金实力指数的各个细分项上的均值表现进行了展示，每个轴（顶点）表示一个细分项。如果在某个轴上，得分均值越接近那个轴的顶点则表示在那个指标上，第一梯队城市发展越好；如果离顶点越远而离中心点越近则表示在那个指标上，第一梯队城市的发展越差。

表 5-26 为第一梯队中心城市区块链创新能力及各细分项指数的均值。创新能力指数满分为 25 分,有四个组成部分:区块链人才（10 分）、区块链专利（7 分）、区块链技术（6 分）和区块链顶层设计（2 分）。

表 5-26　第一梯队中心城市区块链创新能力指数及各细分项指数均值

	创新能力指数 （25 分）	区块链人才 （10 分）	区块链专利 （7 分）	区块链技术 （6 分）	区块链顶层 设计（2 分）
第一梯队均值	11.57	6.945	4.125	0	0.5

资料来源:根据相关资料整理。

我们在这里对不同梯队的中心城市区块链产业发展所使用的评价标准和本书第四章所使用的标准完全一样,所以关于创新能力各细分项的定义及评判可以参考第四章。

为了直观和进一步分析研究第一梯队中心城市区块链创新能力指数所包含的每一项的发展状况,我们绘制了它们在区块链人才、区块链专利、区块链技术和区块链顶层设计这四个方面得分均值的雷达图,如图 5-23 所示。

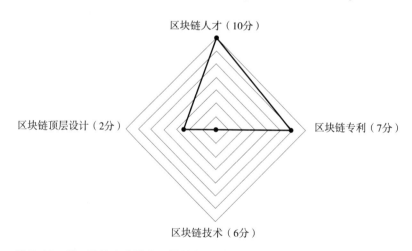

图 5-23　第一梯队中心城市区块链创新能力指数的各细分项指数均值雷达图
资料来源:根据相关资料整理。

图 5-23 中我们对第一梯队城市在创新能力指数的各个细分项上的均值表现进行了展示,每个轴（顶点）表示一个细分项。如果在某个轴上,得分均值越接近那个轴的顶点则表示在那个指标上,第一梯队城市发展越好;如果离顶点越远而离中心点越近则表示在那个指标上,第一梯队城市的发展越差。

表 5-27 为第一梯队中心城市区块链生态环境及各细分项指数的均值。生态环境指数满分为 15 分，有三个组成部分：政策环境（10 分）、社会环境（2 分）和风控环境（3 分）。

表 5-27　第一梯队中心城市区块链生态环境指数及各细分项指数均值

	生态环境指数（15 分）	政策环境（10 分）	社会环境（2 分）	风控环境（3 分）
第一梯队均值	10.875	8.5	1.525	0.85

资料来源：根据相关资料整理。

我们在这里对不同梯队的中心城市区块链产业发展所使用的评价标准和本书第四章所使用的标准完全一样，所以关于生态环境各细分项的定义及评判可以参考第四章。

区块链技术自诞生起就和金融业密切相关。在区块链技术过去这些年的发展历程中，数字货币价格的疯狂投机，利用以太坊进行代币融资的狂潮给各国的金融稳定和经济发展造成了严重的隐患，这使全球各国政府纷纷出台政策对区块链技术的应用进行监管。我国政府也不例外，自 2017 年 9 月 4 日出台全国性政策后控制住了可能的风险，从此我国也开始把区块链纳入法律体系的监管。

风控环境这一项中，如果某地曾发生严重的利用区块链进行诈骗和违法活动的案例，则这一项会倒扣分。

为了直观和进一步分析研究第一梯队中心城市区块链生态环境指数所包含的每一项的发展状况，我们绘制了它们在政策环境、社会环境和风控环境这三个方面得分均值的雷达图，如图 5-24 所示。

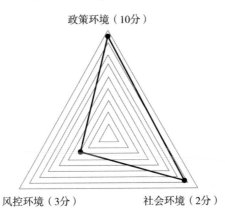

图 5-24　第一梯队中心城市区块链生态环境指数的各细分项指数均值雷达图

资料来源：根据相关资料整理。

图 5-24 中我们对第一梯队城市在生态环境指数的各个细分项上的均值表现进行了展示，每个轴（顶点）表示一个细分项。如果在某个轴上，得分均值越接近那个轴的顶点则表示在那个指标上，第一梯队城市发展越好；如果离顶点越远而离中心点越近则表示在那个指标上，第一梯队城市的发展越差。

表 5-28 为第一梯队中心城市区块链社会贡献及各细分项指数的排名。社会贡献指数满分为 10 分，有两个组成部分：场景应用（6 分）和社会贡献（4 分）。

表 5-28　第一梯队中心城市区块链社会贡献指数及各细分项指数均值

	社会贡献指数（10 分）	场景应用（6 分）	社会贡献（4 分）
第一梯队均值	9.3	5.9	3.4

表 5-28 中的细分项场景应用主要反映当地区块链技术是否应用了实际的场景和具体的项目。

表 5-28 中的细分项社会贡献主要反映当地区块链技术的应用及企业直接产生的产值以及拉动相关其他产业所产生的间接产值。

2. 对第一梯队指数均值排名的比较及分析

通过对上述各综合指数的均值，细分项指数的均值和雷达图，我们可以看出第一梯队的城市在区块链发展方面有以下特点：

（1）在一级指标中，第一梯队城市整体在社会贡献方面表现最出色，在创新能力方面表现最差。

（2）在一级指标中，第一梯队城市在区块链产业的规模基础、资金实力和生态环境方面表现较弱。

（3）第一梯队反映的是我国顶级城市区块链产业的最高综合水平，但第一梯队的均分才刚刚及格，这反映出我国最发达的城市其区块链产业无论是在技术、产业规模、人才等方面都还处于非常薄弱的水平，还在成长的初期。

3. 对第一梯队城市在指数方面的发展建议

第一梯队城市代表的是我国城市群中区块链产业发展的最高水准，它们的产业发展要比肩世界级城市，并且第一梯队城市的区块链产业发展状况和第一梯队省份很类似，因此我们对这一梯队城市给出的建议与第一梯队省份的建议类似，读者可参考本章相关内容。

三、第二梯队（国家级）中心城市区块链产业指数的排名、评价及建议

在这一节，我们将给出第二梯队的中心城市区块链发展整体指数的得分和排

名，也会分门别类地给出这些城市在整体指数的细分项：规模基础、资金实力、创新能力、生态环境、社会贡献这几方面的发展概况。

1. 第二梯队城市指数测算及排名

如图 5-25 所示，第二梯队的城市有 12 个：广州、成都、天津、贵阳、青岛、西安、武汉、重庆、厦门、长沙、郑州、合肥、海口、南京和大连。

广州得分为 45.27，大连得分为 13.30。

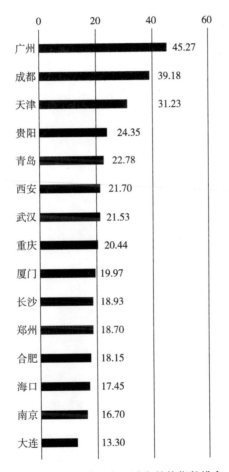

图 5-25　第二梯队中心城市整体指数排名

资料来源：根据相关资料整理。

为了详细分析第二梯队城市作为一个整体的表现，我们采用平均值的方式来衡量第二梯队城市在指数各个细分项方面的得分（见表 5-29 至表 5-34）。另外，我们为了分析第二梯队与第一梯队之间的差距，对第二梯队提升区块链产业实力提出建议，绘制了第二梯队与第一梯队在各细分项上对比的雷达图（见图 5-26 至图 5-30）。

表 5-29 显示了第一梯队和第二梯队的整体指数及各细分项指数均值。

表 5-29　整体指数及各细分项指数均值：第一梯队 vs 第二梯队

	整体指数 （100 分）	规模基础 （30 分）	资金实力 （20 分）	创新能力 （25 分）	生态环境 （15 分）	社会贡献 （10 分）
第一梯队均值	63.17	18.15	13.275	11.57	10.875	9.3
第二梯队均值	23.312	11.14	0.807	5.044	3.213	3.113

资料来源：根据相关资料整理。

为了直观和进一步分析研究第二梯队各个城市整体指数所包含的每一项的发展状况，以及它们与第一梯队之间的差距，我们绘制了两个梯队在规模基础、资金实力、创新能力、生态环境，社会贡献这五个方面均值的雷达图，如图 5-26 所示。

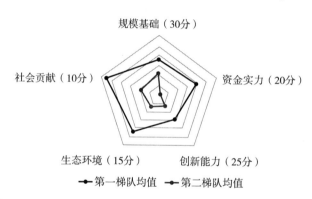

图 5-26　整体指数细分项指数均值雷达图：第一梯队 vs 第二梯队

资料来源：根据相关资料整理。

表 5-30 显示了第一梯队和第二梯队的规模基础指数及各细分项指数均值。

表 5-30　规模基础指数及各细分项指数均值：第一梯队 vs 第二梯队

	规模基础指数 （30 分）	区块链企业规模 （17 分）	区块链服务机构 （7 分）	区块链产业园区 （6 分）
第一梯队均值	18.15	15	2.3	0.85
第二梯队均值	11.139	10.3	0.353	0.487

资料来源：根据相关资料整理。

为了直观和进一步分析研究第二梯队规模基础指数所包含的每一项的发展状

况以及与第一梯队在这方面的差距，我们绘制了这两个梯队在区块链企业规模、区块链服务机构、区块链产业园区这三个方面均值的雷达图，如图 5-27 所示。

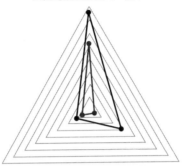

区块链企业规模（17分）

区块链产业园区（6分）　　　　区块链服务机构（7分）

→●— 第一梯队均值　　→●— 第二梯队均值

图 5-27　规模基础指数细分项指数均值雷达图：第一梯队 vs 第二梯队

资料来源：根据相关资料整理。

表 5-31 显示了第一梯队和第二梯队的资金实力指数及各细分项指数均值。

表 5-31　资金实力指数及各细分项指数均值：第一梯队 vs 第二梯队

	资金实力指数（20分）	资本投入（10分）	融资情况（8分）	资金绩效（2分）
第一梯队均值	13.275	5.9	7.125	0.25
第二梯队均值	0.807	0.24	0.467	0.1

资料来源：根据相关资料整理。

为了直观和进一步分析研究第二梯队在资金实力指数所包含的每一项的发展状况以及与第一梯队在这方面的差距，我们绘制了这两个梯队在资本投入、融资情况、资金绩效这三个方面均值的雷达图，如图 5-28 所示。

表 5-32 显示了第一梯队和第二梯队的创新能力指数及各细分项指数均值。

表 5-32　创新能力指数及各细分项指数均值：第一梯队 vs 第二梯队

	创新能力指数（25分）	区块链人才（10分）	区块链专利（7分）	区块链技术（6分）	区块链顶层设计（2分）
第一梯队均值	11.57	6.945	4.125	0	0.5
第二梯队均值	5.044	4.037	1.007	0	0

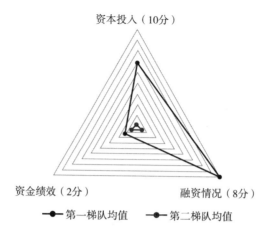

图5-28 资金实力指数细分项指数均值雷达图：第一梯队 vs 第二梯队
资料来源：根据相关资料整理。

为了直观和进一步分析研究第二梯队在创新能力指数所包含的每一项的发展状况以及与第一梯队在这方面的差距，我们绘制了这两个梯队在区块链人才、区块链专利、区块链技术、区块链顶层设计这四个方面均值的雷达图，如图5-29所示。

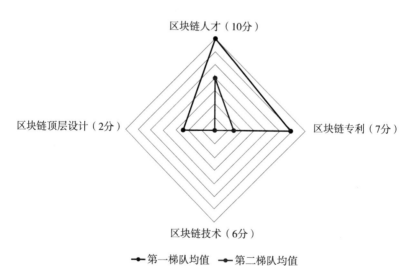

图5-29 创新能力指数细分项指数均值雷达图：第一梯队 vs 第二梯队
资料来源：根据相关资料整理。

表5-33显示了第一梯队和第二梯队的生态环境指数及各细分项指数均值。

表 5-33　生态环境指数及各细分项指数均值：第一梯队 vs 第二梯队

	生态环境指数（15分）	政策环境（10分）	社会环境（2分）	风控环境（3分）
第一梯队均值	10.875	8.5	1.525	0.85
第二梯队均值	3.48	2.5	0.18	0.8

　　为了直观和进一步分析研究第二梯队在生态环境指数所包含的每一项的发展状况以及与第一梯队在这方面的差距，我们绘制了这两个梯队在政策环境、社会环境、风控环境这三个方面均值的雷达图，如图 5-30 所示。

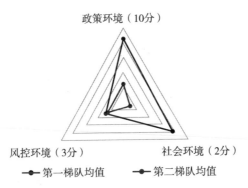

图 5-30　生态环境指数细分项指数均值雷达图：第一梯队 vs 第二梯队

资料来源：根据相关资料整理。

表 5-34 显示了第一梯队和第二梯队的社会贡献指数及各细分项指数均值。

表 5-34　社会贡献指数及各细分项指数均值：第一梯队 vs 第二梯队

	社会贡献指数（10分）	场景应用（6分）	社会贡献（4分）
第一梯队均值	9.3	5.9	3.4
第二梯队均值	3.113	1.982	1.132

资料来源：根据相关资料整理。

2. 对第二梯队指数均值排名的比较及分析

　　通过对上述各综合指数的均值、细分项指数的均值和雷达图，我们可以看出第二梯队的城市在区块链发展方面有以下特点，这些特点和第二梯队省份的表现有些类似：

　　（1）从一级指标来看，第二梯队与第一梯队整体而言在社会贡献方面相差最小，两者均值相差 6 分多（见表 5-34）。

（2）在创新能力方面，第二梯队与第一梯队有一定差距，两者均值相差超过 6 分（见表 5-32）。

观察创新能力各细分项，我们发现第二梯队在区块链专利上与第一梯队差距最大，均值相差超过 3 分。这表明第二梯队的城市在所申请和取得的专利数量方面与第一梯队有较大差距。另外，两个梯队在区块链人才方面的差距也较大，第二梯队在区块链人才方面都落后第一梯队超过 2 分。

（3）在规模基础方面，第二梯队与第一梯队有一定差距，两者均值相差超过 7 分（见表 5-30）。

观察规模基础各细分项，我们发现两个梯队在区块链企业规模这一项上均值差距最大，均值差距超过 4 分。这说明无论是在区块链企业数量还是在质量上，第二梯队都落后于第一梯队。

（4）在生态环境方面，第二梯队与第一梯队差距较大，两者均值相差超过 7 分（见表 5-33）。

观察生态环境的各细分项，我们发现第二梯队在政策环境方面落后第一梯队最多，达 6 分。

（5）在资金实力方面，第二梯队与第一梯队差距最大，两者均值相差超过 10 分（见表 5-31）。

观察资金实力各细分项，我们发现第二梯队在融资情况这一项上与第一梯队相差最大，均值相差超过 6 分。

（6）第二梯队城市的整体指数平均得分不到 30 分，距离及格线 60 分都有相当大的距离。

3. 对第二梯队城市在指数方面的发展建议

第二梯队的城市选自我国各行政区划中比较典型，区块链产业发展比较突出的城市，它们整体代表的是我国区块链产业发展的综合水平。第二梯队城市区块链产业的综合发展状况和第二梯队省份非常类似，因此我们给出的发展建议与第二梯队省份也比较类似，读者可参考本章相关内容。

四、第三梯队（省级）中心城市区块链产业指数的排名、评价及建议

下面我们将给出第三梯队的中心城市区块链发展整体指数的得分和排名。也会分门别类给出这些城市在整体指数的细分项：规模基础、资金实力、创新能力、生态环境、社会贡献这几方面的发展概况。

1. 第三梯队城市指数测算及排名

如图 5-31 所示，第三梯队的城市有 13 个：宁波、石家庄、南宁、哈尔滨、

沈阳、南昌、昆明、长春、乌鲁木齐、兰州、呼和浩特、太原和济南。

宁波得分为 13.45，济南得分为 4.80。

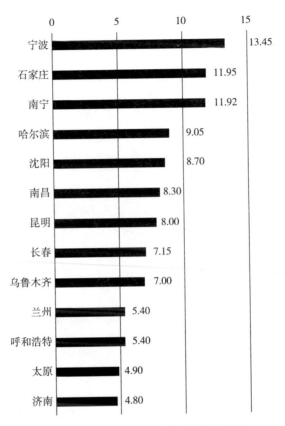

图 5-31　第三梯队中心城市整体指数排名

资料来源：根据相关资料整理。

为了详细分析第三梯队城市作为一个整体的表现，我们采用平均值的方式来衡量第三梯队城市在指数各个细分项方面的得分（见表 5-35 至表 5-40）。另外我们为了分析第三梯队与第二梯队之间的差距，对第三梯队提升区块链产业实力提出建议，绘制了第三梯队与第二梯队在各细分项上对比的雷达图（见图 5-32 至图 5-36）。

表 5-35 显示了第二梯队和第三梯队的整体指数及各细分项指数均值。

2018中国区块链产业指数研究报告

表 5-35　整体指数及各细分项指数均值：第二梯队 vs 第三梯队

	整体指数 （100 分）	规模基础 （30 分）	资金实力 （20 分）	创新能力 （25 分）	生态环境 （15 分）	社会贡献 （10 分）
第二梯队均值	23.312	11.139	0.807	5.044	3.213	3.113
第三梯队均值	8.155	3.963	0	1.9	1.938	0.354

资料来源：根据相关资料整理。

　　为了直观和进一步分析研究第三梯队各个城市整体指数所包含的每一项的发展状况，以及它们与第二梯队之间的差距，我们绘制了两个梯队在规模基础、资金实力、创新能力、生态环境、社会贡献这五个方面均值的雷达图，如图 5-32 所示。

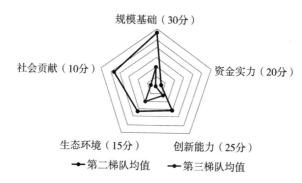

图 5-32　整体指数细分项指数均值雷达图：第二梯队 vs 第三梯队
资料来源：根据相关资料整理。

　　表 5-36 显示了第二梯队和第三梯队的规模基础指数及各细分项指数均值。

表 5-36　　规模基础指数及各细分项指数均值：第二梯队 vs 第三梯队

	规模基础指数 （30 分）	区块链企业规模 （17 分）	区块链服务机构 （7 分）	区块链产业园区 （6 分）
第二梯队均值	11.139	10.3	0.353	0.487
第三梯队均值	3.963	3.923	0.04	0

资料来源：根据相关资料整理。

　　为了直观和进一步分析研究第三梯队规模基础指数所包含的每一项的发展状况以及与第二梯队在这方面的差距，我们绘制了这两个梯队在区块链企业规模、区块链服务机构、区块链产业园区这三个方面均值的雷达图，如图 5-33 所示。
　　表 5-37 显示了第二梯队和第三梯队的资金实力指数及各细分项指数均值。

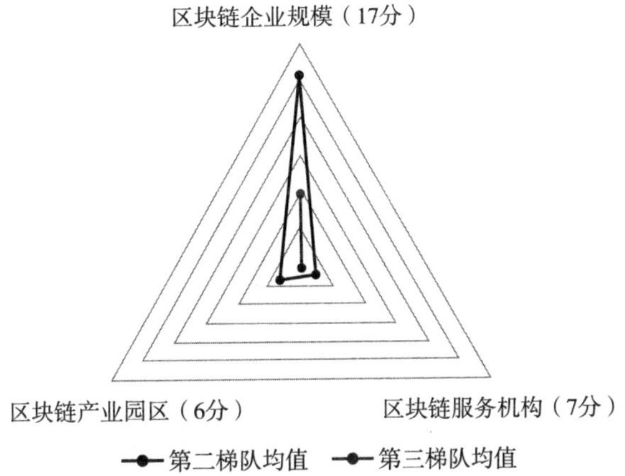

区块链企业规模（17分）

区块链产业园区（6分）　　　　　区块链服务机构（7分）

—●— 第二梯队均值　　—●— 第三梯队均值

图 5-33　规模基础指数细分项指数均值雷达图：第二梯队 vs 第三梯队

资料来源：根据相关资料整理。

表 5-37　资金实力指数及各细分项指数均值：第二梯队 vs 第三梯队

	资金实力指数（20分）	资本投入（10分）	融资情况（8分）	资金绩效（2分）
第二梯队均值	0.807	0.24	0.467	0.1
第三梯队均值	0	0	0	0

资料来源：根据相关资料整理。

为了直观和进一步分析研究第三梯队在资金实力指数所包含的每一项的发展状况以及与第二梯队在这方面的差距，我们绘制了这两个梯队在资本投入、融资情况、资金绩效这三个方面均值的雷达图，如图 5-34 所示。

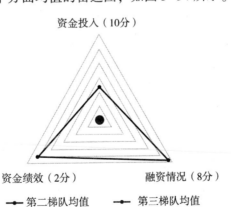

资金投入（10分）

资金绩效（2分）　　　　　融资情况（8分）

—●— 第二梯队均值　　—●— 第三梯队均值

图 5-34　资金实力指数细分项指数均值雷达图：第二梯队 vs 第三梯队

资料来源：根据相关资料整理。

表5-38显示了第二梯队和第三梯队创新能力指数及各细分项指数均值。

表5-38　创新能力指数及各细分项指数均值：第二梯队 vs 第三梯队

	创新能力指数（25分）	区块链人才（10分）	区块链专利（7分）	区块链技术（6分）	区块链顶层设计（2分）
第二梯队均值	5.044	4.037	1.007	0	0
第三梯队均值	1.9	1.762	0.138	0	0

资料来源：根据相关资料整理。

为了直观和进一步分析研究第三梯队在创新能力指数所包含的每一项的发展状况以及与第二梯队在这方面的差距，我们绘制了这两个梯队在区块链人才、区块链专利、区块链技术、区块链顶层设计这四个方面均值的雷达图，如图5-35所示。

区块链人才（10分）

区块链顶层设计（2分）　　　　区块链专利（7分）

区块链技术（6分）

━━━ 第二梯队均值　　　━━━ 第三梯队均值

图5-35　创新能力指数细分项指数均值雷达图：第二梯队 vs 第三梯队

资料来源：根据相关资料整理。

表5-39显示了第二梯队和第三梯队的生态环境指数及各细分项指数均值。

表5-39　生态环境指数及各细分项指数均值：第二梯队 vs 第三梯队

	生态环境指数（15分）	政策环境（10分）	社会环境（2分）	风控环境（3分）
第二梯队均值	3.48	2.5	0.18	0.8
第三梯队均值	1.938	1.115	0.023	0.8

资料来源：根据相关资料整理。

为了直观和进一步分析研究第三梯队在生态环境指数所包含的每一项的发展状况以及与第二梯队在这方面的差距，我们绘制了这两个梯队在政策环境、社会环境、风控环境这三个方面均值的雷达图，如图 5-36 所示。

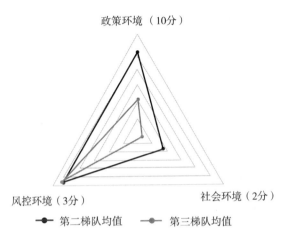

图 5-36 生态环境指数细分项指数均值雷达图：第二梯队 vs 第三梯队

资料来源：根据相关资料整理。

表 5-40 显示了第二梯队和第三梯队的社会贡献指数及各细分项指数均值。

表 5-40 社会贡献指数及各细分项指数均值：第二梯队 vs 第三梯队

	社会贡献指数（10 分）	场景应用（6 分）	社会贡献（4 分）
第二梯队均值	3.113	1.982	1.132
第三梯队均值	0.354	0.246	0.108

资料来源：根据相关资料整理。

2. 对第三梯队指数均值排名的比较及分析

通过对上述各综合指数的均值，细分项指数的均值和雷达图，我们可以看出第三梯队的城市在区块链发展方面有以下特点：

（1）在资金实力方面，第三梯队与第二梯队差距最小，两者均值相差不到 1 分（见表 5-37）。

实际上这是因为两个梯队的资金实力都非常弱，所以差距才最小。我们认为这受两个梯队的先天因素所影响，也和区块链发展所处的阶段有关。资金实力表示本地区块链投资和企业融资的活跃状况。高科技产业和信息产业发达的地区，投融资的氛围普遍较好，而落后地区则投融资氛围比较冷。这自然也表现在区块链产业。区块链产业是高科技行业，并且处在发展初期，因此对投融资的依赖非常大，第三梯队城市在这个先天条件方面比第二梯队还要弱。

进一步观察资金实力各细分项，我们发现第三梯队在融资情况这一项上与第二梯队相差最大，均值相差超过0.4分，另外在资本投入这一项上也相差较大，第三梯队的资本投入均值得分为0。这说明第三梯队大部分城市区块链风险投资活动几乎没有，融资极其困难，整体投融氛围尚未形成。

（2）在生态环境方面，第三梯队与第二梯队差距较小，两者均值相差不到1.5分（见表5-39）。

生态环境的建设一方面与当地固有的产业氛围有关，另一方面在相当大程度上受当地的政策影响。由于区块链产业是个新兴的产业，因此不存在固有的产业氛围。各地的产业氛围都还处在初始的建设阶段，在这个阶段大量的工作需要政府出力和投入。因此，这一项的差距表明第三梯队绝大部分城市一方面自然发展的产业氛围比较薄弱，另一方面政府在这方面的动作和举动也不够积极。

进一步观察生态环境的各细分项，我们发现第三梯队在政策环境方面落后第二梯队最多，超过1分。表明两个梯队的主要差距就在政府的政策和积极性上面。

（3）从一级指标来看，第三梯队与第二梯队整体而言在社会贡献方面相差较大，两者均值相差超过2分（见表5-40）。

我们认为这和区块链产业目前发展所处的阶段以及客观环境有关。区块链产业目前还处于发展的初期，技术还没有广泛落地应用于实体经济，对社会的贡献也相当有限。因此，虽然发达地区区块链技术已经开始落地并初显对社会的贡献，但领先的幅度并不大。

（4）在创新能力方面，第三梯队与第二梯队有一定差距，两者均值相差超过3分（见表5-38）。

创新能力主要体现在人才、科研和专利方面。第二梯队的城市包括传统产业和信息产业比较发达的城市，这些城市都有较好的教育资源和科研资源，因此在基础和先天上都占有一定的优势。这个优势会在创新能力方面表现出来，拉开两个梯队的差距。

进一步观察创新能力各细分项，第三梯队在区块链人才上与第二梯队差距最大，两者均值相差超过2分。

（5）在规模基础方面，第三梯队与第二梯队的差距最大，两者均值相差超过7分（见表5-36）。

我们认为这主要受到两个梯队的先天因素所影响。区块链技术和产业根植于互联网、软件和计算机等信息产业，信息产业发达的地区有良好的产业基础。第三梯队在信息产业和高科技产业方面比较落后，甚至有一些城市是空白，因此这一项两个梯队的差距很大。

进一步观察规模基础各细分项，我们发现两个梯队在区块链企业规模这一项上均值差距最大，均值差距超过 6 分。这说明无论是在区块链企业数量还是在质量上，第三梯队都落后于第二梯队。

（6）第三梯队城市代表了我国各大行政区的中心城市，是各省的代表。第三梯队的区块链整体指数均分只有 10 多分，表明第三梯队城市的区块链产业几乎还处于空白状态，即是我国大部分地区的区块链产业尚处于空白。

3. 对第三梯队城市在指数方面的发展建议

第三梯队的城市选自我国各行政区划和省级城市中比较有代表性地位的城市，它们的整体水平相比第一梯队和第二队都低。第三梯队城市区块链产业的综合发展状况和第三梯队省份非常类似，因此我们给出的发展建议与第三梯队省份也比较类似，读者可参考本章相关内容。

参考文献

［1］李伟，朱烨东．区块链蓝皮书：中国区块链发展报告（2018）［M］．北京：社会科学文献出版社，2018．

［2］工业和信息化部信息中心．中国区块链产业发展报告（2018）［M］．北京：经济日报出版社，2018．

［3］任仲文．区块链——领导干部读本［M］．北京：人民日报出版社，2018．

［4］工业和信息化部信息中心．2018 中国区块链产业白皮书［R］．工业和信息化部，2018．

［5］京东 & 中国信通院．区块链金融应用白皮书［EB/OL］．［2018-04-04］．http：//www. 360doc. com/content/18/0404/09/45199333_742732732. shtml.

［6］火币区块链研究院．全球区块链产业全景与趋势年度报告（2018-2019 年度）［EB/OL］．［2019-02-16］．http：//www. yidianzixun. com/article/0LIi5uDy.

［7］赛迪区块链研究院．2018 中国区块链年度发展报告（上半年）［N］．中国电子报，2018-08-31．

［8］赛迪区块链研究院．全球公有链技术评估［EB/OL］．赛迪区块链，ht-tp：//special. ccidnet. com/pub-bc-eval/index. shtml.

［9］赛迪顾问．2018 区块链产业发展及投资价值报告［J］．商业观察，2018（4）．

［10］中国电子技术标准化研究院．中国区块链技术和应用发展研究报告［EB/OL］．［2018-12-18］．http：//www. cesi. ac. cn/201812/4595. html.

［11］清华大学互联网产业研究院．区块链技术应用白皮书 2018［EB/OL］．［2018-12-12］．https：//www. docin. com/p-2159893334. html.

［12］中国国际经济技术合作促进会区块链技术与应用工作委员会．2018 年中国区块链产业发展蓝皮书［EB/OL］．［2018-11-22］．https：//www. 8btc. com/library/3021.

［13］链塔智库．2018BaaS 行业研究报告［EB/OL］．［2018-11-29］．https：//www. chainnews. com/articles/615534191423. htm.

［14］链塔智库．2018 年中国区块链人才现状白皮书［EB/OL］．［2018-06-

17］.https：//www. sohu. com/a/236230065_488937.

［15］链塔智库.资产上链项目研究报告［EB/OL］.［2018-08-15］.https：//www. useit. com. cn/thread-20043-1-1. html.

［16］链塔智库.2018 年区块链媒体舆情发布研究［EB/OL］.［2018-11-01］.https：//blog. csdn. net/AHsqrv1Y9BOs5kns/article/details/83629146.

［17］亿欧智库.2018 年区块链行业应用研究报告（上篇）［EB/OL］.［2018-11-22］.https：//www. iyiou. com/intelligence/report588. html.

［18］亿欧智库.2018 年区块链行业应用研究报告（下篇）［EB/OL］.［2018-12-21］.https：//www. iyiou. com/intelligence/report606. html.

［19］亿欧智库.2018 中国区块链产业发展城市排行榜［EB/OL］.［2018-11-27］.https：//www. iyiou. com/intelligence/insight86264. html.

［20］中商产业研究院.2018 年中国区块链行业市场前景研究报告［EB/OL］.［2018-05-11］.http：//www. askci. com/news/chanye/20180511/163628123053_2. shtml.

［21］中商产业研究院.区块链产业链行业重点企业盘点［EB/OL］.［2018-05-22］.http：//www. askci. com/news/finance/20180522/1621281123598. shtml.

［22］北京中经纵横经济研究院.国家及各地政府区块链产业扶持政策［EB/OL］.［2018-12-21］.http：//www. 21360. cn/zjsq/fuchizhengce/201812/4473. html.

［23］投中研究院.2018 年区块链投融资报告［EB/OL］.［2018-06-27］.http：//www. sohu. com/a/238072086_323328.

［24］挖链网.A 股上市公司区块链指数重磅发布，深度分析 A 股"涉区"数据［EB/OL］.［2018-03-22］.http：//www. sohu. com/a/226163677_727104.

［25］程晨等.国外区块链研究主题及展望［J］.电子政务，2018（6）.